PROGRAM

A MARKETING REVOLUTION IN THE DATA TECHNOLOGY AGE

ADVERT

陈韵博

著

程序化广告的

道与术

数据技术时代的营销变革

社会科学文献出版社
SOCIAL SCIENCES ACADEMIC PRESS (CHINA)

序 一

近十年来，程序化广告发展迅猛，已经成为当今数字广告的主导业态。以数据为依据、平台为中介、算法为协导、效果为标准的程序化广告，与早期数字广告的投放方式相比，能够更充分地利用媒介广告资源，更精准地实现品牌传播目标，为广大消费者提供更相关的产品和服务信息。程序化广告的兴起，重塑了数字广告产业的价值链，催生了一批广告与营销技术公司，形成了一个上千亿美元的全球性产业。然而，对这个新型的生态系统、运作方式和最佳实践的全方位研究还不多，此书的问世可谓弥补了急需知识的短缺，对数字营销的研究、程序化广告的教学乃至数字广告的实践，都具有重要的意义。

作者对程序化广告进行了非常深入的研究，不仅详尽地梳理了国内外相关学术文献，分析了全球行业的重要资讯和典型案例，而且走访了程序化广告产业的领军人物，从而占有了大量详实的素材，为此书撰写做了充分的准备；在几年来讲授相关课程的过程中，对很多重要问题进行了理论思考，形成对程序化广告的独特见解，这些都构成了此书的鲜明特点。比如，对于程序化广告的定义，在文献分析基础上，本书将程序化广告定义为"在基于大数据和技术的消费者洞察前提下，利用系统化的方式对数字广告媒介进行实时的分析、挑选、购买、投放、跟踪和优化"。与以往的定义相比，此书的定义更为宽泛，体现了程序化广告最重要的特征，有助于人们对程序化广告本质的认识，也更适应程序化广告的应用与发展。此外，对于程序化广告形成的历史条件、生态系统的构成及代表性企业、核心企业的独特功能及其演变，程序化广告投放的运作原理，不同购买方式及其特点等结构性问题，此书都做了详尽的描述，甚至包括了实操层面的技术规则。对程序化广告面临的紧迫问题，包括数据质量、广告透明度、品牌安全、个人信息保护等，对国内外现状，进行了透彻的分析并提出可能的解决方案。更为重要的是，此书关于程序化广告发展趋势的审视特别是关于人工智能对行业影响的前瞻性论述，对于数字广告未来的研究具有启示作用。

正如此书所述，人工智能可以为程序化广告提供更多可能，包括深入营销洞察、智能广告投放、数据反馈优化等。与早期数字广告相比，程序化广告有了很大进步，但是在用户体验方面，差距依然不小。比如，不论是定向广告还是再次营销，大量不相关广告充斥网络，侵扰消费者。在美国，四分之一的网络用户安装软件自动屏蔽数字广告，直接影响了数字广告的收入和效果。所以，采用人工智能的头等任务，应该是为广大消费者提供良好乃至卓越的广告体验。从理论上讲，早期数字广告的基本特征是互动性，不论是浏览、点击还是搜索，消费者可以随时随地获取有用的产品信息；数字广告的互动性极大地便利了消费者与广告主之间的沟通。当前的程序化广告继承了这种互动性，同时增添了自动化特征，借助数据、平台和算法，精准高效地实现广告投放。随着人工智能技术更深入地运用于程序化广告，数字广告将进入智能广告阶段。智能广告不仅将保留互动性和自动化特征，同时将具有人性化特征。智能广告的人性化主要体现在几个方面。比如，充分理解消费者的需求和兴趣。通过捕捉多种信号，智能广告系统能够了解消费者随时变化的需求和兴趣，甚至实时的情绪变化，提供与之相匹配和吻合的产品和服务信息。还有，高度尊重消费者的选择，包括对广告形式、接收手段和收看方式的选择，使收看各种广告成为消费者的自愿行为。再有，精心维护消费者关系，重视对品牌忠诚的回报，实现客户终身价值。当然，这些人性化的体现，在很大程度上将依赖于大量的第一方数据，而第一方数据的有效采集将取决于消费者对广告主的信任程度。如何确保个人数据安全，并使分享个人数据的消费者能够确实感受到回报与实惠，都是很值得研究的课题。可喜的是，此书对个人信息的相关问题已经有了初步的探讨。

我相信，此书的出版将促进对程序化广告的深入研究，因为书中提出的很多观点和问题都具有启发性，而且程序化广告本身也是一个不断变化的产业，需要更多探讨。此书的出版也将带动数字广告的教学，因为程序化广告已经渗透到各种媒体购买过程之中，而程序化创意也为广告创意增添了新内容，程序化广告的运作原理应该是广告和营销专业学生的必备知识。此书的出版对从业人员来说也很及时而且有用，不仅因为作者基于国际视野与对行业现状的分析，也因为书中很多程序化广告案例都具有实战意义。总之，每位感兴趣的读者都会从中受益。

为此，陈韵博老师的新著出版很值得庆贺！

李海容

密歇根州立大学广告学教授

Journal of Interactive Advertising 创办人

序 二

程序化广告从 2012 年正式进入中国以来，已经走过了 8 年，我有幸跟着整个行业从 0 到 1 发展至今，也目睹了整个行业的变化，历经起伏。

程序化广告行业每年都有各种新概念、新技术、新模式、新环境，当然中间出现过不少负能量，夹杂着人们对程序化广告、对 DSP 流量的质疑。

质疑一：DSP 广告投放的特性是基于不同用户进行精准定向的实时竞价，广告主在实际广告投放过程中由于看不到自己投放的广告而产生怀疑。除非用"非常规手段"，比如将自己的 Cookie、移动设备号上传到 DSP 并设置定向这些设备号，或设置定向当前 IP 地址，来让自己看到广告。但是这种方法有点复杂且略显"刻意"，而且无法保证每次都能看到自己的广告，所以广告主并不是很相信 DSP 会真正将广告投放出去。

质疑二：DSP 流量通常是剩余流量，即传统合约广告之后的其他流量，所以广告主不太看好剩余流量的价值，再加上一些 DSP 公司为了制造"广告效果"，采用各种方法作弊，程序化市场的口碑越来越烂。

2013～2015 年的鼎盛时期，行业还充斥着各种投融资消息，一度出现资本泡沫，因为里面还夹杂着各种假 DSP、假程序化流量。从 2016 年开始，程序化市场出现滑坡，资本也不再看好程序化。总体来说，程序化广告行业这些年虽然曾经辉煌，但也充满了酸甜苦辣。

经过最近两三年的洗礼，程序化终于回归技术本质，行业重回高峰，只是此时程序化广告和很多专业名词已被淡化，人们身在程序化之中却对其全然不知，大家知道得更多的是巨量引擎（字节跳动旗下广告平台）、腾讯广告（原名广点通）、快手广告、微博粉丝通等媒体直投平台，很少有人再提 DSP 或 RTB、ADX 了。

在程序化早期，媒体主要以 ADX 形式存在，而 DSP（主要是指独立第三方 DSP）的价值就是整合多家 ADX 流量进行跨媒体的精准定向。最近几年，程序化广告技术生态有了比较大的变化，其中最大的变化就是媒体巨头效应催生了综合大型投放平台。因为百度、腾讯、阿里妈妈、头条、360 等大型媒体的广告直投平台本质上就是 DSP，通过它们投放的展示广告和社交广告本质上就是程序化广告，只不过媒体 DSP 背后对接了媒体自己的 ADX，这些 ADX 里面的流量除了媒体自有网站或 App 的流量外，还集合了众多开发者流量（即网盟流量）。同时，随着直投 DSP 业务规模量级的大幅增长，各媒体还衍生了越来越多的增值服务，比如 DMP 数据、DPA 动态广告以及各种落地页制作工具等。DMP 主要是媒体自有人群标签数据以及引入的第三方 DMP 付费使用的人群标签数据。DPA（Dynamic Product Ads）动态广告本质上是由动态创意工具 DCOP 的商品库和创意模板自动生成的动态广告创意。落地页制作工具主要是帮助广告主建立媒体站内的落地页或者引入的第三方落地页制作厂商等。

既然媒体直投 DSP 可以投放媒体 ADX 的流量，那些独立第三方 DSP 还有价值吗？

基本上随着媒体综合大型投放平台的出现，去中间化就很明显了，独立第三方 DSP 基本没有生存空间，特别是 2019 年 9 月以来，阿里妈妈的 TANX ADX、巨量引擎 ADX 等主流媒体陆续关闭了独立第三方 DSP 的对接。如果是甲方 DSP（广告主私有 DSP）要对接的话，也有一些门槛，比如年消耗或月消耗或日消耗要求。有些媒体还会特别要求客户 DAU 量级，并且要求投放以唤醒/促活为主。可见媒体鼓励拥有大用户量的广告主通过私有 DSP 进行唤醒，但是对于拉新还是建议在直投平台上投放，因为媒体直投平台的巨头优势明显，丰富的广告业务数据和人群标签数据使其广告算法变得越来越智能，支持各种 OCPM、OCPC、OCPA 等自动出价方式，效果相对有保障。

但即便如此，因为抢量竞争激烈，广告成本越来越高，广告主对效率和效果有了更高的要求，意识到精细化运营的必要性。媒体 API 生态（主要是 Marketing API 和 RTA）的建立和完善也正是在广告主的精细化需求和媒体主本身的业务增长需求下驱动的。早期的 Marketing API 主要是 Trading Desk 厂商用以对接多家 DSP，为品牌广告主整合投放数据和下发简单的投放策略，但是发展得不温不火，所谓 Pre Bid（广告主通过对接 DSP 的 RTA 接口进行人群定向）都没有很好地发展。反倒这两年，效果广告主和效果代理商们的大量使用使它们"火"起来了，因为所有广告都在往效果发展，而效果广告依托于数据，Marketing API 和 RTA 正是为数据而生的。

行业发展的每一个阶段都需要有记录、有沉淀，我写的《程序化广告：个性化精准投放实用手册》主要是普及程序化产品和技术的相关概念和逻辑，陈韵博老师的这部《程序化广告的道与术：数据技术时代的营销变革》很好地总结了这几年程序化广告的变化历程和核心。

另外，我也有幸成为暨南大学新闻与传播学院的客座教授，受邀与陈韵博老师、万木春老师一起开设面向本科生和研究生的课程。虽然程序化发展了 8 年，但是行业的人才还非常稀缺，我们希望能通过书籍的出版以传递知识、通过课程的教学以培养人才，从而将程序化广告的应用推向更加广阔的未来。

梁丽丽

舜飞信息科技有限公司　高级副总裁

《程序化广告：个性化精准投放实用手册》作者

目录
CONTENTS

绪　论

一　研究背景

随着社会从 IT（信息技术）时代发展到 DT（数据技术）时代，传统的以品牌为中心的营销传播模型亦转变为以消费者数据为核心，在此基础之上进行产品需求分析、兴趣洞察以及个性化体验的优化。在人工智能、5G、MarTech 等新技术繁荣发展背景之下，一个全新的商业时代悄然来临。数据与技术正在形成一股强大的颠覆力量，重塑新商业文明的效率体系，驱动企业的新一轮增长。[①] 数据技术的成熟催生了程序化广告行业，因为能将广告精准投放给目标受众，程序化广告已经成为备受广告主推崇的投放手段。早在 2014 年宝洁公司就将 70% 的广告预算用于程序化广告，在那之前，美国运通刚宣布把其 100% 的广告通过程序化方式进行购买，这些战略性举措都是知名广告主拥抱程序化广告的例证。[②] 除了传统行业的广告主外，互联网行业广告主的参与也表现抢眼，根据 MediaRadar 的数据，亚马逊是程序化广告最大的广告主。在 2018 年第一季度，排名前五十的程序化广告主中，亚马逊的程序化广告支出占到总份额的 10%，其程序化广告支出是排名第二微软的 5 倍。[③]

从 2012 年"程序化广告元年"以来，程序化广告在中国已经逐渐从少数尝试走向基本成熟，应用范围也逐渐广泛，发展势头迅猛，效果喜人，受到越来越多广告主的青睐。[④] 2016 年，中国 50% 的数字展示广告以程序化投放方式进行交易。此后，中国程序化广告市场的增长势头放缓，但仍然保持

①　消费日报网. 筹变 2020：全域智能营销构建商业价值新生态 [EB/OL]. (2019 - 12 - 03) [2020 - 06 - 14]. http://news.cnr.cn/native/lmgd/20191204/t20191204_524883872.shtml.

②　向怡颖. 秒针系统：打破数据孤岛 [J]. 广告大观（媒介版），2015（8）：6~6.

③　Erica Sweeney. 吃掉 10% 市场份额，亚马逊成为程序化广告最大广告主 [EB/OL]. (2018 - 08 - 07) [2020 - 06 - 14]. https://new.qq.com/omn/20180806/20180806A1OZ5S.html.

④　Mintegral. Mintegral 洞察：巨头夹缝中，高速发展的程序化广告市场何去何从 [EB/OL]. (2018 - 07 - 04) [2020 - 06 - 14]. https://www.chinaz.com/news/2018/0628/908269.shtml.

较高的增长率。eMarketer 的最新数据显示,中国程序化市场的潜力巨大。相较于美国超过八成广告通过自动化购买而言,中国的程序化广告市场还处在一个未饱和的状态。2020 年中国程序化展示类广告支出总额将达到所有展示广告支出的 3/4,程序化广告广阔的市场前景势必会吸引更多资本、人才。①

经历了野蛮生长期与大浪淘沙期,"程序化广告"目前已进入平稳发展期,也不再是一个新概念。2017 年,国内几位早期进入程序化广告与大数据营销领域的专业人士梳理了自己从业实践的经验与心得,将其分享给互联网广告行业的从业者,及时弥补了人们对程序化广告认知的空白,也向大众描绘出更真实的"程序化"实操过程。②③ 这些著作有助于广告主逐渐把 DSP(Demand-side Platform,需求方平台)的选择、程序化广告的技术创新列为重要议题,有助于更有效地实现程序化升级,整合强大的数据分析能力和技术手段以实现场景化营销。目前,国内程序化广告市场格局基本形成,优质的交易技术平台不断壮大,互联网头部企业见势纷纷布局,以助力原有广告业务。阿里巴巴、百度和腾讯对国内程序化广告市场份额的增长产生了重大促进作用,这三家公司加起来占据了中国程序化广告市场约 80% 的份额。④ 在这种情况下,仅仅了解程序化广告的运行机制已明显不够。

作为研究者,不仅要在程序化广告如火如荼的浪潮之中对其未来发展的方向有所把握,同时也要洞察其中存在的隐忧,对所处行业保持理性判断。本书完成于国内程序化广告行业浮躁喧嚣之后的平稳发展阶段,试图从第三方视角理性分析行业的局限性。程序化广告在全球发展迅猛,但也浮现了一系列问题,包括效果监测、价值评估体系、用户隐私与个人信息安全、用户体验等方面的困扰。这些问题使全球的广告主逐渐对程序化广告持更谨慎的态度。因此,如何提升广告主营销传播的效益,改善用户的广告体验,从而建立更完善的程序化广告行业监督准则,就成为当前亟待探讨、解决的问题。

---

① eMarketer. 2019 年中国广告程序化购买支出将超过 308 亿美元 [EB/OL]. (2019 - 01 - 02) [2020 - 06 - 14]. http://www.199it.com/archives/813094.html.

② 吴俊. 程序化广告实战 [M]. 北京:机械工业出版社, 2017.

③ 梁丽丽. 程序化广告:个性化精准投放实用手册 [M]. 北京:人民邮电出版社, 2017.

④ eMarketer. 2019 年中国广告程序化购买支出将超过 308 亿美元 [EB/OL]. (2019 - 01 - 02) [2020 - 06 - 14]. http://www.199it.com/archives/813094.html.

二 国内外研究现状及研究趋势

为探究程序化广告在学科领域的研究现状，本书利用科学知识图谱对CNKI数据库中的159篇中文文献与WOS数据库中的43篇英文文献进行可视化分析，梳理程序化广告的发展脉络，以期对当前的研究热点和趋势有更为清晰的认知和把握。

通过CNKI数据库的文献高级检索功能，选择"程序化广告""程序化营销""程序化购买""RTB"四个主题进行检索，共得到622篇文献记录，经过数据清洗，剔除无关主题"蓖麻毒素"以及医学专业相关文献，剔除与程序化主题相关的会议综述、卷（刊）首语、前沿动态、业界访谈、行业报告、商业评论等不同类型的文章，最终得到159篇有效文献，文献时间范围为2012年至2020年。同时通过WOS数据库（综合数据库并不只是核心数据库）对国外程序化广告的文献进行检索，以"programmatic buying"和"programmatic advertising"两个主题检索得到111篇文献记录，剔除"政治投票"、各类"规划"、医学疗愈等与主题无关文献68篇，保留有效文献43篇，文献时间范围为2010年至2019年，数据采集的最后时间为2020年3月21日。

运用科学计量学软件CiteSpace的V5系列版本将文献中的关键信息进行计量统计和可视化呈现，对程序化研究内容的热点领域、演进趋势以及研究主体之间的互动合作情况等进行了分析。

（一）国内外程序化广告研究内容的分析

1. 国内程序化广告研究

利用CiteSpace的可视化功能对CNKI数据库中的程序化广告文献进行关键词的共现分析，选择节点类型为"Keyword"，设置阈值为100，以一年为切片单位，CNKI数据库文献时间设置为2012年至2020年，得到图0-1共现图谱，共提取出29个关键词，将同义关键词"程序化购买"与"程序化购买广告"、"实时竞价"与"RTB"、"DSP"与"需求方平台"、"交易平台"与"广告交易平台"进一步合并，最终得到25个关键词（表0-1）。

结合图0-1共现图和表0-1关键词来看，"实时竞价"节点大而色彩层次丰富，节点及其周边连线多而广泛，充分体现出作为高频次共现词的"实时

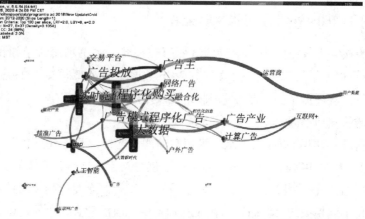

图 0-1　2012~2020 年 CNKI 程序化广告研究关键词共现知识图谱

竞价"，是程序化广告最早也是最核心的研究议题，而程序化广告仍以实时竞价（RTB，Real Time Bidding）为主要交易形式。"大数据"作为出现频次最高的共现关键词，与"网络广告""精准广告""计算广告"等新形态的广告所呈现的关键词都存在较强的共现关系且连线颜色大多较浅。数据技术时代背景之下，基于大数据技术而产生的一系列新兴广告模式颠覆了传统广告模式，广告形式呈现精确化、融合化趋势。此外，从中心度来看（图中部分突出节点有深色外环，这表示了节点的中心度，外环越厚，中心度越强），"DSP"、"广告投放"与"广告模式"中心度表现较突出，说明对于程序化广告不同环节、组成部分以及运行模式等进行的相关具体、实践性强的研究成为研究的一大方向，例如对"运营商""广告主"等的研究。对于中心度同样表现突出的"广告产业"来看，与"媒介产业""互联网＋"的结合则是另一个研究方向，表现为对技术洪流中行业、产业层面变化与转型、困境与对策的关注。总体来讲研究覆盖了宏观（广告产业、大数据时代）、中观（广告模式、广告投放）、微观（DSP、户外广告）三个层面，研究议题较丰富。

表 0-1　2012~2020 年 CNKI 程序化广告研究关键词

排序	频次	中心度	首次年份	关键词	排序	频次	中心度	首次年份	关键词
1	34	0.4	2014	大数据	5	12	0.14	2014	DSP
2	32	0.26	2013	实时竞价	6	10	0.05	2013	网络广告
3	30	0.42	2015	程序化购买	7	9	0.36	2014	广告投放
4	12	0.25	2015	程序化广告	8	9	0.34	2013	广告主

排序	频次	中心度	首次年份	关键词	排序	频次	中心度	首次年份	关键词
9	8	0.19	2015	广告产业	18	2	0	2019	程序化创意
10	6	0.11	2014	交易平台	19	2	0.18	2018	融合化
11	5	0.06	2017	计算广告	20	2	0.01	2017	互联网+
12	5	0	2016	互联网广告	21	2	0.14	2016	运营商
13	4	0.03	2018	户外广告	22	2	0	2016	用户数据
14	4	0.26	2015	广告模式	23	2	0	2015	媒介产业
15	4	0	2015	程序化交易	24	2	0	2015	大数据时代
16	4	0.05	2015	精准广告	25	2	0	2015	发展
17	3	0.14	2019	人工智能					

　　"程序化广告"作为一种新兴的广告概念和模式成为一大研究热点，该模式主要围绕广告主、广告交易平台与媒体方三者的交易闭环而搭建，模式涵盖了需求方平台（DSP）、实时竞价（RTB）等核心要素，而和广告投放一同运转的通常还有第三方的效果监测与评估。此外，私有程序化购买以及In-house模式在学术研究领域尚处于空缺状态，学界研究与行业的发展存在差距。但研究主题的中心度显示，广告主作为交易起始环节逐渐成为研究的核心内容，未来私有程序化和In-house趋势显著；关于媒介、运营商等方面的研究逐渐减少并淡出核心领域，广告投放日益成为各方的研究重点。

　　由图0-2可以更清晰地看出程序化广告的研究趋势，最初的研究更多集中于交易方式（例如实时竞价）、交易参与者（广告主）等单一环节，自2015年起对各方平台的研究（如需求方平台〈DSP〉、交易平台），以及对程序化广告模式和系统等整合性的研究逐渐增多，研究主题呈现融合化趋势。从年份上观察可以发现，2013年是国内程序化广告研究的起点，2014年经历了研究的铺垫与发展，2015年则成为程序化广告的重要年份，这一年不仅研究主题大幅增加（如广告产业、广告模式、精准广告等），且研究数量显著增加，共现频次总和也高于其他年份，达到了质与量的突破，为后续研究提供了牢固的基础与前沿探讨的可能。从图0-2中可知，2015年后，研究议题开始向纵深和前沿发展，积极向技术靠拢，出现了"计算广告""用户数据"等更加细分、专业、技术性强、前沿性的研究主题。

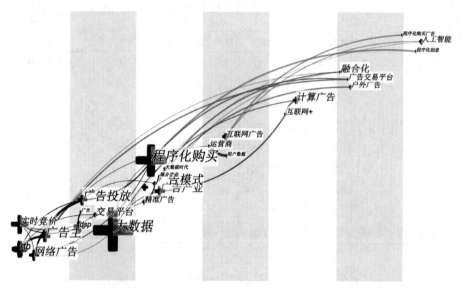

图 0 - 2　2012～2020 年 CNKI 程序化广告研究关键词共现时区图

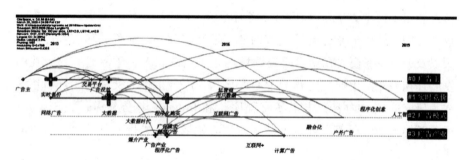

图 0 - 3　2012～2020 年 CNKI 程序化广告研究关键词聚类时序图

图 0 - 4 呈现了研究突变，反映的是急速上升的、发展的研究热点，其中"网络广告"和"实时竞价"两个研究议题都于 2013 年开始"火爆"，但持续时间都有限，这两个议题相关性高，相辅相成，但是迅速火爆与随后又迅速走低的情形，从侧面反映了学术研究缺乏持续性的现状。

关键词	年份	强度	起始年份	结束年份	2012 - 2020
网络广告	2012	2.4413	**2013**	2014	▬▬▬▬▬▬▬▬▬▬
实时竞价	2012	4.6457	**2013**	2014	▬▬▬▬▬▬▬▬▬▬

图 0 - 4　2012～2020 年 CNKI 程序化广告研究突变词 Top2

2. 国外程序化广告研究

利用 CiteSpace 的可视化功能对 WOS 数据库中的程序化广告文献采用 term 主题词分析，提取名词性术语，设置阈值为 100，以一年为切片单位，时间设置为 2010～2019 年，得到图 0－5 共现图谱，提取出的 28 个关键词见表 0－2。

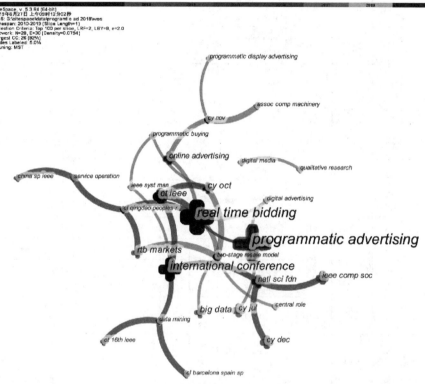

图 0－5　2010～2019 年 WOS 程序化广告研究主题词共现知识图谱

国外有关程序化广告的研究主题与国内近似，实时竞价（RTB）和程序化广告依然是两大热点研究主题。实时竞价作为程序化广告的核心技术之一，是国内外学者进入相关研究领域的起点，目前对 RTB 市场、竞价模式等具体环节的研究已较为全面和详尽，各部分研究连接紧密。伴随大数据的发展，2017 年"数字广告""数字媒体"等方面的外文文献开始增多，广告形式发展同样呈现精准化、数字化趋势。国际会议文献在国外程序化广告研究中也占据重要位置，2014 年在中国举办的 IEEE 国际服务运营与物流及信息学会议（SOLI）举办时间早，其会议成果成为后来研究的重要参考资料。

表 0 - 2　2010 ~ 2019 年 CNKI 程序化广告研究关键词

排序	频次	中心度	首次年份	关键词	排序	频次	中心度	首次年份	关键词
1	13	0.14	2017	programmatic advertising	15	2	0.14	2014	service operation
2	11	09	2014	real time bidding	16	2	0.27	2017	cy nov
3	7	0.77	2014	international conference	17	2	0.04	2017	ieee syst man
4	4	0	2016	big data	18	2	0	2017	assoc comp machinery
5	4	0.04	2014	rtb markets	19	2	0	2017	central role
6	4	0.2	2014	cy oct	20	2	0	2018	digital advertising
7	4	0.76	2014	ct ieee	21	2	0	2016	ct 16th ieee
8	3	0	2016	ieee comp soc	22	2	0.03	2017	programmatic buying
9	3	0	2017	cy jul	23	2	0	2014	china sp ieee
10	3	0	2016	cy dec	24	2	0.27	2016	data mining
11	3	0.38	2017	online advertising	25	2	0	2016	cl barcelona spain sp
12	3	0.27	2016	natl sci fdn	26	2	0.3	2014	cl qingdao peoples r
13	2	0.41	2017	two-stage resale model	27	2	0	2017	programmatic display advertising
14	2	0	2017	digital media	28	2	0	2017	qualitative research

　　由时区图 0 - 6 可以看出，国外对于程序化广告的研究在时间上出现明显断档，在 2014 年、2016 年、2017 年三年出现研究热潮，实时竞价最初是作为相对独立的研究主体出现的，从 2016 年起对程序化广告的相关概念及模式的研究逐渐增多，其中，大数据作为程序化广告的发展背景和技术支撑呈现伴随式发展现象，数字技术在推动程序化广告发展的过程中起着重要作用。

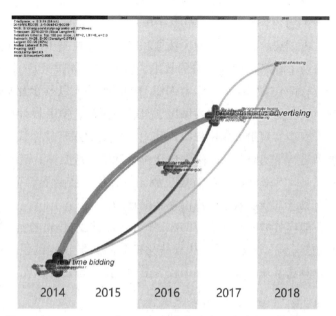

图 0 - 6　2010～2019 年 WOS 程序化广告研究主题词聚类时区图

3. 国外新近文献补充

考虑到 WOS 数据库中相关的外文文献的新近相关研究数量有限，我们浏览了广告领域内的一些顶级期刊的最新文献，其中 *Journal of Advertising* 在2019 年年底针对 AI（Artificial Intelligence）广告设立了专刊，这本专刊中部分内容与程序化广告联系密切，此处进行简要综述。

针对程序化广告，LI 从时间向度出发，认为它是在数字广告时代创建精准广告、实时挖掘用户互动数据以满足用户预期的一种广告形式，程序化广告之前是互动广告，而程序化广告之后则是 AI 广告，它们的兴起和发展与技术、经济及社会因素息息相关。① 而针对具体的程序化广告的流程和程序化广告的内容，QIN 和 CHEN 分别从质化的角度提出了自己的看法，前者依托中国过去五年的广告市场，提出打破、重组传统广告流程，形成以数据平台为支撑、以算法为核心的四个流程——"消费者洞察挖掘"、"广告创作"、"媒体策划和购买"和"广告效果评估"；② 而后者则将程序化创意

---

① LI H. Special Section Introduction：Artificial Intelligence and Advertising ［J］. Journal of Advertising，2019，48（4）：333 - 337.

② QIN X，JIANG Z. The Impact of AI on the Advertising Process：The Chinese Experience ［J］. Journal of Advertising，2019，48（4）：338 - 346.

"装"进了程序化广告概念之中，根据中国广告产业的经验，提出了理解和调查程序化广告创意的框架，并对大数据和机器学习在其中的应用进行了讨论，此外还涉及了程序化创意面对的技术、管理和法律挑战。① 针对细节的程序算法推荐和广告文案生成，学者 MALTHOUSE 等人以及学者 DENG 等则各自从量化、实验的研究方法出发做出了自己的贡献，前者设计了一个二进制的整数编程模型实现最大化广告收入和用户效用的双重目标，并通过线上零售对该模型进行了实证；② 后者则充分利用自动生成技术，进一步提升了个性化广告文案（SGS-PAC）的智能生成系统，使广告内容符合个人需求，实证表明其有助于在线广告平台点击率的提升。③

综上，智能广告的专刊在已有的数字广告研究技术基础之上，对各种层面的焦点问题进行了研究探讨，从程序化广告所处阶段，到程序化广告流程、内容以及算法实现与优化，涵盖较为全面，兼具深度与广度。

（二）国内外程序化广告研究主体分析

使用 CiteSpace 绘制科学图谱，选择节点为"Author"作者，分别绘制 CNKI 和 WOS 数据库的作者合作网络图谱（见图 0 - 7、图 0 - 8）。

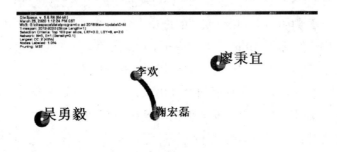

图 0 - 7　2012 ～ 2020 年 CNKI 程序化广告研究作者合作网络分析图

① CHEN G, XIE P, DONG J, et al. Understanding Programmatic Creative：The Role of AI [J]. Journal of Advertising, 2019, 48 (4)：347 - 355.
② MALTHOUSE E C, HESSARY Y K, VAKEEL K A, et al. An Algorithm for Allocating Sponsored Recommendations and Content：Unifying Programmatic Advertising and Recommender Systems [J]. Journal of Advertising, 2019, 48 (4)：366 - 379.
③ DENG S, TAN C, WANG W, et al. Smart Generation System of Personalized Advertising Copy and Its Application to Advertising Practice and Research [J]. Journal of Advertising, 2019, 48 (4)：356 - 365.

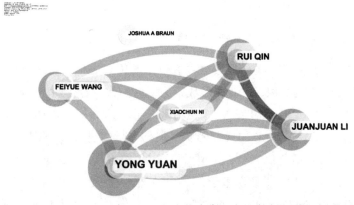

图 0 - 8　2010 ～ 2019 年 WOS 程序化广告研究作者合作网络分析图

（三）国内程序化广告研究主体综述

国内对于程序化广告的研究仍处于起步阶段，研究者数量较少，且不具备时间连贯性。关注该领域较早、发文相对较多的学者有吴勇毅、廖秉宜、杨瑶等，学者之间研究活动各自独立、未形成合作网络。2016 ～ 2018 年，未出现代表性学者，学术研究主要为零散式、个体式刊发文章。但随着程序化广告在业界的普及，学界研究开始出现合作的趋势，2019 年出现鞠宏磊与李欢①②两位作者的小范围合作，合作程度较低。从事程序化广告研究的学者尚未形成体系或者形成具有代表性的合作网络，研究者团体力量尚弱，研究者单兵作战使研究的深入性、系统性、研究范围等均受到一定的局限，因此研究进展也相对缓慢。（见表 0 - 3）

表 0 - 3　2012 ～ 2020 年 CNKI 程序化广告研究作者发文频次

排　序	频　次	中心度	首次发表年份	关键词
1	3	0	2014	吴勇毅
2	3	0	2015	廖秉宜
3	2	0	2015	杨　瑶
4	2	0	2019	李　欢
5	2	0	2019	鞠宏磊

---

① 鞠宏磊，李欢. 程序化购买广告造假问题治理难点［J］. 中国出版，2019（02）：31 ～ 34.

② 鞠宏磊，李欢. 程序化购买广告造假问题的主要类型及影响［J］. 编辑之友，2019（01）：61 ～ 64，82.

（四） 国外程序化广告研究主体综述

外文对程序化广告的研究最早可追溯至 2010 年，但与国内情况近似，早期研究量少且较为分散，一直未形成较为明显的作者合作网络。2014 年则出现以 YONG YUAN[①]、RUI QIN、JUANJUAN LI、FEIYUE WANG 等学者组成的以 YONG YUAN 为中心的研究团队。根据 WOS 数据库，该团队成员主要来自中科院的自动化研究所，XIAOCHUN NI 作为其团队新成员，其合作关系则于 2017 年开始。该团队基于 2014 年在青岛进行的 IEEE 国际服务运营与物流及信息学会议（SOLI）的录用论文，率先对 RTB 市场展开了一系列研究。

表 0 - 4　2012 ~ 2019 年 WOS 程序化广告研究作者发文频次

排　序	频　次	中心度	首次发表年份	作　者
1	5	0	2014	YONG YUAN
2	4	0	2014	RUI QIN
3	4	0	2014	JUANJUAN LI
4	3	0	2014	FEIYUE WANG
5	2	0	2017	XIAOCHUN NI

综上，从时间维度比较，国内有关程序化广告的研究与国外起步时间差异不大，甚至在国际会议中更早发声。表 0 - 4 显示，在外文文献方面，除了来自中国的研究团队，有关程序化广告的议题暂时还无法找到其他颇具规模的研究团队和合作关系。作者共现图有助于进一步说明中国的程序化广告环境；国内的程序化广告，不论是在业界实践还是在学界研究方面，都相对领先，这为程序化广告进一步的发展和研究提供了良好的土壤，但也意味着程序化广告涉及的伦理问题将更为棘手。

---

① YUAN Y, WANG F, LI J, et al. A Survey on Real Time Bidding Advertising [C] //Proceedings of 2014 IEEE International Conference on Service Operations and Logistics, and Informatics. IEEE, 2014: 418 – 423.

三　研究问题及研究价值

（一）研究问题

基于以上的文献回顾可以发现，既往关于程序化广告的研究覆盖了宏观（广告产业、大数据时代）、中观（广告模式、广告投放）、微观（DSP、户外广告）三个层面，研究议题涉及较丰富。从最初多集中于交易方式、交易参与者等单一环节，到2015年起对各平台的研究、对程序化广告模式和系统等整合性的研究逐渐增多，2015年后积极向技术靠拢，出现了"计算广告""用户数据"等更加细分的和专业、技术性强且前沿的研究主题。总的来说，在"术"的层面挖掘较为丰富，但是对相关理念演进的梳理还欠缺，对于当前行业普遍面临的困局及应对之策的探索还不够深入。因此，本研究主要提出以下几个研究问题：

1. 程序化广告反映了广告媒介投放理念怎样的演进？
2. 程序化广告的发展趋势如何？
3. 程序化广告的监测与评估存在哪些困局？
4. 如何平衡程序化定向广告的精准投放与消费者个人信息保护之间的关系？

（二）研究价值

1. 学术创新

首先，既往研究多集中于从技术和运行机制层面探讨程序化广告的概念、投放平台、对广告公司的影响等议题。仅有的两部著作也是基于从业者的业务角度讲解各种技术手段、竞价原理、广告交易模式以及程序化手段运用的场景和原因等实操过程。本研究超越"术"的层面，更加注重从第三方视角理性分析程序化广告，解开数据的迷思，洞察行业存在的隐忧。

其次，在研究方法上，采用量化和质化结合的实证研究方法探讨如何改善用户的广告体验、保护用户隐私与个人信息安全、增强程序化广告投放的透明度，从而建立更完善的程序化广告行业监督准则和评价标准。

2. 学术价值

数据已经成为现代商业不可分割的一部分，但人们也由此陷入了数据的迷雾，动辄强调"用数据说话"，甚至陷入"唯数据论"，① 全行业的技术崇拜持续发酵。和人工智能、物联网以及区块链等"技术网红"一样，程序化广告行业也在经历"泡沫化"。从起步期的蓬勃生机到急速发展时期的浮躁再到大浪淘沙后的理性回归，国内程序化广告行业喧嚣之后归于平稳发展，本书完成于此阶段，试图为从第三方视角理性探讨行业的隐忧与局限，提出破局之道，提供一种可能的尝试。

四 研究方法

1. 科学知识图谱

本书以 2011～2020 年 CNKI 收录的 159 篇中文文献与 WOS 数据库中的 43 篇英文文献为研究样本，从论文发表量、作者、机构和参考文献进行文献计量分析，利用信息可视化分析软件 CiteSpace Ⅱ 绘制作者共现、机构共现、关键词共现等知识图谱，并且对有关文献进行主题分析，以探索程序化广告领域的研究热点、前沿领域与发展趋势。

2. 案例分析法

围绕中国程序化广告产业链中每个环节代表性企业的程序化广告探索历程及成功的实践案例进行剖析，试图描绘出一幅完整的程序化广告生态图。

3. 比较分析法

对美国、欧盟国家等广告产业发达的国家关于程序化定向广告监管与个人信息保护的广告监管方法进行比较，分析其在立法模式、管理机构、立法精神和相关条例等方面的异同，以期为我国的广告监管提供有价值的建议。

五 研究框架

本书共分为八章，分别从基本原理、业界实践和冷思考三个角度对程序化广告的发展进行全景式的探索。绪言介绍了本研究的背景，梳理了当前程序化广告相关的学术研究脉络，在此基础之上提出本书的研究问题和研究方法，并分析了本研究的学术创新和学术价值。

---

① 媒介 360. 程序化转型：不止于眼下，更在于未来［EB/OL］.（2019 – 04 – 26）［2020 – 06 – 15］. https://www.sohu.com/a/310422567_295833.

　　第一章和第二章探讨相关的基本原理。第一章先明晰广告媒介投放理念从信息技术驱动到数据技术驱动转变的轨迹：从以信息技术为投放工具到以数据技术为投放基础元素，这一变化实质上是由于新的动态生产要素——数据成为被开发的有价值的对象。程序化广告正是数据技术媒介时代新环境下的产物。第二章的主要内容是，以数据时代的媒介思维和分析技术为推动力，程序化广告市场发展迅速，其投放模式从割裂式单一平台转化为综合统一的程序化交易系统，在实践中不断完善并应用于越来越丰富的广告形式当中。此领域的早期著作对程序化广告技术方面，如代码、运算原理等的解释更深入。相较于前人著作原理阐述部分的强技术特点，本书主要阐述了程序化广告投放的演变逻辑，通过对其发展动因、运作原理和现实意义的深入分析，帮助营销人员理解程序化投放在实战营销中的重要价值。从程序化投放系统中各环节的参与者视角，对用户群体精准定位、广告投放呈现以及内部利益平衡等进行分析，使相关营销从业者形成对整个交易系统完整图景和框架的认知。本章进一步介绍了新的程序化广告发展趋势，帮助营销人员在实际操作和宏观趋势两方面把握程序化广告投放。

　　第三章～第五章展示了程序化广告的行业发展现状与未来趋势。第三章以时间与地区为线索，系统展示了 2012 年以来程序化广告市场份额的变化。通过回顾程序化广告在全球与各个代表性国家、地区市场的发展历程，在比较中让读者对全球程序化市场的头部国家有更具体的认识。第四章根据 RTB China 所描绘的程序化广告技术生态图，研究不同业务板块的典型企业，梳理其相关营销策略及实践案例，力求为读者展示全行业极具代表性的前沿实操经验。第五章描绘了一幅程序化广告行业在数字技术与广告交锋下的未来图景。基于大数据、AI、物联网、区块链等智能技术的应用，程序化电视广告、程序化原生广告和程序化创意等新兴业态更新迭代。消费升级下，顾客碎片化与个性化需求也在促使移动端程序化场景营销走向兴盛。从数据捕捉、用户深描到精准触达，致力于品效合一的全渠道营销趋于常态。而随着互联网人口红利消退，C 端流量被行业巨头垄断，ToB 的业务转型成为程序化广告新的市场机会。本章让读者看到本已趋于完善的程序化广告产业生态链在技术驱动下带来的更多可能。

　　第六章～第八章专注于程序化广告的效果研究，力求拨开程序化广告"凌乱的面纱"，展现程序化广告实际操作中存在的影响广告效益和用户体验的问题，并呼吁程序化广告生态各部分协作共赢，打造更健康的程序化广告生态。第六章探讨了程序化广告效果监测所面临的困局（包括数据质量、广告透明、品牌安全等）以及包括广告主、DSP 公司、广告媒介和监测机构等在内的行业生态链玩家为促进行业健康发展而做出的努力，还着重剖析了区块链技术在解决这些困局方面提供的机会和面临的挑战。用户隐私泄露及个人信息安全被侵害等问题一直是程序化定向广告所面临的痛点，第七章在介绍欧美等国相关举措的基础上对我国程序化定向广告中个人信息保护提出了有针对性的建议。第八章则从信息技术与传播的关系角度，阐述移动程序化技术在广告信息的传播中产生的信息茧房现象及筑茧过程，对其带来的负面效应进行理论性思考，并尝试提出破除茧房效应的对策。

　　本书围绕数据技术时代的特点，深入浅出地梳理了程序化广告投放形式的演变脉络及其逻辑原理；通过数据与业界案例描绘程序化广告的前世今生，并探索其未来发展趋势。最后引出对行业目前存在的几大困境的反思，希望能为程序化广告的良性发展提供有价值的探索与参考。

第一章

从IT时代到DT时代：
广告媒介投放理念的变迁

自 2010 年起，全球数据量跨入 ZB 时代。据 IDC 预测①，2018～2023 年全球数据空间五年复合增长率（CAGR）达 25.8%，我们正式步入数据时代。与此同时，中国的云计算、大数据、物联网、人工智能技术在近十年间集中爆发，海量数据成为技术发展的核心资源，越来越多的事物开始以数据的形式存在，颠覆性地改变着社会生产方式、人类生存方式，带来物质与精神世界的新的碰撞与融合……如今，我们无时无刻不在生产数据，如行走轨迹、消费记录、上班打卡、互联网浏览行为等都以数据的形式被记录下来；同时，我们也每时每刻都享受着数据带来的便利，如交通系统的实时路况数据监测、精准的公交到站实时预测系统、基于个人特性的内容和产品推荐、精准的定向广告信息推送，等等。数据在潜移默化中已然改变了我们生活的世界。由信息时代过渡到数据时代，这背后究竟都有哪些东西在悄然变化？哪些力量推动着中国的数据化转型？聚焦新闻传播领域，数据价值在媒介演变中又发挥了怎样的作用？我们将从基础、要素视角对信息时代到数据时代的变迁进行梳理，重点关注媒介领域的演变，并对人在数据浪潮中的生存提出思考。

第一节
互联网 + 数据：从 IT 到 DT

一　互联网：数据时代的基础设施

（一）互联网，从工具到基础元素

人类能够最早由动物中脱离出来，在于创造工具、利用技术进行实践活动，生产自身所需的生产资料并能动地作用于物质世界。计算机就是作为

---

①　黄楚新，王丹．"互联网＋"意味着什么——对"互联网＋"的深层认识［J］．新闻与写作，2015（05）：5～9．

一种计算工具诞生的，它源自人类由于生产生活范围不断扩大而产生的对计算能力的需要。通过将事物进行量化，转为数字信息导入计算机进行运算，原本需要耗费大量人力成本和时间成本的计算变得轻而易举就能实现，从而使人类收集、认知和处理信息的效率大幅度提升，例如用于军事测算的大型计算机、家用打印机等。人类通过对智慧的运用拥有了日益强大的辅助性工具，并通过对技术的不断升级，文本、图片、音频、视频等形式的文件也可以转换为计算机可读的信息形式，被应用于实践活动中。计算机的信息存储、数据处理和数学分析等基础功能，使人们可以在更大规模、更多领域中进行信息记录和运算，信息资源的价值逐渐凸显。

基于计算机产生的网络技术，打通了信息资源的获取和选择路径。计算机不再简单地作为计算工具，而是同时具备了动态连接属性，人类与信息的距离被无限制地拉近，信息获取的门槛和界限在互联网中逐渐消解。人类生产生活长期以来受限于时空因素和人类自身因素的困境被打破，大量信息的自由流动，使时间与空间动态交融并衍生出更多场景。有学者[①]把这一时期看作互联网发展的第一阶段，即以通信为主要特征的"＋互联网"阶段，人们的核心关注点是信息的传递与传播问题，网络技术的存在主要是作为信息处理的工具以及信息传输的渠道。信息的发出者与接收者直接对接，相互渗透，信息传递的中间消耗缩小至可以忽略不计，个体之间可以利用互联网便捷地传播和获取信息、交流沟通；企业高效准确地向用户传播产品信息、管理客户群体、优化产销流程；互联网企业兴起，逐步构建起电子商务等各类互联网应用平台，诸如 BAT 这样的互联网巨头出现，各类平台的互联互通更为活跃，影响范围也不断扩散到人们日常生活的各个方面……互联网技术在各领域的运用使社会生产和运行方式出现全新态势。

随着互联网对社会、经济等多个领域的渗透，以及移动互联网的逐渐普及，人们越来越习惯于信息化的生存方式，人与人、人与物、物与物通过网络技术被高效且紧密地连接在一起，产生大量信息；企业对大型生产系统的控制力不断加强，基于产品生产、销售、售后等全环节的管理能力也不断增强，同时依据产销环节的信息收集反哺产品设计。以信息资源为基础的互联

① 欧阳日辉. 从"＋互联网"到"互联网＋"——技术革命如何孕育新型经济社会形态[J]. 人民论坛·学术前沿, 2015 (10): 25~38.

网技术，成为传统产业改进生产、经营方式的创新来源，信息资源的价值被进一步挖掘和开发；互联网技术的应用从信息消费领域转向生产领域①，进一步激活深层生产要素。互联网不再被简单地当作一种技术工具或传输渠道，而成为社会生产活动的一种基础元素，并作为信息基础设施实现大范围普及，人们真正进入信息时代，信息成为一种"权利"②，将人类不断从时空限制中解放出来。

（二）互联网＋，从制造到智造

互联网作为一种基础元素在社会生活与生产中广泛普及，电子商务平台日渐成熟并不断扩大经营范围，网络娱乐方式不断增多，互联网医疗服务、互联网理财等各类互联网与传统行业结合的产品出现。互联网的影响力由第三产业不断向第二产业扩散，大数据、云计算、人工智能等技术集中爆发，产生的海量信息在网络中高速运转，与传统产业发生碰撞、竞争、合作，带动传统产业向数字化、网络化转型并逐渐融合产生一系列全新的生产经营模式。基于信息的一个本质特征③——信息流动与传输具有边际效益递增性，信息越是广泛流动并获得广泛的分享和使用，越能够产生价值，信息资源的深层处理与价值开发日益受到各方重视。

2015 年，李克强在政府工作报告中首次提出制定"互联网＋"行动计划，强调推动移动互联网、云计算、大数据、物联网等与现代制造业结合，促进电子商务、工业互联网和互联网金融健康发展，引导互联网企业拓展国际市场。因此，纵观互联网近五年的变化，我们可以发现中国互联网行业发展路径的不同，相较于美国每一项技术的出现都存在一定的时间间隔，中国的大数据、云计算、移动互联网等新技术几乎是同时爆发，这与中国近年来一系列利好政策密切相关，这些快速涌现的新技术成为"互联网＋"发展的重要驱动力。阿里巴巴提出④，所谓"互联网＋"就是指以互联网为核心的一整套新技术在社会、经济等各个领域扩散和渗透的过程，本质上是信息更

---

① 王兴伟，李婕，谭振华，等．面向"互联网＋"的网络技术发展现状与未来趋势［J］．计算机研究与发展，2016，53（04）：729～741．

② 马云，曾鸣，涂子沛．《互联网＋：从 IT 到 DT》——国民需了解的新型经济社会发展战略［J］．决策与信息，2015（12）：67～69．

③ 阿里研究院．互联网＋：从 IT-DT［M］．北京：机械工业出版社，2015．

④ 欧阳日辉．从"＋互联网"到"互联网＋"——技术革命如何孕育新型经济社会形态［J］．人民论坛·学术前沿，2015（10）：25～38．

加充分透明地流动和数据作为能源被开发利用①。这一界定使信息突破了仅仅作为传输工具和基础生产元素的单一功能，横向连接产业链各个环节，与工农业基础设施叠加融合，形成产业转型新动能，并推动了产业内部资源的纵深开发，使企业从研发设计、生产制造、销售服务各环节重塑产品生命结构。"互联网＋"计划将中国的劳动力优势进一步转化为创新优势，挖掘数据资源的巨大潜能，带动国家闲置资源向社会财富转化。

信息资源原本是作为一种依附型资源诞生，并不能够独立起作用，需要与其他资源叠加或对其他资源施加影响才能产生实际价值。② 但"互联网＋"时代的新技术使社会各要素之间由二维线性连接上升为三维立体式连接，生产与生存方式的数据化程度不断提升，并在全方位高速流转中呈现爆炸式的增长态势，原本的资源配置被打破并释放出巨大能量，时空场景的转换与利用变得复杂且灵活。在此情况下，对信息资源的利用转变为对数据资源的深度开发，数据取代信息作为一种独立性资源在新的产业升级转型中显现出巨大的价值。数据价值逐渐超越物料生产价值成为生产环节的创新动力，标准化生产和规模经济丧失竞争力优势。传统生产制造流程由数据重塑，产品竞争开始从产品设计转向用户需求和用户体验，针对用户的定制化和个性化的生产和服务成为新的产品价值核心。

透过数据看待世界是一种全新的视野，"互联网＋"将我们带入数据时代，我们以完全不同于传统的思维和方法利用数据，全面激活市场和社会要素，通过规模化数据及非结构化的分析方式，挖掘和预测用户行为，提供精准、个性化的产品和服务。"智慧"和"智能"成为数据时代的关键词，数据化使我们能够从各个角度认知事物，消解不确定性；数据的"智慧"正在一步步解放人类的脑力，打破传统制造业的固有模式，使其向"智"造转型。基于"互联网＋"计划，2019 年政府工作报告正式提出了"智能＋"战略："深化大数据、人工智能等研发应用。打造工业互联网平台，拓展'智能＋'，为制造业转型升级赋能。"在由"制造"大国向"智造"大国的转换路径中，数据的价值在社会经济活动、生产领域中不断凸显。

---

① 欧阳日辉. 从"＋互联网"到"互联网＋"——技术革命如何孕育新型经济社会形态[J].人民论坛·学术前沿，2015（10）：25～38.

② 李志昌. 信息资源和注意力资源的关系——信息社会中的一个重要问题［J］. 中国社会科学，1998（02）：106～116.

二 信息与数据：新的动态生产要素

(一) 信息与数据的本质

互联网技术的发展和普及使信息的记录、收集、交流变得快速且全面，人类生产与生活的各个方面都可以转换为信息资源加以利用，信息资源在时空维度不断扩散延伸，日益构建起一个与物质世界相对应的数据世界。随着信息量呈指数式上涨，信息价值由量变走向质变，人们对信息的价值认知出现了从简单地利用信息资源到挖掘和开发数据价值的本质上的转变，整个社会开始从 IT 时代迈入 DT 时代。

信息（Information）在《牛津学术英语词典》中的释义为：告知某事的行为，或传播某些事件的知识或"新闻"。[①] IT 时代的核心就在于"传播""传递"，相较于信息内容本身，IT 时代发展的重点更倾向于"T"——技术方面，在于信息基础设施的建设。而数据（Data）在《牛津学术英语词典》里被定义为已知或假定为事实的事物，并作为推理或计算的基础。[②] 数据是价值生产的基础，不会在传递或使用中被消耗；相反，数据能够通过技术的处理和开发，在交叉重组中不断产生新的价值。因此，DT 时代的核心在于"D"——数据本身，技术则更多带有辅助性质，成为开发和实现数据价值的重要手段。越来越多的事物以数据化的形式出现，将这些冗杂的数据提炼成为有生产开发价值的资源，对人类思维的转变和数据处理分析技术的发展提出更高要求。人们的关注焦点不再局限于小数据的确定和分析，而是转为收集在复杂的系统中充分流动的一切数据，从各个视角认知事物的全貌以消除不确定性，[③] 由此大数据这一新的经济与技术现象得以衍生。[④]

大数据不能单纯被理解为一种新产品或新技术，而是数据时代的一种现

---

① Oxford Learner's Dictionary of Academic English ［M］. New York：Oxford University Press, *ox-fordlearnersdictionaries. com*. Retrieved 6 July 2020, from https：//www. oxfordlearnersdi ctionaries. com/definition/academic/information.

② Oxford Learner's Dictionary of Academic English ［M］. New York：Oxford University Press, *ox-fordlearnersdictionaries. com*. Retrieved 6 July 2020, from https：//www. oxfordlearnersdi ctionaries. com/definition/academic/data.

③ ［英］维克托·迈尔-舍恩伯格, 肯尼思·库克耶. 大数据时代：生活、工作与思维的大变革 ［M］. 盛杨燕, 周涛, 译. 杭州：浙江人民出版社, 2013：66.

④ 李巍, 席小涛. 大数据时代营销创新研究的价值、基础与方向 ［J］. 科技管理研究, 2014, 34 (18)：181~184, 197.

象；与小数据的简单性科学相对应，大数据本质上属于复杂性科学。复杂性科学是一种新的科学思维和方法论，传统的机械自然观和还原方法论将自然和人类社会看作是静止不变的，可以对其进行随意的拆装和还原，复杂性科学则持一种有机自然观，认为自然与人类社会都是复杂多变的，并不能仅仅依靠简单的线性因果关系对其进行解释。因此，一切对象都是一个具有生命的、具有随机多样性的复杂系统。① 即使是简单数据之间的交叉重组，都有可能产生远远超过简单叠加而成的价值资源。大数据思维本质上就是一种复杂性思维，从大范围涵盖事物整体的复杂数据中挖掘和使用相关关系。基于复杂性思维不断衍生形成的大数据技术，实现了对非结构化数据的处理和分析，能够通过挖掘海量数据库中难以发现的关系和联系来提取数据价值。大数据的诞生使原本单一结构的数据库转向多结构类型的复杂数据库体系，包括基于分布式架构的数据管理系统，以及面向结构化、非结构化、实时数据等多种类型的数据分析管理平台等；对数据的分析方式由模型式计算转向基于流式计算等的实时计算框架，② 满足了对大量数据快速存储、处理、分析和交易的需求。IDC（International Data Center，国际数据公司）的刘迪认为，③ 大数据进入中国已近 10 年，基本建构初步完成，技术趋于成熟，在数据空间持续增长的背景下，未来多方技术将相互作用与融合，落地场景将不断创新，数据湖、数据治理等多个方面都可能成为新的技术增长点。数据将渗入自然与人类社会的各个领域，成为重要的生产和创新要素。

（二）新的生产要素

基于互联网和大数据的协同作用，让数据"说话""数据就是资源""数据是一种财富，可以用来收集、存储和交易"等这样的新思维逐步成为经济与社会生产和发展的共识。人们越来越习惯于以数据的视角观察和解释世界，对数据价值的思维认知和技术创新逐步成熟，社会进入数据资源深度开发和实际应用阶段。全球范围内掀起的互联网和大数据发展浪潮，进一步

---

① 黄欣荣. 大数据时代的思维变革 [J]. 重庆理工大学学报（社会科学版），2014，28（05）：13～18

② 邓仲华，李志芳. 科学研究范式的演化——大数据时代的科学研究第四范式 [J]. 情报资料工作，2013（04）：19～23.

③ VESSET, D. et al. Worldwide Big Data and Analytics Software Forecast：2018 - 2022 [R]. IDC, 2018.

推动了数据的透明公开和价值共享，国家、企业之间在竞争的同时，距离被数据化不断拉近，彼此之间的合作交流增加。

大数据在社会生产和企业升级转型中起重要作用，在此之前的数据收集和调查适用于小范围的应用，针对现存的问题进行分析和处理。而在大数据时代，企业不仅掌握了海量数据，更重要的是能够运用机器学习和数据分析技术，快速处理大量结构化和非结构化数据并进行准确的计算和分析，以可靠的数据支撑企业决策，能够更科学高效地对生产链和资源配置等方面进行优化；传统的数据收集仅作为特定用途，使用价值被限定在一定范围，而基于大数据的预测分析能力，人们可以发现数据中不易发现的规律，数据因此具有了"开口说话"的能力，可产生一系列创新性用途。

随着数据思维向各个领域的渗透，以及互联网技术的创新应用，企业生产方式和产业价值链体系向更为灵活多样、个性化的方向发展。基于大数据思维，人们访问网络的形式也发生了转变。ICN 作为一种全新的消费者驱动型网络范式，实现了海量数据互通和兴趣分组，用基于名称的访问取代基于地址的访问，不再关注内容来源，而以内容搜索直观反映用户需求。① 谷歌和 Facebook 的理念是，"人就是社会关系、网上互动和内容搜索的加和"②。用户在互联网中的每一行为数据对企业而言都可能潜藏重要价值，谷歌曾利用用户搜索数据精准预测流感趋势就是大数据应用的典型案例之一。基于互联网思维中"用户至上"理念和大数据的协同作用，赢得用户，收集、积累和分析用户数据将成为企业生产发展的基础要素之一，大规模、标准化生产的企业不再是主要经济体，灵活性、个性化、以用户为中心成为企业转型和升级的关注重点。腾讯的互联网思维则与其强大的社交网络商业系统相对应，以"连接"为核心特征。③ 以互联网为基础平台，大数据等新兴技术充分利用数据之间的相关性，跨领域与各类产业连接，生产新内容，推出新形式，推动新的经济增长。阿里巴巴作为另一大互联网巨头，基于电商平台庞大的用户数据系统，更关注以低成本数据释放最大价值，服务大众，将机器

① 王兴伟，李婕，谭振华，等．面向"互联网＋"的网络技术发展现状与未来趋势［J］．计算机研究与发展，2016，53（04）：729～741．
② ［英］维克托·迈尔－舍恩伯格，肯尼思·库克耶．大数据时代：生活、工作与思维的大变革［M］．盛杨燕，周涛，译．杭州：浙江人民出版社，2013：201．
③ 李晓华．"互联网＋"改造传统产业的理论基础［J］．经济纵横，2016（03）：57～63．

转变为智能化的人。① 基于此，企业不仅能够完成生产，还能够自主推进资源优化配置，激发社会生产力。阿里巴巴更倾向于以"数据动态流动"为核心特征，促进数据最大限度地传递、分享、使用和进行价值累积，数据在流动中趋向公开透明，数据的使用和获取门槛降低，变得更加便捷。基于"互联网＋"的金融、医疗、教育、社交、信息技术等各产业之间不断碰撞融合，个性化定制、协同共享、智能、用户服务等新的生产方式正在重塑原本的价值体系，数据作为一种动态生产要素，它的实时性、预见性在生产决策和创新发展中将发挥越来越重要的作用。

第二节
媒介的数据技术（DT）时代

互联网、大数据等新兴技术和思维渗透到人类存在环境的方方面面，带动社会结构和关系网络发生一系列变化，卡斯特提出了网络社会的新技术特性，即信息或数据是原料——无论是处理技术的信息还是处理信息的技术；新技术效果无处不在，因为信息已经融入人类活动的每一部分；技术与各生产要素的组合与重构具有灵活性和可逆转性，并能够最终凝聚成全新的技术系统。② 网络社会的人类日常生活实践、社会参与几乎都受到新技术的塑造，传播作为人类社会构成要素之一，在新媒介技术的作用之下，亦发生着深刻的变革。

主流传播学的观点倾向于结构—功能主义，着眼于媒介内容对受众的影响，技术观长期局限于手段—工具论的思维框架，习惯于将一切事物切割为主客二元关系作为控制手段。新媒介技术的出现使主流传播学的这一思维局限性被放大。从工具视角理解技术没有错，但不足以完全解释技术的本质，正如麦克卢汉所指出的，"它忽视了媒介的性质"，仅从手段和工具理解媒介

---

① 马云，曾鸣，涂子沛．互联网＋：从 IT 到 DT——国民需了解的新型经济社会发展战略［J］．决策与信息，2015（12）：67～69．

② 吴志远，杜骏飞．海德格尔技术哲学对新媒介研究的现实意义［J］．当代传播，2016（06）：78～80．

对人的影响是远远不够的。① 新媒介技术将每个人都变成了传播过程的一个数据节点，通过大量的用户及行为数据，构建起一个全新的数字新媒介环境，虚拟与现实空间互相交织，原本清晰的界限已逐渐消融。因此，理解数据时代的媒介变迁，要跳出传统大众媒介的二元对立思维模式，基于数据与媒介相统一的视角，才能更好地把握全新的传播环境。

一 传统媒介的数据化突围

传统媒介与用户、广告主之间是线性互动关系，媒介生存的主要利益来源于对信息传播渠道的控制和售卖。数据时代的新技术打破了传统媒介长久以来的这两种平衡，用户主动介入传播渠道，形成多元互动的新型媒介关系，"媒介霸权"时代成为过去，媒介渠道单一的点击率、收视率等标准已不足以衡量传播效果，② 数据和技术彻底改变着媒介的生存形态。

传统媒介产业将渠道利润视为媒介生存的关键，必然不愿放弃对信息和渠道的垄断，最初在面对信息时代的媒介变化时，试图依靠新技术扩展媒介传播范围，以此提升对信息渠道的控制。然而，互联网时代数据的充分流动和技术门槛的不断降低，使用户的主动性和创造力不断增强，内容生产的多样化和个性化需求对媒介产业提出更高要求，媒介想要继续控制信息渠道显然是不现实的。正如梅洛维茨所认为，电子媒介一旦被广泛应用，就可能会创造新的社会环境，而社会环境重新塑造行为的方式可能会超越所传送的具体内容。③ 传统媒介想要在新的数据时代突破困境，最本质的就是打破传统媒介思维的局限。互联网时代是流量经济时代，媒介产业获取用户或把控技术渠道都不再是获利关键，网络技术与数据思维带来的新赢利模式是将大量用户行为转化为数据，媒介自身借助新技术可以进一步对用户行为数据进行分析和再呈现，针对用户需求提供个性化服务从而完成变现，或向广告主进行售卖完成二次甚至多次变现。媒介的变现形式由单一收入走向多元化媒介收入。数据和新媒介技术的推进力量对传统媒介来说既是困境，更是机遇。

① 孙玮. 从新媒介通达新传播：基于技术哲学的传播研究思考 [J]. 暨南学报（哲学社会科学版），2016，38（01）：66~75，131.
② 喻国明，刘旸."互联网＋"模式下媒介的融合迭代与效能转换 [J]. 新闻大学，2015（04）：1~6.
③ 孙玮. 从新媒介通达新传播：基于技术哲学的传播研究思考 [J]. 暨南学报（哲学社会科学版），2016，38（01）：66~75，131.

二 DT 媒介时代的新环境

物理世界的数据化，使原本边界清晰的时空结构发生消融、断裂和变形，人类具有了一种虚拟与现实交织、生产与消费混杂的新的存在形式。数据元素的灵活运用为媒介生存提供了更多元的创新灵感，碎片化的时空因子以及人与物等要素在构建新环境的过程中不断产生冲突和博弈，构建起一个全新的动态媒介环境，赋予媒介产业自我更新的力量和可能性。

媒介产业不再局限于传统的媒体行业，互联网、社交平台、自媒体等跨领域媒介影响力迅速成长，全方位链接用户行为，将用户需求转化为无数个交叠的细分市场，利用用户之间、用户与媒介之间形成的网状传播关系，获取更深层次的价值。以海量数据为媒介"资本"，对用户属性和行为的精准预测与判断成为媒介竞争的内在逻辑。① 媒介不断培养对用户需求的高敏感度，从内容上为用户提供最佳体验和个性化推送；更为重要的是，媒介凭借自身的多元协作性质实现了对用户资源的充分利用，并结合传统媒介方式的注意力经济、基于用户实时互动的增值信息服务和流量变现思维之下用户巨大的广告价值，使当下的媒介产业更加丰富而有竞争力。数据时代激发多种社会经济要素的动态性互动和组合，释放出多种新能量因子，媒介的变换和价值还有更多意想不到的可能和存在形式。

三 DT 时代的广告新实践：程序化广告

随着营销走向大数据驱动，企业亟待建立以"人"为核心的营销策略，通过有效打通不同媒介的数据资源，深度挖掘消费者的隐性需求，将割裂的消费者路径重新链接起来。因此，多屏时代，只有掌握数据，才能掌握互联网营销的核心，而基于链接、跨屏、大数据的程序化广告成为企业营销要走的必经之路。②

程序化广告的出现对传统广告形成巨大冲击，冲击范围主要包括广告数据信息采集、广告投放、广告效果三个方面：大数据环境下，受众信息采集需要从市场调研向实时数据运算转变；广告投放需要由购买媒体转向购买人

① 倪宁，金韶. 大数据时代的精准广告及其传播策略——基于场域理论视角 [J]. 现代传播（中国传媒大学学报），2014，36（02）：99～104.

② 爱云资讯. 从渠道驱动到数据驱动，技术如何整合多屏营销 [EB/OL]. （2018－05－11）[2020－06－14]. https://www.icloudnews.net/a/20180511/1921.html.

群；广告效果的测评需要从以事后测评为主向即时测评转变，测评方式也应该更加公开、透明。

（一）用户数据收集和分析：市场调研 + 运算→实时数据 + 大数据运算

如何准确预测用户的兴趣，是广告公司与广告主最关心的问题，也是一切工作开展的前提。从前为了一次新品上市的产品定位，可能要耗费营销人员一个月的时间进行实地考察、受众调研。随着数据技术的高速发展，"互联网 +"全方面融入人们的生活，用户的网络行为与现实行为紧密关联。通过对用户数据的抓取、解读，营销人员有了更直接了解消费者的窗口，报表中的数据通过分析，生动而立体地描绘出一个个兴趣爱好各异的形象。谁能观察到更全面的用户行为数据，谁就能更准确地预测用户兴趣、购买偏好。

数据管理平台（Data Management Platform，DMP）源于广告主与广告公司对数据的需求，他们希望能尽可能地从更多渠道聚合更多的数据。挖掘这些数据的价值首先需要高效收集、集成、管理和激活这些超大规模的数据。稍显传统的获取数据的方式是从掌握用户数据的平台购买，Cookie 在其中扮演了重要角色，伴随着用户请求在 Web 服务器和浏览器之间传递。它记录了用户 ID、密码、浏览过的网页、停留的时间等信息，用于用户身份的辨别。如果没有 Cookie，网站分析也无从做起，遑论优化。目前更新颖的做法有设置 Wi-Fi 探针，用户手机无线局域网处于打开状态时，会向周围发出寻找无线网络的信号，探针盒子一旦发现这个信号后，就能迅速识别出用户手机的 MAC 地址，并将其转换成 IMEI 号，再转换成手机号码。一些公司将这种小盒子放在商场、超市、便利店、写字楼等地，在用户毫不知情的情况下，搜集个人信息，甚至包括婚姻、受教育程度、收入等个人信息。据萨摩耶互联网金融服务有限公司相关负责人的披露，一个月花几百元钱就可以和店面合作设置 Wi-Fi 探针。一家商场 11 个门，装了 11 个探针盒子；这些小盒子就安放在天花板的中空位置。①

---

① 天极网.315 曝光的 WiFi 探针是如何泄露你的个人隐私？［EB/OL］.（2019 – 03 – 18）［2020 – 06 – 14］. https：//baijiahao. baidu. com/s？id = 1628331302391591560&wfr = spider &for = pc.

　　然而，互联网的用户行为分布在不同站点，分属于不同企业，形成一座座数据孤岛，没有发挥出整合后的最大价值，我们从单一企业数据出发不能观测到全面的用户行为。打破数据孤岛困境又面临许多难以跨越的沟壑，如企业内部机密、用户个人隐私安全、网络带宽、通信成本及法律条文等。为了解决这些问题，越来越多有实力的品牌主选择在品牌内部形成程序化投放流程。

（二）投放：购买媒体（收视率）→购买人群（标签）

　　CTR（央视市场研究股份有限公司）在 2019 年年初，联合国家广告研究院发布的《2019 中国广告主营销趋势调查报告》显示，更多的广告主会在2019 年减少他们的营销预算。2019 年第一季度全媒体广告刊例花费下降11.2%，传统媒体下降 16.2%，这是从 2018 年的年初正增长百分之十几后持续下滑的一个过程，传统媒体的下滑压力会更大一些。① 而 2020 年新冠肺炎疫情给整个广告市场带来更大影响，广告主削减营销支出的趋势将持续。从前 50% 的广告费被浪费，现在有了数据技术的驱动，广告主能够更了解自己的目标受众在哪里，投放方式自然也开始从广撒网、多捞鱼的冲量式投放到精准高效的投放过渡。因此，目前广告市场整体面临非常大的不确定性，正经历整个行业的阵痛，也面临发展的机会。广告行业投放思维要从投放媒体转变为投放人群。在获取用户的一手数据后，能够将其转化为系统的用户画像图谱，设置更具有高转化率的目标受众标签，目的明确地选购希望曝光的群体。媒体的价值来自用户价值、用户规模、用户定位，媒体在传播过程中的作用更像是连接品牌与用户，通过迎合受众需求把用户串联在一起。在这一过程中，媒体的垂直化发展也是顺应了广告主购买受众的趋势。

　　设置目标群体标签比起以前纯经验性地选择购买更加精准，但这也是人为操作的，存在滞后现象。因此，此方式会对被锁定为目标受众的人群造成广告骚扰，在重定向广告领域，这个现象更加严重。例如，向被标记对产品有兴趣的 A、B 两人推送广告，A 点击了广告并选择购买，但如果投放平台没有收到 A 已购买的行为反馈，便会继续给 A 投放广告直到投放周期的结束。而 B 在看完广告后对产品失去兴趣了，或已选购其他同类产

---

① CTR 媒介动量 . 2019 广告市场趋势［EB/OL］. （2019 - 05 - 13）［2020 - 06 - 14］. ht-tps：//www.sohu.com/a/313568028_ 720993.

品，那么这时继续投放的广告就会变成对 B 的打扰，也是广告主投放成本的浪费。但是，采用品牌内部程序化投放的方式或者广告代理平台与广告主紧密合作，能够把购买行为反馈及时更新到数据库，作为新的排除式标签，从而大大提升广告投放效率。"购买"不是程序化技术在广告中的唯一执行重点，有些程序化技术伙伴甚至能自动优化动态广告内容，这样的技术称为动态创意优化（Dynamic Creative Optimization，DCO）。这项优化可以对创意的各个组成部分，如 CTA（Call to Action）推荐产品等，进行一对一的个人化呈现。[1]

（三）效果：不透明、垄断→透明、公开

根据《2017 中国广告主营销趋势调查报告》[2]，广告主判断广告活动有效的标准排在第一位的是销量的提升。并且广告主对于做广告为了提升品牌知名度的认同比例持续多年保持在 50% 以上，整体排名第二位。提升品牌的认知是广告主不变的需求。广告主对广告投放效果和销量转化率的要求不断提升，可以看到广告主对广告的性价比、广告 ROI 投资效率、曝光量转化率的要求在逐步提升。所以，在整个不确定性发生的时候，广告主更希望有直接的销售效果来验证他们的营销策略。[3]

传统广告投放时代，营销从业者获取媒体投放表现渠道单一。报纸发行量由报社发布，电视收视率检测机构中索福瑞一家独大，尼尔森进入中国后，检测电视收视率渠道有了更多的选择，但这时的广告投放结果仍然被媒体或官方检测机构所垄断。到了数字广告时代，数字化已经变成营销的基础，广告主对数字媒体广告预算的分配在 2019 年达到了 53%。[4] 互联网广告除了投放更精准外，能够及时获得广告效果反馈也是一个重要原因——广告主能够明确投放的群体与相应的转化率、ROI 等反馈。

程序化广告效果监测主要分为三大板块：广告效果、成本收益、投放保

① RTBChina. 关于程序化购买需要知道的 10 件事［EB/OL］.（2015 - 08 - 05）［2020 - 06 - 14］. https：//www.rtbchina.com/ten-facts-that-you-must-know-about-programmatic-media-buying.html.
② 赵梅. 中国广告市场营销趋势［EB/OL］.（2017 - 03 - 29）［2020 - 06 - 14］. https：//www.sohu.com/a/130886366_ 650612.
③ 赵梅. 2019 年广告市场的趋势方向在哪［EB/OL］.（2019 - 04 - 29）［2020 - 06 - 14］. https：//zhuanlan.zhihu.com/p/84080794.
④ 赵梅. 中国广告市场营销趋势［EB/OL］.（2017 - 03 - 29）［2020 - 06 - 14］. https：//www.sohu.com/a/130886366_ 650612.

障。广告效果又可分为广告曝光与互动两个层次。在线广告平台基于数字化运营，点击率、互动率等在后台可以实时展示，效果监测实现了透明化。但也存在人为刷量、作弊的现象，需要第三方的监督。

第三节
数据世界的生存浪潮

社会生产生活的网络化和数据化趋势不断深入和扩散，"互联网＋"成为各领域的关注热点，其对人类行为和思维的重要影响已经成为一种共识。大数据、云计算、移动互联等一系列新技术加速成长，媒介产业内以数据管理、数据分析、程序化广告等为主要产品的专业数据型企业数量暴增；各领域传统产业和市场掀起网络技术应用热潮，为突破传统产业的发展瓶颈开始部署数字 In-house 模式，加速数字化转型和升级。数据量呈几何级的增长，使原本链条状的产业结构聚合交织成网状，主流产业链（例如娱乐、电子商务、物流、文创等）出现融合叠加，原本分散式的资源重新呈现汇聚的趋势，形成崭新的利润池。

人们在尽情享受数据浪潮带来的推动力的同时，往往也面临被数据反噬的风险；数据化的程度越深，人们对数据技术产生的影响就越敏感。一方面，对于企业而言，数据的获取和使用依然存在行业壁垒，数据的价值没有得到充分发挥；数据使用的可重复性为企业带来更多元的利益形式，但企业又容易陷入对数据分析结果的盲目依赖，无法对数据质量、数据的误导性等问题做出理性的判别。由数据主宰的分析结果一旦出现问题，企业可能会遭受更猛烈的打击。另一方面，作为核心资源的用户数据成为人们对隐私问题争论的聚焦点，模糊化、匿名化等隐私保护措施在数据时代几乎失灵，用户数据甚至会经过无数次的转手与售卖，并由各类数据技术进行分析，企业基于此预测用户行为、影响用户的判断，这是否又侵犯了用户自身的选择权利，亵渎了自由意志的神圣性？[①]

我们正处在数据浪潮的中央，被来自互联网的技术和思维包裹和冲刷，我们要厘清数据空间内媒介的发展和变化趋势，最紧要的就是冷静思考眼前

---

① 〔英〕维克托·迈尔－舍恩伯格，肯尼思·库克耶．大数据时代：生活、工作与思维的大变革［M］．盛杨燕，周涛，译．杭州：浙江人民出版社，2013：195．

巨大的浪花究竟来自一个新的时代，还是仅仅作为时代发展中的一个小插曲？媒介产业在经历了上半场转型浪潮之后，技术与思维本身已经完成进化，我们可以自由尝试新的价值形式和利用方式，但对于数据带来的风险和用户对权利被侵犯的抗议，我们又该以怎样的态度和行为来面对？这些都是在数据时代我们面临新的生存法则所亟待解决的问题。

第二章

程序化广告的概念
及基本原理

第一节
程序化广告的概念及特点

"人类正从 IT 时代走向 DT 时代"，随着马云 2014 年 3 月在一场大数据产业推介会上的演讲，"DT"成为热词，也为大数据时代的营销提出了新的挑战，带来新的机遇。马云提出，IT 时代是以自我控制、自我管理为主，而 DT（Data technology）时代，是以服务大众、激发生产力为主。这两者之间看起来是技术的差异，但实际上是思想观念层面的差异。① 最早提出"大数据"概念的全球知名咨询公司麦肯锡称："数据，已经渗透到当今每一个行业和业务职能领域，成为重要的生产因素。对于海量数据的挖掘和运用，预示着新一波生产率增长和消费者盈余浪潮的到来。"②

在碎片化的大数据营销时代，要真正实现以消费者为中心的营销，从观念上实现转变，抓住大数据带来的机遇，以适应 DT 时代的营销竞争，品牌主们面临着一系列的挑战：如何识别藏在各个屏幕后面的用户？如何把碎片化的用户聚拢在一起？面对众多新兴媒体，怎样合理地分配预算？传播的效果如何衡量？是否有新的理念、技术与平台，让品牌能打出"组合拳"？……有两家传统企业——宝洁和海尔——走在了转型前列。全球最大的广告主宝洁公司宣布以数字化营销为他们最主要的传播途径，在削减营销费用的情况下将 70% 的预算用于程序化购买。家电行业龙头企业海尔集团也在 2014 年宣布取消线下预算，以互联网为最主要传播渠道，并成为最早试水程序化广告购买的家电企业。由是，随着大数据从概念走向应用，程序化广告开始进入众多品牌主的视野，以数据和技术的组合拳改变着品牌创意传递方式，迅速推动着营销行业的变革。

---

① 孙琳. 实现大数据价值"掘金"[N/OL]. 人民政协报, 2018 – 06 – 05 [2020 – 06 – 20]. http: //dzb. rmzxb. com/search. aspx? type = 1&keyword = % E5% AE% 9E% E7% 8E% B0% E5% A4% A7% E6% 95% B0% E6% 8D% AE% E4% BB% B7% E5% 80% BC% E2% 80% 9C% E6% 8E% 98% E9% 87% 91% E2% 80% 9D&paperType = rmzxb.

② 小斌看科技. 数据，已经渗透到当今每一个行业和业务职能领域，成为重要的生产因素 [EB/OL]. (2018 – 06 – 16) [2020 – 06 – 20]. https: //m. sohu. com/a/236038769_ 99946731.

一 程序化广告的概念

程序化广告的讨论往往伴有其他一些类似的概念或提法，例如程序化购买、程序化交易、程序化投放，等等。当前关于程序化广告的两部专著中，对这一概念的定义，侧重点也有所不同。梁丽丽将其定义为"以人为本的精准广告定向；媒体资源的自动化、数字化售卖与采购"①；吴俊则认为"程序化广告是利用大数据和技术对数字媒体广告的购买、投放、优化、报表进行自动化、智能化、实时化，以不断提升媒介效率"。② 前者的定义更侧重于广告的购买，后者则强调购买、投放和优化的过程。笔者认为，程序化广告的范围比程序化（广告）购买、程序化（广告）交易和程序化（广告）投放要更广泛，它包含了上述这些环节，同时还包括购买前的洞察、创意和购买后的优化等。因此本书对程序化广告的定义是：在基于大数据和技术的消费者洞察前提下，利用系统化的方式对数字广告媒介进行实时的分析、挑选、购买、投放、跟踪和优化。"程序化"指的是通过编程建立规则或模型，使得计算集群能够对海量数据进行完全自动的实时分析和优化，这种手段贯穿程序化广告的每个环节。③

通过程序化广告，卖家可以自定义购买对特定人群的媒体展示，也可以按用户的不同行为展现不同的广告，买家可以挑选他们需要的受众并进行竞价，竞价获胜者就可以将他们的广告在合适的时间推给合适的受众。④ 程序化广告解放了人力，借助大数据技术解决了广告投放效率低的问题，实现了实时、精准的广告投放。对广告主而言，能够利用低成本实现对目标人群的展示和覆盖；对媒体来说，能够实现资源利用率最大化，尤其是长尾流量利用的最大化，这是程序化广告快速增长的关键所在。⑤

二 程序化广告的特点

与传统的媒介购买方式相比，程序化广告有以下独特的优势。

① 梁丽丽. 程序化广告：个性化精准投放实用手册 ［M］. 北京：人民邮电出版社，2017.
② 吴俊. 程序化广告实战 ［M］. 北京：机械工业出版社，2017.
③ 杨炯玮. 解谜程序化购买 ［J］. 声屏世界·广告人，2014（03）：157～158.
④ 中国广告. 程序化购买知多少 ［EB/OL］.（2014－12－01）［2020－06－20］. http://www.ad-cn.net/read/3108.html.
⑤ 华扬联众. 2015 中国数字营销行动报告 ［R/OL］.（2015－03－31）［2020－06－20］. http://www.199it.com/archives/354649.html.

1. 从购买广告位到购买受众

程序化广告的原理就是基于对用户的数据分析找到符合营销诉求的目标受众，从而通过采购这些受众浏览的广告位曝光来实现对受众的购买。[①] 传统的媒介购买如同在人工湖泊里捕鱼，而程序化广告就像在海洋里捕鱼，只是方法更具有科技含量，资源更海量和天然，从对广告位的购买变成了对受众的购买，从媒体投放变成采用广告交易所的方式投放，媒体流量从期货变成现货，广告主及代理商从被动投放到主动选择，这使媒体和广告主达到了双赢。[②]

2. 目标精准

随着消费者上网习惯的碎片化，如果只是对单一屏幕进行割裂分析已无法保证数据的精确性，[③] 如何精准找到目标人群，进行高效沟通，数据的力量不可忽视。程序化广告拥有强大的受众识别能力，可以通过海量的数据分析将人群标签化、数据化，精准地触达目标受众，在避免预算浪费的同时获得较高的转化率。此外，技术的进步已经使得跨屏 ID 识别成为可能，程序化广告可以通过对多屏幕下的同一个用户进行更加深入的分析，找到适合广告主的跨屏人群，从而实现营销活动的精准化。

3. 消费者属性的挖掘更加立体

在物理属性的营销价值逐渐弱化的趋势下，大数据的行为属性分析能够为广告主提供更多有营销价值的新洞察，推动新营销的发展。[④] 传统的媒介购买往往只能根据所投媒体的受众特点来粗略把握目标消费者与其之间的契合程度，而程序化广告依靠海量数据的挖掘及高级的算法，不仅能够掌握人口属性等静态信息，还可以监测到用户购买等动态行为，通过 Cookie 辨识判断访客的潜在兴趣，在点击、访问、注册、购买、兴趣、倾向、媒体等各个环节寻回用户，[⑤] 在此基础上通过领先的统计算法建构精准模型来预测用户的行为。

---

① 贺磊. 大数据时代下程序化购买广告中的伦理问题研究［D］. 硕士学位论文，暨南大学，2016.

② 王跃. 人群和即时定向，真正"正确"的 RTB 广告［J］. 广告大观（媒介版），2013（12）：81～82.

③ 中国网. 程序化购买＋品牌营销的下一个风口［EB/OL］.（2015－05－15）［2020－06－20］. https：//xian. qq. com/a/20150515/041972. htm.

④ 崔文花，韩溢，史航，等. 程序化购买"钱"景最大爆发［J］. 成功营销，2015（05）：24～47.

⑤ 领先企业家. 领先企业家专访酷客美地 CEO：他用三部叫板传统广告业［EB/OL］.（2016－03－11）［2020－06－20］. http：//www. tunlan. cc/index. php？ news/info/15/35/0/66.

4. 实时优化调整

程序化广告购买与传统广告媒介购买的最大不同在于它可以进行实时的优化调整。传统的广告投放往往需要提前几个月与媒体确定排期，广告投放的效果监测也存在一定的时滞。而程序化广告购买可以让广告主实时通过不同的投放组合合理分配自己的预算，提升每一部分的贡献价值度，提高广告营销ROI。同时广告效果也是实时可见的，在许多DSP系统中有多个报表维度，可以自由组合，广告主可以根据效果的好坏和竞争情况随时调整自己的出价，进行实时优化，整个广告的选择和投放都变得很可控。① 此外，有的DSP系统已研发出"自动截屏"功能，能够自动将DSP广告截屏并标注红框，这能够很好地解决"广告不可见"给品牌营销从业者带来的困扰，也能够帮助更多的DSP系统实操人员根据具体投放效果实时优化广告思路和投放策略。②

第二节
互联网广告投放模式的演变

程序化广告的投放过程实际上就是基于大数据和自动化技术，用自动化程序替代传统人工采购，对不同广告位的每一次展示进行管理的过程。程序化交易形式与传统投放形式最显著的差异就是媒体流量被拆分变现：一方面，广告主可以在特定的场景下针对特定的人群通过特定的广告策略实现广告投放；另一方面，媒体方的长尾流量发挥巨大的潜在价值，实现流量快速变现。③

以全新的媒介思维和大数据技术为推动力，程序化广告迅速发展，已成为广告市场中不可或缺的一员。互联网广告的投放模式经历了由单一模式到综合模式的演变，并在实践中不断完善。梳理这一演变逻辑，有助于我们更

---

① 宋星. 半小时读懂互联网广告新生态 [EB/OL]. (2014 - 10 - 19) [2020 - 06 - 20]. http：//www. chinawebanalytics. cn/internet-advertising-supply-chain-2014/.
② 广告投放习惯正在变革程序化购买未来会是下一个"100亿"吗？[EB/OL]. (2015 - 02 - 13) [2020 - 06 - 20]. http：//www. cctime. com/html/2015 - 2 - 13/20152139383 1418. htm.
③ 吴俊. 程序化广告实战 [M]. 北京：机械工业出版社，2017.

好地认识程序化投放的发展动因、运行原理以及重要价值。

一 互联网合约投放阶段

互联网广告市场的初期探索阶段是合约式投放，互联网媒体被认为是一种与报纸、广播、电视等传统媒体并列的新的广告载体。广告投放模式继承了传统媒体的投放思维和逻辑，以类似媒介排期的形式，通过交易双方定制合约将媒体方某一时段的广告展示位整体出售给广告主。合约投放只简单涉及"广告主—互联网媒体"两者之间的简单交易（如图2-1），互联网上的大数据和底层技术带来的潜在价值没有被挖掘，整个广告产业链仅有广告主、媒体、用户三方参与，相较于传统媒体，互联网媒体的优势并没有凸显出来。而且与传统媒体发展类似，媒体优质流量竞争激烈，而长尾市场所包含的大量碎片式剩余流量无法通过合约交易进行变现。

图2-1 互联网广告合约式投放

二 广告网络竞价投放阶段

随着互联网媒体的不断增加，以及用户定向技术的发展，广告主和媒体方逐渐意识到互联网广告的潜在价值，互联网广告市场迅速扩大。同时，与传统媒体发展类似，优质流量竞争激烈，而长尾市场所包含的大量碎片式剩余流量则无法通过合约交易进行变现。另外，中小广告主参与互联网广告市场的需求日渐迫切，由此催生了竞价交易的新模式。网络竞价投放遵循"价高者得"的竞价规则，打破了广告投放中固定量的限制，有效降低了广告主的投放成本，同时将媒体流量的价值进一步扩大。竞价投放阶段主要产生了两种典型的竞价广告产品：搜索广告和广告网络。

（一）搜索广告（Sponsored Search）

最初的竞价投放方式诞生于搜索定向技术的发展和搜索业务流量变现的需求，竞价排序、关键词搜索等程序化投放技术都是由搜索广告发展而来。搜索广告具有原生广告的特点，它的广告展示形式通常与自然搜索结果相似，并且依靠用户主动触发。通常，我们在搜索结果页中看到的与自然搜索结果形式一致、底部或边角上显示有"推广""广告"等标识的网站链接、查询扩展、同类推荐等都属于搜索广告。

这种根据用户对搜索引擎的使用习惯，在用户产生信息检索行为时将广告信息传递给目标用户的形式也被称为 SEM（Search Engine Marketing，搜索引擎营销）。在国内，SEM 通常特指搜索引擎的付费竞价排名广告推广形式，通常以 CPC（Cost Per Click，每次点击费用）为结算方式。搜索广告竞价的承载物是关键词，用户输入的查询内容与广告主预先设定的关键词相匹配，从而决定是否进行广告展示，并对展示机会竞拍，竞价排名决定最终展示位置（具体步骤如图 2-2）。广告主可以在平台的后台对广告展示量、关键词出价等进行日常管理和修改。

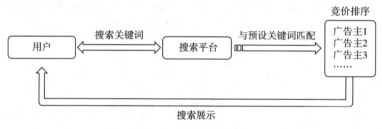

图 2-2　搜索广告流程

（二）广告网络（AdNetwork）

搜索广告的投放和交易在一定程度上会受到媒体平台和广告形式的局限，展示广告领域仍然采用传统的合约售卖形式，媒体方为了控制售卖比例以获得更高的品牌溢价，必然会产生大量的剩余流量，而对于庞杂的中小媒体来说，大多数流量不具备合约售卖的条件，也不具备组建专门的广告营销团队的实力。这种情况催生了一种带有中介性质的流量交易平台——广告网络。

广告网络通过批量购买各个媒体的剩余流量，将流量聚合后按照用户行为标签或关键词进行拆分，发送给多个广告主进行需求匹配，广告主决定是否参与竞价，价高者获得广告展示，由此实现流量变现。媒体方仅需要在流量上接入广告网络的投放代码或 SDK，就可自动完成变现，而无须关心每次展示的投放结果；广告主可以精准定位受众，在众多媒体平台投放广告从而扩大流量覆盖面，真正实现从购买广告位向购买人群的转变。广告网络形成了"广告主—广告网络—媒体"三方的广告竞价投放模式，与搜索广告投放不同，广告网络通常采用单纯的竞价模式，而无须考虑竞价排序等问题，技术优化只需关注估价系统的升级从而可大大降低广告网络的技术成本，提升广告投放的效益。

当然，广告网络依然存在一定的局限。例如，多数广告网络仅能聚合部分互联网媒体和广告主，实际上将广告的定向投放限制在了特定资源当中；尽管广告网络受众定向技术已经较为完善，但只允许广告主按照已经划分好的用户标签进行选择，而无法针对广告主特定需求产生定制化的投放；另外，广告网络的竞价过程也是不可见的，广告主和媒体都无法获知广告投放的具体信息，从而使效果评估打上了问号。

三　公开实时竞价（Open RTB）投放阶段

广告投放的目标一直都是"在最合适的时间和地点，通过最合适的手段向最合适的人传达最合适的广告信息"。广告网络中有限的流量依然不足以满足需求，一方面，媒体方希望对接更多的广告主，通过一个更大、更公开透明的平台来实现流量变现；另一方面，广告主期望对广告位的展示进行更为精确的掌控，并实现用户定制化的投放。双重驱动力之下，互联网广告市场进一步发展，出现了以 RTB 为主要交易形式，大量聚合流量和媒体资源的广告交易平台——ADX。通过 RTB 进行广告投放具有动态性，不再受限于广告位、媒介排期等限制，媒体保质而不保量，按照"价高者得"的原则进行竞价投放。RTB 使广告主可以对每一次广告投放进行评估和竞价决策，然后基于大数据算法分析投放效率，将每一次广告展示精准匹配用户群体，将大量媒体方的剩余流量迅速变现，并将数据实时反馈到广告主的后台。

随着互联网广告市场产业分工的不断细化，基于 RTB 模式的广告交易平台的参与者也逐渐增加，针对广告主的需求方平台（DSP），针对媒体的供应方平台（SSP）和数据管理平台（DMP）等多种专业化平台也逐渐被架构起来，互联网广告程序化投放的整个系统逐渐完善。

效果广告的主阵地——Open RTB

我们所认为的 RTB 模式通常就是 Open RTB 模式，即公开实时竞价模式，指广告主在完全公开的交易平台实时竞价，购买剩余流量。剩余流量指媒体方大量的长尾流量，即通过传统合约售卖、优先售卖之后剩余的流量，这样的流量并不是劣质流量，而只是相较于头部流量而言的。RTB 颠覆了传统网络广告购买广告位的方式，以受众为购买对象进行实时竞价，实现千人千面的智能投放。

Open RTB 投放通常是"效果广告的主阵地",满足预算有限的中小广告主的需求,在迅速定位、准确传达、投放成本等方面能够发挥极大优势。但对于品牌广告而言,由于剩余流量的质量不稳定、投放广告的不确定性等问题,该模式往往不受大型品牌广告主的欢迎。

四 程序化私有竞价投放阶段

对于品牌广告主而言,衡量广告效果不仅需要关注精准定向技术,还需要关注广告投放环境。因而,品牌广告主在程序化投放时,对广告投放环境、稳定性和安全性等有更高要求,他们不希望盲目地进行程序化购买,而是希望回归到广告的本质,以智能化的传播方式传达创新性的广告信息、有价值的品牌文化,从而深入品牌与消费者的情感链接。

因此,供应方和交易平台开始关注优质流量资源的整合,通过搭建 PMP(Private Marketplace,私有交易市场)来谋求自身利益的最大化,从此程序化购买进一步扩展至更适宜品牌广告主的 PMP 投放模式。

(一)PMP——私有交易市场

与 Open RTB(公开交易市场)相对应,PMP 是在私有交易市场进行优质流量私有化购买,它结合传统合约式交易与程序化定向投放的优点,既为广告主提供了相对确定的媒体资源,又可以利用程序化手段提升投放效果。PMP 可以分为私有直接购买(Programmatic Direct Buy,PDB)、优先交易(Preferred Deals,PD)以及私有竞价或私下竞价(Private Auction,PA)。

1. PMP 的诞生——品牌广告的"VIP 交易室"

Open RTB 由于处在完全公开的流量池当中,一个显著的缺陷是它的不确定性。首先,对于广告主而言,他们无法事先确定优质广告位在特定时刻能为自己所用,也不能获得一个固定的成交价格;其次,RTB 市场的长尾流量质量高低不一,流量池往往以大量剩余流量为主,优质广告资源稀缺,无法确保品牌曝光的安全性,对流量作弊的监控和管理难度大,流量质量可能在多环节"掺水",对品牌形象的曝光产生负面影响;另外,公开竞价的流量池存在很大比例的虚假流量,广告主难以辨别流量的真伪,可能导致广告预算的浪费。

而对于媒体方而言,头部流量是稳定收入的基础,流量市场供不应求,媒体大多抱有"宁肯不卖,也不能错卖"的心态。传统 RTB 模式的不确定性使头部流量有可能被当作长尾流量低价交易，或由于价位偏高而交易失败，加之 RTB 交易市场上各类广告鱼龙混杂，出于维护媒体自身形象和用户体验的考虑，媒体大多不愿意将手中的头部资源投入竞价流量市场，而是通过传统媒介渠道销售。

随着程序化的影响力深度渗透，为了满足广告行业多方所需，私下交易的场所——PMP 诞生。PMP 像一个广告的"VIP 交易室"，成为品牌广告主更理想的选择。它的出现将媒体头部流量纳入程序化交易，改变了传统的交易模式，优质流量被自动释放给品牌广告主，在投入可控的情况下，广告主可以获得精准匹配的广告展示机会。少数特定广告主可以对同一个优质广告位进行有底价的竞价，媒体的优质流量能够保证预期收益，潜在价值被充分挖掘和利用。同时，它又满足了品牌广告主对优质广告资源的需求，并可按 CPM（Cost Per Thousand，每千人成本）把控广告预算，保证广告展示的可见性和品牌形象的安全性；通过程序化技术定位精准人群，达到"千人千面"的定制性创意展示。PMP 集传统购买模式与程序化系统的优势于一身，[1]能够同时满足大品牌广告主提升 ROI 和中小广告主打造品牌的需求，媒体方的收益和效率也得到充分保证。

2. PMP 的优势——品牌广告主的"VIP"特权

①优先交易权。PMP 的交易对象是相对确定的，相当于一个 VIP 俱乐部，对进入的媒体流量和广告主进行严格甄选，确保双方都是优质资源。[2]通过 PMP 的优先级特权，少数广告主可以在流量进入公开竞价前优先挑选和交易，在选定的媒体上进行广告曝光。类似于会员福利制度，媒体也会定期打包特定的广告库存，用于满足广告主对特定营销活动需求。与 RTB 交易模式相比，PMP 平台更能保障品牌曝光安全和投放效果。

②良好的透明度。在程序化投放前，广告主会得到一份 PMP 平台提供的媒体流量表，广告展示均在品牌指定的媒体和点位范围之内，广告库存、投放位置、投放环境及价格完全透明可控，清晰地展现流量资源的质和量，广

---

① PMP 能否成为拯救程序化展示广告的"拆弹专家"［EB/OL］.（2017 – 05 – 11）［2020 – 06 – 20］. https：//www. sohu. com/a/139727144＿514641.

② 技术流公司程序化广告购买的新趋势——私有交易市场 PMP［EB/OL］.（2016 – 11 – 15）［2020 – 06 – 20］. https：//www. baidu. com/link？ url ＝ FWdUXWMi2imjTPSZ3MaRDdQ5rLT 2a8nsD1y5WQRfG6M – Nj – 2lmcV2shDVQ6uhg71iUql4OM1L2QAvM6DL5H4 – pH8KTp – 1＿qsp＿ – lHLINPrq&wd ＝ &eqid ＝ d47aa3d90004a233000000055ef9ad46.

告主可以确保品牌曝光安全，并灵活把控预算。

③程序化管理。借助程序化定向技术，广告主可以筛选目标受众，摆脱直接粗暴的CPT（Cost Per Time，每段时间费用）购买方式所造成的资源浪费，显著提升广告效率。

PMP的出现使程序化广告投放的技术价值进一步凸显，在此之前的传统程序化广告更侧重于粗糙的前端展示，那么，PMP的出现可以说使程序化广告的自身价值产生质的飞跃，逐渐透明化的投放管理消除了购买过程中存在的安全隐患和对虚假流量的担忧，对数据的充分利用和呈现解决了广告效果的不可控等问题，精细化的广告投放形式使广告主便捷地实现了以最低成本获取优质资源并精准投放给最适宜受众的目标。

（二）PMP交易方式

PMP可以预先确保流量资源，但与传统合约模式不同，PMP处于直接销售和公开竞价的平衡点，它既利用公开实时竞价的算法和数据分析技术实现高效精准投放，又具备流量资源的控制力，实现媒体覆盖和品牌安全。[①] 那么，PMP是如何将传统广告购买与程序化交易结合起来的呢？

PMP分为三类：私有竞价（Private Auction，PA）、优先交易（Preferred Deals，PD）和私有直接购买（Programmatic Direct Buy，PDB），这三种形式在出价方式、库存预留和流量采购等方面各不相同。

1. 私有竞价（Private Auction）

互联网广告市场的优质媒体资源有限，而品牌广告主对于优质流量的需求很大。在供不应求的市场背景下，部分媒体为了最大化媒体收入，希望将相对好的流量卖个好价钱，它们会邀请一些符合条件的大型广告主组成一个VIP竞价俱乐部，由优质的广告主同台竞争较为优质的流量资源，[②]这就是私有竞价模式的由来。这种私有竞价模式的流量处理优先级略高于公开竞价中的剩余流量，但由于它也遵循价高者得的竞价方式，因此不能完全保证广告主得到这些资源。总的来说，这种半公开的交易市场既保证了优质广告位和高质量广告素材匹配，也保证了媒体可观的收益。

---

① 传漾科技王跃：程序化私有广告交易将会在2017年逐步超越公开交易［J］．广告主，2015（12）：62~62.

② 小马过河．互联网广告行业初解密［EB/OL］．（2018-11-19）［2020-06-20］．https：//zhuanlan.zhihu.com/p/50297583.

2. 优先交易（Preferred Deals，PD）

对于预算充足、注重品牌形象的品牌广告主而言，获取优质流量比节约成本更为重要，因此保价不保量的 PD 模式出现。在这种交易模式下，根据广告主的投放需求，买卖双方协商好固定的资源位和相对高的固定价格，当用户在点击产生广告曝光机会时，ADX 会将流量信息优先发给 PD 方，需求方按照自己的意愿进行选择，它是一种绕过竞价直接一对一交易的 non-RTB 模式。但 PD 模式下的广告资源具有一定的不确定性，即媒体不能预先保证广告位的展示量。①

例如，甲品牌与乙品牌在购买某一广告位时，都选择了 CPM 方式。但甲品牌在合同中明确写出确保 1000 次/天的广告展示，而乙无此条款，那么乙公司就属于优先交易方式，其每日广告展示量不做保证。

由此看出，媒体的广告资源质量优先级排序由高到低依次为 PD、PA、需要完全竞价的 RTB。

3. 私有直接购买（Private Direct Buy，PDB）

由于 PD 模式无法保证流量的库存，而品牌广告主通常在投放前就规划好一个月甚至一年的媒介策略及排期，于是保价又保量的 PDB 模式产生。也称 PDB 作为程序化广告投放形式之一，保留了传统广告位购买的方式，原有代理方、广告主、媒体等各方广告协议不变。在此基础上，对投放的各个环节进一步优化，借助程序化投放的技术优势，实现广告的个性化展示以及具有针对性的用户投放频次，从而更好保证了广告效果。

PDB 模式最接近传统的合约采买模式，当用户在访问媒体产生曝光机会时，ADX 平台根据广告主的预定量将广告请求发给单一需求方，需求方可以对流量进行筛选和退回，且无须竞价。② PDB 具有排他性优势，能够保证广告主的专属广告位，并以相对高昂的价格锁定排期，通常只有大型广告主才能负担。基于此，PDB 模式也更有助于广告主完成从传统广告购买到程序化购买的转化。PDB 模式以大数据算法为核心基础，在投放过程中能进行人群细分定向、媒体跨屏覆盖，智能化调整广告素材，解决了传统粗放式广告购买带来的流量浪费问题。

①　易观智库.中国程序化购买广告市场专题研究报告 2015［R/OL］.［2020 - 06 - 20］https://doc.mbalib.com/view/e5d990c98db616ce6abd58f1853ed32e.html.

②　AdBright 皓量科技.PMP 和 PDB 是两种独立的购买方式吗？并存情况下如何划分流量层级［EB/OL］.（2020 - 02 - 22）［2020 - 06 - 20］.https://www.zhihu.com/question/53114106.

　　PBD 模式主要针对广告主买断的优质广告资源进行优化和分配，通常拥有多个子品牌或多种投放物料的大型广告主会买断高端的媒体资源，再运用程序化购买的方式进行对接和投放。PDB 能够完成跨媒体优质资源整合，根据媒介预算对头部流量进行分割，实现广告资源的精准投放，因而也是品牌广告主更青睐的程序化投放模式。

＊PDB 投放案例解析①

　　在"金触点·2016 全球商业创新峰会"上，AdMaster 携手 Accuen 联合打造的"联合利华清扬 PDB 私有程序化营销案例"，凭借创新的退量模式下的 PDB 营销、DMP 数据对接和应用技术，斩获全场最具技术含量的"大数据与技术营销案例奖"。

　　联合利华每年花费大量预算在 OTV（Online TV，互联网电视）上，但是品牌在核心消费者的覆盖上存在不同程度的浪费。在程序化购买的浪潮中，品牌逐渐尝试到了从内容购买到 TA（Target Audience，目标受众）购买转化所带来的益处，但如何进一步挖掘程序化购买的优势，则是品牌需要进一步思考的方向。

　　联合利华旗下的清扬品牌，同时拥有针对男性和女性的两条产品线。在广告投放策略时需要做到：不同的受众，看到与其相对应的广告创意；多家媒体同时投放，实现跨媒体的频次控制，各媒体之间的重合用户重复多次看到同一个广告，减少流量浪费。

　　Accuen 作为程序化购买行业的领军者，根据联合利华清扬品牌的特点和需求，设计和策划了清扬 PDB 私有程序化项目的投放。这波投放项目，使用 AdMaster 的 SmartServing™ 技术，并利用 AdMaster 的数据技术对接腾讯 DMP，采取退量模式的 AdServing，由品牌自主选择优质流量进行投放。在整个投放过程中，实时判断用户跨媒体频次，将超频流量退回给媒体，不做投放；通过腾讯 DMP 实时判断用户属性，针对不同用户投放不同的产品广告；实时判断用户观看次数，按次序播放不同的创意版本。

　　此波清扬项目共投放 6 家主流视频媒体、PC 和移动端两个平台，投放效果如下：项目同时覆盖了清扬男女两个产品线的受众，成功实现针对不同受

---

① 联合利华 PDB 营销案例斩获金触点最具技术奖［EB/OL］.（2016 - 12 - 09）［2020 - 06 - 20］. http://www.qlwb.com.cn/2016/1209/802691.shtml.

众投放不同的产品广告，且进行不同广告创意的按次序轮播；退量模式下，跨媒体频次控制效果显著，有效降低频次浪费；与常规投放相比，目标受众占比和目标受众"1+Reach"触达率显著提升。[①]

五　综合比较

（一）传统媒体购买、RTB、PDB 的差异

传统的互联网广告投放模式是广告主与媒体事先谈好价格，安排固定的广告位和广告排期，广告的效果难以保证；不同于传统互联网广告投放的线性模式，PDB 模式将广告资源的买卖双方，即品牌方和媒体方连接起来，借助广告交易平台为双方提供公开透明的交易市场。互联网广告市场中，存在海量的广告主、媒体资源、用户等多方角色，RTB 模式在聚合这些资源的同时，还能够对这些信息进行分析、挖掘、匹配，完成有针对性的传播；PDB 模式是品牌广告主更理想的选择，在这种模式下，广告主直接买断优质媒体资源，然后借助程序化投放形式完成广告精准投放（见表 2-1）。

表 2-1　传统媒体购买、RTB、PDB 的差异

	传统媒体购买模式	RTB 模式	PDB 模式
目标受众	根据媒体性质判断受众属性	实时分析流量背后的受众属性，判断其是否为目标人群	精准的目标人群
广告位置	固定的广告位置和媒体排期	以受众为核心，实时判断广告位置、投放频次以及周期	高端媒体资源黄金广告位
购买方式	事先谈好价格且价格不透明	根据受众价值，百毫秒内决定是否出价，出价多少，广告价格透明、真实	直接买断
广告创意	通过投放后的数据分析进行阶段性的创意优化	实时监测受众反馈，通过回头客定性，针对性营销，有效提升 ROI	人群标签化精准投放广告
投放控制	取决于影响者的经验积累	更多取决于系统的技术水平，如人群的价值判断及出价能力	取决于目标消费者的属性
效果评估	定性分析为主，效果较难保证	定量分析为主，通过算法优化效果	定量分析为主

---

① 联合利华 PDB 营销案例斩获金触点最具技术奖 [EB/OL]．（2016-12-09）[2020-06-20]．http：//www.qlwb.com.cn/2016/1209/802691.shtml.

（二）RTB 竞价与 PMP 私有交易的差异

通过对比，我们能够更为清晰地了解程序化投放中各种形式的差别，从而针对不同的需求，选择更为合适的投放形式。

PMP 中 PDB 模式保质、保价、保量，PD 模式保质、保价、不保量，PA 保质、不保量且在指定范围内参与竞价，由媒预先体选定广告主参与竞价。① 综合分析程序化广告的四种典型模式，不难看出在对流量的优先获取权和流量质量上 PDB > PD > PA > RTB，相应的交易成本也与之成正比，呈现为 PDB > PD > PA > RTB。

表2－2　程序化广告交易模式比较

交易方式		是否保量	出价方式	操作方式	流量路径	成本/流量质量及优先权
PMP	PDB	保质、保量广告位预留	协商固定价	传统媒介谈判方式，程序化投放控制	在现有传统广告排期投放系统中先锁定流量，再将流量接入 PDB	高
	PD	保质、不保量广告位不预留	事先出价	程序化购买中指定媒体	通过传统排期系统将剩余流量导入 ADX 系统进行管理	
	PA	保质、不保量广告位不预留	实时竞价	在选定范围内参与竞价		低
Open RTB	Open RTB	尽量保质、不保量广告位不预留	实时竞价	媒体池中撒网竞价		

＊注：分类按照交易方式的公开性与否划分；RTB 指实时竞价方式，包含私有实时竞价和公开实时竞价

（三）PMP 市场：效果广告＋品牌广告的全景发展

中国 PMP 私有化市场经过近几年的发展，占比不断增大，已成为程序化购买市场的主要成员。2013 年起兴起的私有竞价模式迅速发展，进一步推动了整

① 传漾科技王跃：程序化市场下的流量金字塔 ［EB/OL］. （2015－10－29）［2020－06－20］. https：//www.rtbchina.com/adsame-on-programmatic-and-private-deal.html.

个程序化购买市场的发展，至 2016 年 non-RTB 占比为 47.5%，与 RTB 相比差距大幅缩小。目前国内的私有化广告市场以视频广告资源为主，PMP 市场范围今后是扩张还是收缩取决于市场需求本身。随着更多的品牌广告主的转向，更多的企业积极深耕于程序化，PMP 的发展前景良好。越来越多品牌广告主选择 PDB + RTB 的投放模式，广告主趋向于通过程序化购买的组合投放使投放效率和效果最大化，PDB 以细分化和结构式的预算控制保证广告主的广告预算更为合理化地使用，① 在私有交易市场中扮演着至关重要的角色。

舜飞科技认为，通过融合 PMP 和 PDB 的特点，广告主既能满足投放需求，也能更合理科学地分配预算，实现更丰富和高效的广告投放效果。在未来，这一能够平衡广告主利益与媒体变现的广告交易模式将会获得更好的发展。②

传漾科技创始人王跃强调，③ 未来 PMP 私有市场将朝着大型化、品牌化、倾斜化、定制化、透明化等方向延伸。PMP 的运营商将以大型门户垂直和视频网站为主；更多的品牌广告主将成为私有市场的主要投放客户；随着程序化购买的不断深入，私有交易将逐步超越公开交易；品牌在私有化市场的投放将提升市场的标准化与透明化；更多广告主开始关注私有技术平台。

六　私有部署程序化阶段——"In-house"模式

IAB 对 In-house 模式给出的定义是："将媒介策略，广告投放、优化、管理等程序化广告投放的技术操作都放在企业内部完成。"④ 简单来说，就是企业内部完全或部分完成程序化购买过程。企业在自己的服务器上部署程序化广告购买程序，并掌握技术和数据所有权。

随着程序化广告形式日益成熟，广告主的投资力度不断上升，程序化广告已成为各品牌常见的营销手段之一。同时，广告主在交易中处于边缘地位，缺乏实际掌控力，外部程序化交易带来的数据欺诈、交易过程不透明等问题受到广告主的重点关注，也成为企业程序化转型的主要驱动因素。根据

① 广告门．易观：PDB 帮助资源实现最优分配，网络广告投放效率升级（2014 - 10 - 21）［2020 - 06 - 20］．https：//www. adquan. com/post - 1 - 28773. html.
② 舜飞科技. PMP 是不是你的菜，3 分钟得到答案［EB/OL］．（2014 - 10 - 21）［2020 - 06 - 20］. https：//www. sohu. com/a/113751853_ 249304.
③ 传漾科技．王跃：程序化市场下的流量金字塔．［EB/OL］．https：//www. adsame. com/article/news_ 201510301215. html，2015 - 10 - 30.
④ The Interactive Advertising Bureau. Programmatic In - housing：Benifits，Challenges and Key Steps to Building Internal Capabilities［R］. Gerard Broussard：Per - Meditated Media，2018.

IAB 发布的 2018 年程序化广告趋势报告，程序化 In-house 模式发展迅猛，已成为品牌营销人员进行程序化购买的首选模式。

企业私有部署程序化系统的驱动力大致相同，主要包含以下几方面的内容。

1. 提升程序化投放透明度

程序化广告代理商通常采用非公开的程序化购买方式，在为企业购买流量时并不公开实际的交易价格，从而隐藏代理商的利润和费用，广告主只能获知最终价格，而对代理商如何管理和支配广告预算并不了解。企业内部私有部署程序化系统能够解决广告投放和交易过程的不透明问题，在品牌内部进行策略规划，使媒介与平台支出完全透明，在有效减少广告浪费的同时能够保证触达量和广告效果。

2. 保证数据完整性与安全性

外部程序化系统的主要问题来源于第三方代理机构的介入，内部数据必须提供给代理方，而广告代理商不受公司的控制，所获得的数据也不会提供给广告主。如果合同中没有明确规定，代理商对于部分数据资源的利用方式、转化率等可能也有不同的要求，从而引起企业数据安全、数据完整性等方面的问题。私有部署程序化使企业从被动接受转向主动控制，完全掌握自身的数据资产，而无须向任何第三方提供数据资源，避免将公司的信息置于危险之中。通过建立企业独立的数据库，内部的运营人员可以直接控制公司数据，减少中间方介入企业内部数据，确保数据的完整性，降低安全风险。

3. 主导投放战略与控制决策

企业希望能在营销中担任战略规划者的角色，而不限于承担辅助职能，完全依赖外部渠道实现营销效果。品牌营销人员往往对企业内部需求有更精准的认知，注意力更多聚焦自身品牌目标，更适宜担任决策者的角色。私有部署程序化使企业内部直接掌控程序化交易的整体运作过程，营销人员能够自主把控实时数据，更为直接地感知消费者，洞察品牌目标受众的行为和诉求，并能够根据数据分析迅速调整和优化投放策略。营销人员通过参与全流程的程序化投放，内部独立进行用户画像分析和精准定向，能够自行控制广告竞价与创意表达，实现更为灵活和适宜的广告投放战略。In-house 模式使企业能够不再受限于外部平台，数据的运用和投放战略的传递过程得到进一步精简，内部平台也可以根据品牌的需求不断升级完善，为企业的广告投放提供持续性发展的空间。

4. 提升营销价值转化率

企业通过内部程序化实现精准营销，更能确保广告费用在品牌营销上，减少代理商中间环节，节省营销成本。企业内部 DSP 对接媒体流量后，相关数据将发送到企业内部服务器上，企业接触的媒体数据越丰富，所掌握的数据越全面，投放效果越能够得到持续性的优化，从而不断促进企业 ROI 的实现。

第三节
程序化广告投放的参与者

一 需求方平台——DSP（Demand Side Platform）

程序化广告的需求方平台，是实现受众精准定向的重要工具，能够对来自多渠道的媒体资源进行数据整合，并通过定向算法等技术手段，实现每次广告位展示机会与目标受众的精准匹配，满足广告主的需求。在程序化交易过程中，DSP 代表代理商和广告主的买方平台，通过满足其定制化用户划分需求，提升广告投放效果。除了数据处理和管理能力之外，衡量 DSP 竞争力的主要因素还包括竞价算法的自主研发力、产品使用的体验感、交易过程的反应能力以及对频次和预算的控制力等。[①]

（一）DSP 决策流程

DSP 平台在接收到 ADX 转发的广告请求之后，会根据 ADX 上的各种定向标签来判断本次广告展示机会是否符合需求，并代表广告主利益与 ADX 或供给方平台进行交易，以 RTB 的形式完成广告购买行为。常见的定向标签一般包括人群、媒体、时间、地域、创意类型和规格、历史路径，等等。

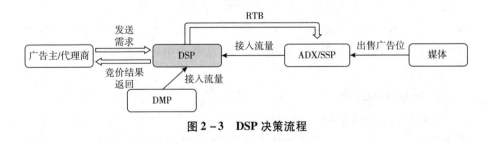

图 2-3 DSP 决策流程

---

① 董征艺. 程序化网络自动化拍卖技术的理论研究与应用［D］. 硕士学位论文. 北京邮电大学，2015.

（二）DSP 平台持续优化过程

在目前的广告市场中，无论是 DSP 还是 DMP、SSP、广告主第一方数据库等都需要完成数据分析工作以实现用户定向。DSP 平台想要保持竞争力，就需要持续进行用户定向模型的算法优化，以保证广告投放的精准性和效率。广告投放过程的数据（例如曝光、点击、行为转化等）的不断累积，是模型能够持续优化的原动力。通过将新的数据导入模型进行分析，DSP 平台就能够不断完善和更新自身的标签体系。

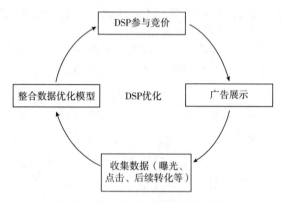

图 2 - 4   DSP 平台持续优化过程

（三）DSP 的分类

DSP 根据对数据掌握的不同可以分为三种类型。

1. 独立 DSP

独立 DSP 平台不掌握广告资源和特殊的数据库，仅通过交易过程中产生的数据完成用户数据积累并优化用户定向。独立 DSP（舜飞、力美科技、品友互动等）通常以技术为导向，拥有专业的技术团队和数据分析工具，通过不断更新和优化服务来提升竞争力，对于广告的程序化购买也站在一个相对中立的立场。

2. 流量方 + DSP

依附于流量方的 DSP，例如腾讯、新浪等旗下的 DSP 平台，因其本身掌握大量的广告资源、用户数据或具有强大的技术支持而在市场竞争中有一定优势。但当广告主需要多种媒体的广告资源，要求广告投放跨媒体联合品控时，这类 DSP 就稍显不足。

3. DMP + DSP

具有 DMP 平台的 DSP，利用自身独有的数据库优势为广告主提供服务，两者在同一个系统内，省去对接流量的过程。这样的 DSP 平台也相对流量中立，依靠特殊的流量提升竞争力。但同时，由于二者处在同一个系统内，广告投放如果想对接多家 DSP 平台或更换 DMP 等就会受到一定限制。

二　供给方平台——SSP（Supply Side Platform）

指流量的供给方平台，服务于程序化投放交易中的卖方，负责整合多种媒体渠道的广告资源，根据业务需求，完成用户的标签化处理，并将流量接入广告交易平台，在用户点击网页并产生广告曝光机会时，向交易平台发送竞价请求，参与广告投放竞价。通常使用的标签分类包括历史行为（历史浏览、购买等）、搜索点击、地理位置、人口统计学信息等，在此基础上进行用户定向与重定向。

供给方平台可以按照流量来源分为两种，第一种是自有性 SSP，即大型的门户网站、媒体方等，其自身具有大量流量，通过建立自身的 SSP 来实现剩余流量变现。第二种是聚合性 SSP，即本身不具备广告资源，依靠聚合中小媒体的流量、大量长尾流量等对接交易平台。衡量一个 SSP 平台需要关注很多方面，包括整合媒体资源的能力、广告信息匹配能力、精细化管理能力，以及在竞价交易流程中的透明度和效率等。

三　广告交易平台——ADX（Ad Exchange）

基于 RTB 的方式进行交易的平台就是 ADX，它在媒体方与广告主之间起重要的连接作用，采用类似于股票交易所的运作原理，将媒体的流量以拍卖的方式售卖给广告主。美国最初成立的交易平台，目的是为广告代理公司大量的剩余流量提供一个交换的平台，使剩余流量在不同广告代理所掌握的不同用户人群中发挥更大的价值。这便是 ADX 的雏形，它可以被看作售卖流量的"跳蚤市场"。

相对于原有的广告网络来说，ADX 中所有的广告竞价都是实时进行的，因此没有处理广告库存、检索流程以及复杂的竞价排序等问题，[①] 相应的，ADX 需要在有限的时间内，同时处理众多 DSP 的广告请求和用户信息带来的

---

① 刘鹏，王超. 计算广告［M］. 北京：人民邮电出版社，2015.

带宽和机器成本。

（一）ADX 与 DSP、SSP 的对接

DSP、SSP 想要通过 ADX 参与实时竞价购买流量，必须事先完成与 ADX 平台的数据对接。双方通过相关的价值评估、技术匹配以及双方确认需求满足之后，进行技术与数据层面的对接，完成用户信息、广告位信息映射等。对接完成，当用户触发广告展示位时，DSP 与 SSP 平台就可以参与 ADX 的广告竞价交易。在 ADX 系统中双方可以对自身的基本信息、流量过滤、实时交易数据等进行编辑或修改，以优化投放结构，进一步满足自身需求。

（二）ADX 与 DSP、SSP 的融合

随着程序化投放机制的不断完善，ADX 与 DSP、ADX 与 SSP 出现交叉和融合的形式。目前的融合主要出现在一些技术实力强的互联网企业、自身掌握大量广告资源的媒体方等。

1. ADX 与 DSP 的融合。一些自身消耗流量较大的 DSP 平台，为进一步扩大利润，希望自己掌控流量，例如拥有一定的资源和技术支撑的大型媒体或互联网公司等，通过组建自身 ADX，直接对接流量市场。

2. ADX 与 SSP 的融合。SSP 最初是对接媒体流量，再接入 ADX 平台进行交易。但许多 SSP 或 ADX 为节省中间环节成本、提高竞争力以及实现利润最大化，纷纷扩展自身交易机制，进行业务融合以直接对接 DSP 平台，融合后两者的功能基本统一。例如谷歌的 DoubleClick，百度的 BES，爱奇艺的 PPS ADX，优酷土豆的 ADX 等。

四　数据管理平台——DMP（Data Management Platform）

自动化投放工具和大数据分析技术是程序化广告投放的两大关键，基于 RTB 竞价机制的 ADX 平台，实现了程序化投放；贯穿于交易过程中的受众精准定位，是基于对大数据的分析，SSP、DSP、ADX 等平台都涉及数据分析与应用。在程序化投放的交易中，除了交易双方和交易平台之外，数据方也是重要的参与者，贯穿于交易的每一个环节。DMP 对数据进行整合和加工，进行受众精准定向，通过满足交易过程中的数据需求来实现营销价值。DMP 既可以产生用户人群的通用标签，也可以针对特定需求对标签进一步加工，并对定向数据进行售卖。

DMP 按照数据的来源可以分为三方数据。第一方数据指广告主内部数据，主要来源于企业自身与用户互动产生的数据信息（例如官网浏览数据、线下门店会员信息或交易记录等），这类数据通常量少而质量高，内容精细；第二方数据是程序化投放过程中产生的数据（如广告投放中的用户浏览量、点击量、转化率等相关数据），数据往往会受到 DSP 等平台的标签润色；第三方数据是独立的数据监测公司或各类运营商掌握的数据，数据量巨大且相对客观中立。

构建和运营 DMP 的主体数据源基本与三方数据相对应，但也常常存在数据的交叉利用。基于不同的参与者角度，DMP 数据管理平台通常也分为以下三类。

第一方 DMP：广告主自己建立的或借助第三方技术搭建的数据管理平台，对广告主掌握的自有数据进行管理，构建品牌的用户画像。这一部分的数据内容较少，集中在企业内部，却是程序化投放中用户定位的核心，以第一方数据为基础，可以使第二方和第三方的数据在用户的重定向和扩展中发挥更好的效果。

第二方 DMP：指 DSP 或 ADX 平台搭建的数据管理平台，对在广告投放过程中积累的用户数据进行管理，数据实时性强，能够迅速结合第一方数据对用户标签进行加工处理，优化用户画像和交易的决策机制，更好地为广告主提供服务。在交易中获得的数据也被同步开放售卖，实现数据资产的变现。其中，由于需要快速对接媒体方的竞价请求，数据的处理和加工往往与媒体方的标签系统一致。

第三方 DMP：指非直接参与交易，且掌握大量数据的服务方搭建的数据管理平台，对非交易双方拥有的数据（例如线下交通数据、腾讯社交数据、阿里电商数据等）进行管理，建立自身的数据标准，并通过与 DSP/ADX 平台的数据交易应用到广告投放过程中，实现数据变现。（如果是作用于 PC 端数据，DSP 和 DMP 之间还需要 Cookie Mapping。）[①]

（一）DSP 与 DMP 的对接

在程序化投放中，由于受众精准定向集中于 DSP 环节，DSP 平台投放效

---

① 程序化广告（2）：程序化广告的参与者［EB/OL］.（2019 - 10 - 29）［2020 - 06 - 20］. https：//blog. csdn. net/wk52525/article/details/102798636.

果往往会对数据的量和质产生依赖，通过与三方数据对接并对数据进行整合和加工，形成用户标签并持续优化决策效率。

1. DSP 与第一方 DMP 的对接

即与广告主方的数据进行对接。与广告主自有的 DMP 平台进行数据对接，也可以通过在官网、App 等添加 DSP 平台监测代码收集人群数据，获得第一手用户信息。

2. DSP 与第二方 DMP 的对接

DSP 平台在为新的广告主服务时，会先对自己已有的数据进行对接，即对内置 DMP 中积累的广告投放、曝光、点击、转化等数据进行整合与分析；对竞价过程中 ADX/SSP 方的 DMP 所提供的广告位相关信息、用户浏览历史、地理位置、客户端、设备品牌等信息数据进行接收、处理和转化。

3. DSP 与第三方 DMP 的对接

DSP 通过与第三方 DMP 进行数据交换的合作或付费交易，获得交易双方缺少的相关数据，用以丰富用户画像，更好地优化用户标签。

（二）DMP 的数据管理与应用

1. DMP 数据管理流程

DMP 最初作为专业的数据管理产品诞生，是数据整合、处理、分析、应用的一个完整的综合处理系统。随着定制化需求猛增，DMP 平台也不断完善针对广告主特定营销需求的业务板块，向更精细的综合服务平台转变。

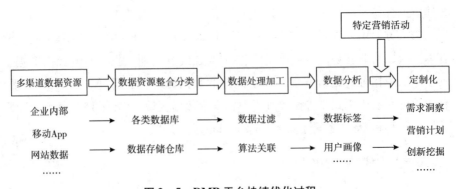

图 2 – 5　DMP 平台持续优化过程

2. 用户画像及标签权重

用户画像是程序化广告投放的核心技术之一，是实现精准匹配的关键环节。最早提出"用户画像"概念的 Alan Cooper 认为，用户画像是真实人群的虚拟代表，是建立在一系列属性数据之上的目标用户模型。DMP 平台在数据处理过程中，利用不同的标签体系划分用户人群，同一用户群体可以有多个标签，这些标签根据用户特征实时更新，以还原清晰的用户形象，满足不同广告主营销需求的检索和选择。

DMP 搭建用户画像具有一定的目的性，为了适应需求，不同 DMP 有自身独特的标签体系，不同标签权重的把控也十分重要，标签划分的精细程度与用户覆盖面都需要根据不同活动性质灵活调整。用户数据进行标签化处理后，就可以进行用户模型的搭建，常用的模型算法包括关联性算法、归类分析、RFM 模型等。[①] 模型可以对用户标签的精确性进行验证，实现持续的效果反馈和优化。

五　第三方监测机构

程序化广告投放过程中，由于互联网本身所具有的不可见性，加之 DSP、ADX、SSP 等各个环节的参与者都对数据有一定的掌控能力，很有可能产生一些为了自身利益而进行数据造假的行为，这也使广告主对投放数据的真实性产生一定的担忧。因此，第三方检测机构作为程序化投放中裁判者的角色出现，对广告投放的数据进行同步监测。广告主通过对比投放数据与第三方检测报告的一致性，来评估广告投放平台的可靠性，并以此为依据进行广告结算。

第四节
程序化广告投放的运作原理

通过梳理程序化广告投放模式的由萌芽到完善的整体演变过程，我们可以对程序化广告发展的内在逻辑有所把握。那么程序化广告投放在具体的操作中如何实现？各交易环节的参与者是通过怎样的形式连接起来的？一个完整的程序化广告投放是如何开始和结束的？本部分主要解决以上问题。

---

① 钟夏泉. 大数据与用户画像在计算广告发展中的应用研究［D］. 博士学位论文. 华南理工大学，2017.

一　实时竞价流程

（一）实时竞价的前期准备

供给方 SSP——将媒体方拥有的广告资源与 ADX 对接。

需求方 DSP——向广告主网站发起 Cookie 映射请求，针对广告主特定需求加工用户标签，并对接 ADX/SSP 完成 Cookie 映射。

（二）实时竞价的流程

1. 用户点开网页或使用媒体，触发广告位展示机会。

2. 媒体方向 ADX 发送竞价请求，携带广告位相关信息。

3. 触发 ADX 发起竞价并将广告位、用户等信息发送给多方 DSP。

4. DSP 平台将用户信息与广告主投放需求进行匹配；决定是否参与竞价和出价多少。

5. 多种 DSP 出价返回 ADX 平台，进行 RTB 比价。

6. ADX 将出价最高者的广告素材返回媒体方进行展示，同时将竞价结果返回 DSP。

7. 用户看到广告，竞价流程完成；ADX 与 DSP 方进行广告费用统计。

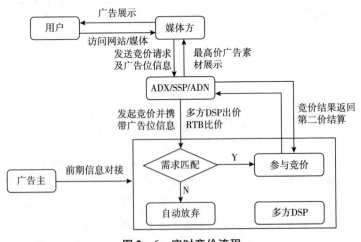

图 2-6　实时竞价流程

（注意：DSP 从接收到竞价请求到发送出价响应，全过程需要在 100ms 内完成，超时则被判定为自动放弃竞价。）

二　PMP 投放逻辑

选择程序化购买方式遵循以下步骤：了解广告主是否需要流量存货竞价；如果需要就参与竞价；如果不需要就进行直接购买。参与竞价的广告主需要明确是否需要公开拍卖，如果需要就进行公开竞价，反之参与私有竞价。如果广告主选择直接购买，那么要考虑是否需要库存量的保障，如果需要保障，那么选择私有直接购买模式，反之选择优先交易。

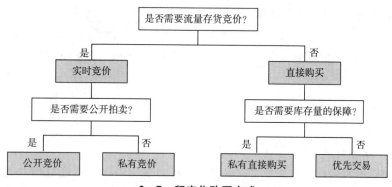

2－7　程序化购买方式

目前国内，三种私有交易方式中较为常见的是私有直接购买和优先交易。私有竞价的相关案例少之又少，它不普及的原因不是技术上的，而更像是文化上的，由于中国人不喜欢公开竞争，所以那些需要共同竞价的方式，无论是公共的还是有准入门槛的，广告主都不喜欢。不过，优先交易在美国反而最为常见。①

PDB 交易模式在保障媒体收益的前提下，提供程序化交易。以视频、新闻资讯为代表拥有丰富优质广告资源的媒体，其广告交易平台已经普遍接受PDB 的交易方式。广告主对于优质流量的独占需求增长，同时公开交易平台聚合大量的第三方优质流量，大多数公开广告交易平台支持 PD 交易模式，为需求方提供保价的优先级程序化广告交易服务。②

---

① 宋星．一篇文章读懂 PMP 私有广告交易市场是什么［EB/OL］.（2017 – 08 – 18）［2020 – 06 – 20］. http：//zhishi. meihua. info/k/31464.

② 易观．中国程序化购买广告市场年度综合分析［R/OL］.（2017 – 05 – 03）［2020 – 06 – 20］. http://www. 199it. com/archives/589716. html.

三　程序化投放执行

（一）材料准备

1. 广告主投放资质确认

广告主投放程序化广告，需要向 DSP 平台提供必要证明文件（例如营业执照、企业法人身份证等信息）用于证明自身的资质和合法性，审核通过后方能进入程序化交易。

2. 广告素材上传与审核

广告主按照常用的广告位展示尺寸上传广告创意素材；DSP 平台筛除违规或不具备资质的广告主，以及含有违规内容、形式不当的广告素材等。

（二）投放测试

1. 技术对接测试

确认准备阶段工作完成，DSP 平台与广告主对各项数据进行技术链接测试，例如放置统计监测代码、匹配用户 ID、确认数据回传等。

2. 投放策略制定及优化

根据技术对接后的数据分析，对不同的 ADX/SSP、广告位优先级进行划分，制定相应的投放策略。通过投放测试得到一定的反馈数据，分析广告投放中制定的媒体策略是否合理、投放效果是否达到预期等，综合人群策略、创意物料形式等，持续优化广告投放策略，[1] 筛选最优组合。

3. 程序化投放阶段

根据测试阶段得到的最优策略，进入后台设置界面，对各类广告活动进行相应的投放基本参数设置，进行程序化投放。由于 RTB 模式中流量的质与量有明显的不确定性，投放阶段仍需相关人员及时调整广告策略，或根据具体的投放反馈，随时对相关参数进行调整。

（1）用户数据的识别

在技术对接阶段，涉及 DSP 与广告主的用户数据的匹配问题。程序化投

---

① 舜飞科技. 如何持续优化广告投放策略［EB/OL］.（2018 – 12 – 26）［2020 – 06 – 20］. https：//www. zhihu. com/question/58153488/answer/559905183？utm_ source = wechat_ ses- sion.

放的首要目的就是实现受众的精准定向，但实际情况是，用户在不同的设备或网站上有多重标签或者 ID，需要在技术对接阶段，对用户进行 ID 的唯一性识别，并将不同环境里的用户数据和标签综合起来，丰富单个用户画像。

移动端与 PC 端的用户识别稍有区分。PC 端的用户识别使用 Cookie 作为主要 ID，Cookie 是网站存储的用户本地数据，用来识别和跟踪用户。这一特性被应用于广告投放之中，成为用户定向时的可靠依据。PC 端中，不同浏览器的 Cookie 各自独立，没有统一的命名规范，不同平台会使用不同的域名，因此，如果使用 PC 端，则必须进行 Cookie Mapping，实际上就是用户数据对接——将有着不同名字/ID/标签的用户通过数据互通，证明为同一个用户。在浏览器中放置 Cookie 的方式保留时间短，通常三个月 Cookie 就会过期或被电脑软件清理。

相较于 PC 端的用户 Cookie，移动端的用户识别是通过设备 ID 进行，各技术平台的 ID 一致，安卓系统使用 Android-ID 或者 IMEI 号识别；iOS 系统使用 IDFA 号识别。移动端的用户 ID 生存周期也更长、更稳定。

（2）用户定向策略

在程序化投放的过程中，用户精准定向是提升程序化广告效果的关键要素，其中，通过重定向和扩展定向定位目标用户，获取用户数据是效果较好的两种方法。

1）针对老用户——重定向

重定向（Retargeting）也称为再营销（Remarketing）是指用户对广告主产品或服务有潜在的购买需求，或针对老用户进行召回的广告投放。重定向投放的意义在于对客户进行二次营销，唤醒沉睡用户，找回流失用户。[①] 重定向一般针对现有用户群体，即广告主官方网站、App 的用户，针对不同用户划分不同人群标签，如访问过网站、注册过账号、购买过商品等。

a. 普通重定向：对站内不同行为人群标签展示差异化广告创意，进行用户召回。

b. 个性化重定向：根据每个用户的不同行为推送个性化广告，以提升访客召回的效果。

同时，可以进行否定重定向，即不再向已经购买过商品的用户推送广

---

① 程序化广告（5）：广告投放［EB/OL］.（2019 – 11 – 14）［2020 – 06 – 20］. https：// blog. csdn. net/wk52525/article/details/103062963.

告，减少广告主投放预算的浪费，但并不是完全停止对已购买过商品的用户推送广告，而是在特定周期内对该类用户停止推送他们已经购买的那个商品的广告，改为推送相关的其他产品的广告。

2）针对新用户——扩展定向

a. 基础定向：包括地区、设备、客户端等定向。

b. 人群标签定向：分为预定义和自定义人群标签，预定义指社会化属性、兴趣爱好、购买倾向等定向；自定义人群标签指根据广告主目标受众提炼出来用户群体。①

c. Lookalike，又叫相似人群扩展，即在大量用户群中选择特定的种子用户，基于种子用户画像和社交关系寻找、识别、扩展更多相似受众。

d. 关键词用户，当用户有需求时，会通过搜索引擎主动查找信息。因此可以找供应商提供用户的搜索词，对用户进行投放。

四　In-house 模式搭建流程

（一）In-house 模式由谁搭建

美国广告主协会（ANA）发布的《程序化媒介购买现状》研究报告显示，更多的市场营销人员开始偏爱企业内部（In-house）程序化，将广告代理机构逐渐推向执行者的角色。② 但并不是所有的企业都适合私有程序化部署，企业模式的转变需要经过谨慎考虑，搭建 In-house 模式需要专业的配套服务器设施、专业的技术团队等；③ 让程序化充分发挥价值，需要第一方掌握大量数据，它适合对自身数据安全、盘活现有数据等问题有强烈需求的企业；另外，企业的产品性质也影响着 In-house 模式的搭建，通常快消品、零售、教育等行业产品或服务更新频率高，用户数据丰富，对于程序化广告投放的需求量较大，私有程序化部署能够发挥更大的价值，为企业降低成本，提升投放效果。

---

① App 海外推广的这些绝招你一定要知道［EB/OL］.（2018 – 11 – 15）［2020 – 06 – 20］. https：//www. jianshu. com/p/c4145205aa45.

② AdExchanger. ANA 报告：为了广告"透明度"，更多营销人尝试 In-house 程序化购买［EB/OL］.（2017 – 12 – 19）［2020 – 06 – 20］. http：//www. adexchanger. cn/media-agency/28162. html.

③ 梁丽丽. 程序化广告：个性化精准投放实用手册［M］. 北京：人民邮电出版社，2017.

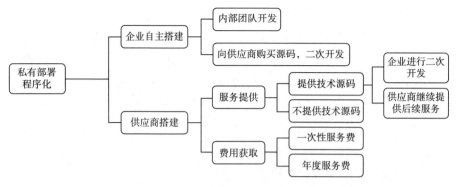

图 2 - 8　私有部署程序化的搭建方式

（二）企业私有部署程序化系统流程

In-house 模式的搭建与一般的程序化购买运营原理一致，同样需要制订计划、招募或培养人才、搭建系统、准备数据、投放测试等步骤，必要时需要与外部代理机构和咨询公司进行合作。完整的搭建与技术对接需要一年左右，企业内部必须制订计划，做足准备。①

1. 企业内部评估

企业内部对 In-house 模式进行媒体效果评估以及成本收益分析等，衡量私有部署对企业 KPI、内部运营 ROI 等指标的提升作用。

2. 技术与资金支撑

程序化系统的架构及后期的运维需要专业技术团队的支撑，公司需要具备程序化购买过程中的数据运算、用户画像分析、实时竞价等技术能力，以保证在实时竞价阶段的数据快速分析与用户精准定向。私有部署程序化对企业的服务器资源提出更多要求，例如处理竞价请求、数据统计、确保广告信息回传速度等都需要升级或全新部署硬件设施。因此，除了技术能力，企业在筹备阶段也需要考虑是否有充足的资金预算用以维持各项硬件设施的运营和维护。

3. 整合数据以优化算法模型

想要充分发挥程序化的广告投放优势，优化智能算法模型是重要环节之一。依托算法模型，企业在实时竞价阶段能够对广告位信息和用户标签数据

---

① The Interactive Advertising Bureau. Programmatic In - housing: Benifits, Challenges and Key Steps to Building Internal Capabilities [R]. Gerard Broussard: Per - Meditated Media, 2018.

迅速进行匹配，并及时完成广告位竞价预估工作。优化算法模型是程序化购买保持竞争力的重要因素之一，必须依托大量的实时竞价数据、用户行为数据和消费数据等数据资源推动投放效果的提升。这要求企业在私有部署程序化的过程中，能够打通前端广告投放数据与内部自有数据，整合各部门数据资源，建立企业内部数据中心以便于营销人员充分把握营销数据所有权，将线上与线下的数据灵活运用，提升转换效率，盘活内部数据，进而实现价值转化。

4. 对接流量，完成广告投放

企业私有 DSP 平台通过程序化方式对接流量，对接的 Ad Exchange/SSP 平台需要承担相应的服务器成本、运维的人力成本等，因此企业会考虑 DSP 平台的消耗能力、投放规模等指标。企业需要充足的投放预算、较大的广告投放需求和购买频次，否则很难对接到期望的流量质量和量级规模。当然，企业也可以选择与供应商进行合作，由供应商将流量对接完成的 DSP 直接部署到企业内部。

五 程序化投放结果

程序化投放的竞价结果存在两种情况：一种情况，广告位竞价成功，某广告主获得展示位并进行广告费用结算；另一种情况，广告位竞价失败，出现空白的情况，例如，因为网络的卡顿，广告位的竞价出现延迟，没有办法在100ms 内展示广告，或某一广告位没有 DSP 竞价。这些程序化投放的后续问题都需要引起我们的注意。

（一）竞价成功：金额结算

1. 交易结算：第二价原则

基于 RTB 模式的 ADX 交易遵循"价高者得，次高价结算"的原则。通常情况下，ADX 会为每个广告位制定一个底价，出价高于这个底价的 DSP 平台获得竞价资格，最高出价的 DSP 获得广告曝光机会，广告费用按照比次高价加 0.01 元的价格进行结算。

2. 需求方内部结算

广告主的广告费用通常按照 CPM 结算，具体的结算数据涉及多个参与方：ADX、DSP、广告主、第三方检测机构。

（1）ADX 与 DSP 的结算——按照广告竞价成功的数据进行结算。

（2）广告主与 DSP 的结算——以第三方检测提供的数据为依据结算。

通常情况下，广告投放方观测到的数据同第三方检测或广告主监测到的数据之间会存在一定的差异，这类差异通常是由 IP 漂移、结算方式以及监测频次的不稳定等造成的。一般 GAP 为 10% 属于正常值，由于 GAP 通常由 DSP 来承担，因此 DSP 在与广告主的前期交涉中，也要将数据的差异列入考虑范围。

（二）竞价失败：展示打底广告

ADX 平台为了避免在一些特殊情况下广告位出现空白，造成资源的浪费，通常会设定一个默认广告/打底广告用于确保广告位 100% 的利用率。在程序化交易市场中，无人竞价时则广告位展示打底广告，因此，打底广告的价格相对来说也是最低的，[①] 但同样，广告资源的质与量也无法获得保证，广告位处于流量优先级的最末端。

---

① 梁丽丽. 程序化广告交易模式［EB/OL］. （2017 - 01 - 11）［2020 - 06 - 20］. https：//www. queentm. com/blog/2017/01/11/jiaoyimoshi/.

第三章

中外程序化广告的
市场演进

第一节
全球程序化广告的市场演进

一 程序化广告投放支出趋势与市场份额变化

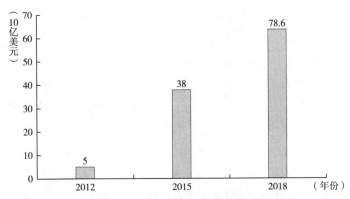

图 3 - 1 **2012 年、2015 年、2018 年全球程序化广告支出**①②

2012 年是中国程序化广告元年，虽有些落后于欧美国家，但凭借具有优势的市场容量，赶上了发展势头迅猛的世界程序化广告市场的"班车"。本节梳理了 2012 年至 2019 年世界各主要国家或地区的程序化广告各购买形式的支出情况。

（一）2012~2015 年：快速增长

2012 年，全球程序化广告支出 50 亿美元；2013 年，全球程序化广告支出 120 亿美元，当年美国的程序化广告支出占全球市场的 63%，英国的程序化广告市场份额比法国和德国的总和大 21 个百分点。

2014 年全球程序化广告支出 210 亿美元，程序化广告最大的 10 个市场仍然主导着全球总支出（最大的 10 个市场占总规划支出的 91%），仅美国就占全

①　根据 IAB 相关文章梳理。Statista 等权威调研机构报告中的 2019 年全球程序化广告支出与其他调研专家文章结果有出入，暂没有统一的结论。

②　本节所有图均为笔者根据相关统计数据自制。

球总支出的 53%。主要程序化广告市场由大到小依次为美国、英国、中国、日本和澳大利亚。然而，中国和日本在程序化广告投放工具使用方面落后（低于20%），凭借市场的庞大规模才推高了它们的程序化支出总额。相比之下，英国、美国和澳大利亚等国，程序化广告的支出已经占到显示类全部广告支出的60% 至 70%（RTB 和非 RTB 合计）。2014 年，广告技术公司获得了大约 55% 的程序化广告收入，而投放平台获得了大约 45% 的程序化广告收入。

在投放形式方面，2014 年程序化广告仍然以横幅展示广告（Banner）为主。规模领先的程序化广告市场（美、英、中、日等国）中，横幅展示广告支出占 RTB 总支出的 72%。在投放平台方面，2014 年程序化广告仍然以电脑桌面展示为主，在 Magna 程序化市场调查中，桌面设备占 RTB 总支出的80%。以广告形式为基础，将程序化展示广告市场细分为在线展示、在线视频、移动展示和移动视频，其中，在线展示细分市场在 2014 年的收入最高，但移动业务（智能手机和平板电脑）的增长要快得多。

2015 年，全球程序化广告市场规模达 380 亿美元，首次占展示广告市场的50% 以上，说明程序化广告正式成为全球市场主流的广告投放方式。2015 年程序化广告支出主要集中在 PC 端和固定互联网上，占程序化广告总支出的 72%，移动项目支出占 28%。移动广告正在成为广告程序化的主要驱动力。2015 年美国移动程序化购买支出达到 154.3 亿美元，占程序化数字展示广告总支出的69%；中国的移动程序化购买支出为 33.7 亿元。[①]

2015 年，程序化广告市场由 2012 年前的爆炸式增长转变为平稳式增长，因此，2015 年是全球程序化广告市场阶段划分的时间节点。2015 年后，程序化广告支出增长趋势虽然放缓，但市场更加成熟。

1. 北美地区

作为程序化广告的发源地，美国拥有高度成熟的程序化广告产业模式，也是北美程序化广告最大的市场。2013 年，美国的程序化展示类广告支出42.4 亿美元，占全球市场的 63%。2014 年，美国程序化展示广告支出总计约 101 亿美元，占全国网络广告支出（495 亿美元）的约 20%，其中公开竞价（Open Auction）占程序化支出的 30%。横幅展示广告（Banner）在 2014年约占程序化广告支出的 80%，广告技术公司收入超过投放发布平台收入。

---

① 舜飞科技 . 2016 程序化购买多维分析报告［EB/OL］.（2016 - 09 - 07）［2020 - 06 - 20］.
　　http：//www. adquan. com/post - 13 - 34688. html.

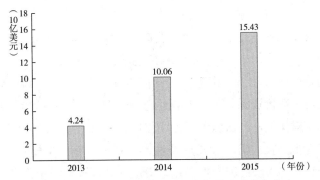

图3-2　美国2013～2015年程序化展示类广告支出

　　2015年，美国程序化展示类广告支出为154.3亿美元。与2014年7月发布的程序化广告调研报告对比，BII发现美国数字广告市场已经达到了一个程序化"转折点"：2015年的程序化广告支出占到非搜索数字广告支出总额的52%，这也是这一指标首次超过50%。BII估计，30.6%的数字广告支出将流向程序化实时竞价平台，21.7%的支出将流向非实时竞价程序化广告平台。①

2. 亚太地区

（1）中国

　　从2012年到2015年，中国程序化展示类广告支出分别为5.5亿美元、15.3亿美元、33亿美元、68亿美元，基本保持100%的高速增长。中国的程序化广告市场在2015年呈现爆炸式增长，程序化广告支出达到中国数字广告支出总额的44%。②

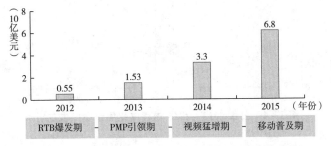

图3-3　中国2012～2015年程序化展示类广告支出

①　BII中文站. 今年全美程序化广告收入将达到150亿美元［EB/OL］.（2015-04-16）［2020-06-20］. https：//tech. qq. com/a/20150416/045541. htm.

②　eMarketer. Programmatic Ad Spending in China Is Growing Rapidly：Baidu，Alibaba and Tencent play a significant role in China［EB/OL］.（2016-02-03）［2020-06-20］. http：//www. emarketer. com/Article/Programmatic-Ad-Spending-China-Growing-Rapidly/1013542.

自谷歌 2011 年 6 月推出自己的广告交易平台，几乎中国所有的互联网巨头公司，如百度、阿里巴巴、腾讯、新浪、优酷、360 等都进入了程序化购买操作阶段，甚至有广告主将其所有的互联网预算都投入程序化广告。[①] 在头部互联网企业的带动下，密集上线的广告交易平台（Ad Exchange）提供了大量优质的可竞价资源，2012 年国内迎来 RTB 爆发时期。在参与 RTB 市场的过程中，媒体也已经认识到了程序化广告的价值。2013～2014 年，由于符合品牌广告主的投放需求和投放惯性，视频广告整体规模开始快速扩大。宝洁、联合利华等大型品牌广告主开始将预算投入视频程序化广告，起到了示范效应，于是更多品牌广告主增加了视频程序化广告的预算。2015 年，程序化广告增长的主要动力在移动端，在 PC 端程序化购买实践和经验积累的基础上，加上移动端流量的快速增长，广告主预算也向移动端大幅迁移，移动端程序化购买用一年的时间走完了之前 PC 端四年间走过的路。[②]

（2）日本

亚太地区程序化广告第二发达市场——日本，2013～2015 年的展示类广告支出分别是 11.9 亿美元、17.1 亿美元、20.5 亿美元。[③] 日本面向台式电脑和笔记本电脑的程序化展示类广告支出停滞不前，而面向智能手机的程序化广告支出迅速增长。

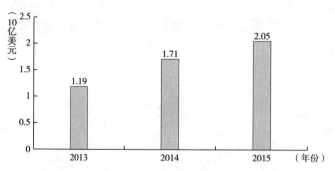

图 3 - 4　日本 2013～2015 年程序化展示类广告支出

---

①　秦先普. 程序化营销，如何改变中国广告的生态——《中国广告》杂志社社长兼主编张惠辛对话 Chinapex 创略总裁 Tiger [J]. 中国广告，2016（07）：72～75.

②　艾瑞咨询. 中国程序化购买市场趋势展望 [R]. 艾瑞咨询系列研究报告，2017（06）：512～552.

③　eMarketer. Programmatic Ad Spend in Japan Reaches Mobile Tipping Point：Growth on the desktop is sluggish，and declines are imminent [EB/OL].（2015 - 10 - 29）[2020 - 06 - 20]. http：// www. emarketer. com/Article/Programmatic-Ad-Spend-Japan-Reaches-Mobile-Tipping-Point/1013165.

（3）东南亚

世界各地的市场上，程序化广告支出都在迅速增长。2015年，程序化广告在东南亚的发展仍处于初期，不过多项研究显示，对其投资正开始上升。东南亚程序化广告前六大市场为印度尼西亚、马来西亚、泰国、新加坡、越南、菲律宾。其中，印度尼西亚与马来西亚两国是东南亚程序化广告市场增长的主力军，2015年程序化广告支出分别为4000万美元与3400万美元。①

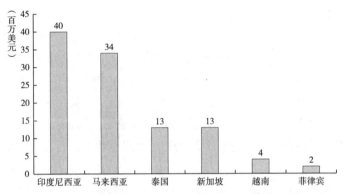

图3-5 2015年东南亚各国程序化展示类广告支出

3. 欧洲地区

欧洲2013年用于程序化广告的支出增长了111%，接近20.8亿欧元（28.4亿美元）。因此，据估计，程序化广告购买在该地区的数字展示广告支出中占21.3%，而2012年这一比例为11.9%。自动或程序化广告购买成为这一增长的主要驱动力。该地区广告支出的三大增长领域是：移动市场、视频形式和程序化购买，预计通过程序化机制投放视频广告的支出增长率最高，2012年至2018年的复合年增长率（CAGR）估计为82.0%。②

欧洲主要市场的程序化广告支出大幅增加。2013年，英国是全球第二大程序化广告支出市场，占全球广告支出的10%，2012年上半年至2013年上半年，法国的程序化广告投资实际上增加了2倍，截至2014年6月的一年里，程序化广告

① eMarketer. Indonesia and Malaysia Lead Southeast Asia in Programmatic Ad Spending: Marketers ramp up automated ad spending, though total dollar value still small [EB/OL]. (2016-09-19) [2020-06-20]. https://www.emarketer.com/Article/Indonesia-Malaysia-Lead-Southeast-Asia-Programmatic-Ad-Spending/1014492? utm_source=twitterfeed&utm_medium=twitter.

② eMarketer. Programmatic Will Be Key to Europe's Digital Ad Market: Revenues generated by programmatic buying of online ads rose 111% in 2013 [EB/OL]. (2014-10-01) [2020-06-20]. https://www.emarketer.com/Article/Programmatic-Will-Key-Europes-Digital-Ad-Market/1011236.

投资又增加了49%。三年内，程序化植入广告占法国所有展示广告支出的22%，而2011年上半年这一比例仅为1%。2015年，英国仍然是欧洲领先的程序化市场，达到29.6亿美元（比2014年增长66%），当年英国显示广告的程序化份额已与美国相当，约占59%。① 2015年，欧洲程序化广告支出大部分仍然分配给横幅广告和固定互联网广告，但视频和移动互联网领域程序化广告的份额迅速上升。

（二）2016～2019年：增速趋缓

2016年至2018年全球程序化广告支出分别为480亿美元、634亿美元、786亿美元。② 根据Zenith预测，2019年全球广告主在程序化广告上的投入将达到840亿美元，将占所有数字媒体广告支出的65%；到2020年，广告主们将在程序化广告上花费980亿美元，占整个数字媒体广告支出的比例将达到68%。尽管程序化广告不断巩固其在数字广告交易中的主导地位，但增速在放缓。从市场规模看，全球最大的程序化市场无疑是美国，中国位居第二，而后是英国。

在程序化广告投放形式方面，这一时期横幅广告的投放比例将显著下降，预计2019年会下降至占RTB总开销的31%。视频（29%）和社交（40%）将占RTB总开销的其余部分。其中，视频成为数字展示广告的增长主力，在2017～2020年将贡献超过一半的广告支出增长。2019年，展示广告将占据数字广告支出的一半以上。预计到2020年，全球广告市场的几乎所有增长都将由数字广告提供。③ 程序化交易也是推动数字广告的技术动力之一。

投放平台方面，2016年通过程序平台购买"可寻址"电视已成为现实。根据eMarketer的早期预测，2018年，程序化电视广告支出将增加至44亿美元，并且将可能占到电视广告支出的6%。虽然程序化仍然只占电视广告总支出的一小部分，但随着智能电视的加速发展，以及资金不断流入电视行业，程序化广告在电视这一载体的未来将是光明的。可以期待，所有的电视库存最终可以在公开的交易平台上售卖。随着程序化广告的不断发展，B2B行业也逐渐对程序化投放给予

---

① eMarketer. UK Programmatic Display Ad Spending Will Surpass £ 2 Billion in 2016：Automated ads will account for nearly 60% of UK digital display market in 2015 ［EB/OL］. （2015 - 09 - 03）［2020 - 06 - 20］. http：//www. emarketer. com/Article/UK-Programmatic-Display-Ad-Spending-Will-Surpass - 2 - Billion - 2016/1012941.

② AdView移动广告交易平台.2019年全球程序化广告占比将高达65% ［EB/OL］. （2018 - 11 - 20）［2020 - 06 - 20］. http：//www. sohu. com/a/276748096_ 741327.

③ 赤子城科技.36氪首发：2019全球数字广告趋势报告［EB/OL］. （2019 - 02 - 18）［2020 - 06 - 20］. https：//36kr. com/p/1723237154817.

更多关注。

1. 美国

北美市场中，美国经过爆发期的迅猛发展，2015 年后程序化展示类广告支出增长趋势放缓，但依然一枝独秀，美国程序化交易占广告交易的 82.5%，非程序化交易比例仅为 17.5%。[①] 2016～2018 年美国程序化展示类广告支出分别为 254.8 亿美元、358.2 亿美元、492.3 亿美元。迈入 2019 年，美国程序化广告支出达到 594.5 亿美元，占美国数字显示广告市场的 84.9%。程序化购买可主要分为直接购买与实时竞价（RTB），实时竞价包含公开竞价与私有竞价两种交易形式。进入 2016 年，美国程序化直接购买的支出（135 亿美元）超过实时竞价支出（约 120 亿美元），此后，直接购买形式的支出在美国程序化购买支出中的比重稳定上升，取代实时竞价历来在美国程序化广告交易方式中的主体地位。在预测期内，私有竞价（PA）和程序化直接购买广告支出的增长将远远超过公开市场的增长。到 2021 年，预计只有 17% 的项目资金仍将流向公开市场。

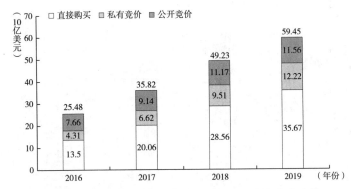

图 3-6　美国 2016～2019 年程序化展示类广告支出[②]

2019 年美国程序化广告支出中，2/3 的支出资金将流向移动设备，并且几乎每 2 美元的广告费就有 1 美元花在了视频上，[③] 移动端与视频广告已成

①　赤子城科技. 36 氪首发：2019 全球数字广告趋势报告 [EB/OL]. (2019 - 02 - 18) [2020 - 06 - 20]. https：//36kr. com/p/1723237154817.

②　FISHER L. US Programmatic Ad Spending Forecast 2019：Nearly Half of Programmatic Ad Dollars Now Go to Video [EB/OL]. (2019 - 04 - 25) [2020 - 06 - 20]. https：//www. em arket-er. com/content/us-programmatic-ad-spending-forecast - 2019.

③　FISHER L. US Programmatic Ad Spending Forecast 2019：Nearly Half of Programmatic Ad Dollars Now Go to Video [EB/OL]. (2019 - 04 - 25) [2020 - 06 - 20]. https：//www. em arket-er. com/content/us-programmatic-ad-spending-forecast - 2019.

为美国程序化广告市场的新增长点。随着美国程序化广告市场的成熟，市场格局经过大浪淘沙展现出马太效应，Facebook、谷歌和亚马逊在美国的程序化数字展示广告收入总计将占程序化广告收入的 62.0%。到 2021 年，这一份额将上升到 64.2%。在这 24 个月的时间里，亚马逊将从程序化广告收入的第四名跃升至第三名，领先于 Verizon。[①]

2016~2019 年，美国移动端程序化展示类广告支出分别为 175.5 亿美元、227 亿美元、322.1 亿美元、393.6 亿美元。近年来，受美国移动互联高普及率的影响，移动端展示类程序化广告占程序化展示类广告支出比重保持在 65% 左右。不过到 2021 年，随着广告买家加大对联网电视等领域的投资，移动业务的增长率将低于预期平均水平。除了程序化广告支出形式比重的变化，美国广告主在移动端程序化广告的投放力度已远远大于 PC 端。2016 年，美国超过一半的数字视频广告通过程序化投放，程序化 OTV 购买支出达到 55.1 亿美元，占 OTV 总体预算的 56%，占程序化展示广告预算的 24.9%，[②] 2016 年后这一趋势逐渐稳定。

图 3-7 2016~2019 年美国移动端程序化展示类广告支出及所占比重[③]

① FISHER L. US Progr ammatic Digital Display Ad Spending：Connected TV Ad Dollars Will Surpass Desktop by 2021 ［EB/OL］. (2019－11－21) ［2020－06－20］. https：//content-na1. emarketer. com/us-programmatic-digital-display-ad-spending.

② 舜飞科技. 2016 程序化购买多维分析报告 ［EB/OL］. (2016－09－07) ［2020－06－20］. http：//www. adquan. com/post－13－34688. html.

③ FISHER L. US Programmatic Ad Spending Forecast 2019：Nearly Half of Programmatic Ad Dollars Now Go to Video ［EB/OL］. (2019－04－25) ［2020－06－20］. https：//www. ema rketer. com/content/us-programmatic-ad-spending-forecast－2019.

程序化交易已经成为美国数字展示广告的标准模式，并随着自动化创新扩展到包括应用（App）和视频在内的新环境，程序化交易将继续赢得更多的市场份额。①

2. 亚太地区

2018 年亚太地区广告支出比此前预测的更加积极。亚太地区广告支出增长率从 2017 年的 4.0% 增至 2018 年的 4.5%，高于 2018 年 1 月 4.2% 的预测增长率，达到 2159.5 亿美元。预测增长率从 2018 年 1 月的 4.2% 上调至4.5%，数字媒体广告支出首次超过电视媒体广告支出，在亚太地区广告支出总额中的占比达到 45.5%。移动广告支出预计首次占到亚太地区广告支出的 24.9%；中国的广告市场预计增长 6.5%，达到 6300 亿元人民币，占到全球广告支出的 16.2%。②

Magna 表示，亚太地区在 2016 年全球程序化广告支出中占 22%，是仅次于美国的第二大程序化广告市场。亚太地区包括第二大和第三大程序化广告市场——中国和日本，还包括一些高度发达的全球市场，如澳大利亚、新西兰和新加坡。③ 据 eMarketer 估计，到 2019 年，亚太地区的付费广告支出将超过北美，亚太地区将成为未来程序化广告发展最有潜力的市场。

（1）中国

2016 年至 2018 年，中国程序化展示类广告年支出分别为 112.3 亿美元、170.7 亿美元、242.4 亿美元，2019 年预计达到约 313.5 亿美元。2015 年后，中国程序化交易市场由爆发期 100% 的年增长率过渡到平缓增长阶段。增长率虽然逐年下跌，但相较于欧美国家，增长空间仍然很大。中国程序化广告支出的增长是由百度、阿里巴巴和腾讯推动的，它们将继续在程序化展示广告市场中占据重要份额，这三家公司加起来占据了中国程序化广告市场约90% 的份额。但是，诸如字节跳动和购物平台小红书等新来者正在奋起直追。

① 赤子城科技.36 氪首发：2019 全球数字广告趋势报告［EB/OL］.（2019 - 02 - 18）［2020 - 06 - 20］. https：//36kr. com/p/1723237154817.

② 舜飞科技.2018 全球广告支出十大趋势：中国将增长 6.5% 至 6300 亿元［EB/OL］.（2018 - 10 - 19）［2020 - 06 - 20］. http：//www. yidianzixun. com/article/0KIzea9G.

③ AARKI. The State of Programmatic Advertising in APAC［EB/OL］.［2020 - 06 - 20］. https：//www. aarki. com/blog/the-state-of-programmatic-advertising-in-apac.

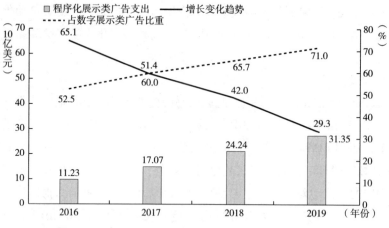

图 3 - 8   中国 2016 ~ 2019 年程序化展示类广告支出①

在程序化投放形式方面，两大投放形式（直接购买与实时竞价）均保持稳定增长势头。实时竞价又分为公开竞价与私有竞价，其中私有竞价市场三年间基本保持最高的增长率。程序化直接购买支出与实时竞价支出从 2015 年的旗鼓相当，到 2016 年后逐渐拉开差距，此后直接购买与实时竞价支出基本保持在 2∶1 的比例。此外，受市场空间所限，直接购买与实时竞价支出的增长率在 2016 年、2017 年出现大幅度下降。

投放种类方面，视频尤其是短视频，是中国广告程序化支出的主要推动力。2017 年是程序化移动视频广告的关键增长点，程序化移动视频投放支出首次超越 PC 端。② 近年来，腾讯视频、爱奇艺和优酷土豆等大型视频公司已经建立了自己的程序化视频交易平台，它们正在推动中国的程序化视频广告支出的增长。新闻推送 App 和今日头条、抖音等短视频 App 为程序化视频广告的增长做出巨大贡献。

（2）日本

日本程序化广告市场仍处于初级阶段，支出低于美国和中国等市场。尽管如此，越来越多的营销人员正在使用这种技术来扩大广告的覆盖面、相关性和影响力。普华永道（PwC）最近的一项研究预测，到 2020 年，对程序化

① CHEUNG M C. China Programmatic Digital Display Ad Spending: Demand for Brand Safety and Quality Inventory Drives Programmatic Investment [EB/OL]. (2019 - 11 - 21) [2020 - 06 - 20]. https://content-na1. emarketer. com/china-programmatic-digital-display-ad-spending.

② 舜飞科技. 2016 程序化购买多维分析报告 [EB/OL]. (2016 - 09 - 07) [2020 - 06 - 20]. http://www. adquan. com/post - 13 - 34688. html.

技术日益增长的需求将把日本媒体市场推升至 1700 亿美元。①

手机应用程序内广告是日本移动广告的未来。日本成年人每天花在数字媒体上的时间为 3 小时 3 分钟，而在 2017 年，手机应用占据了所有数字应用时间的一半以上，因此手机应用市场机会是巨大的。②

（3）东南亚

2016 年，在接受 Forrester 调查的市场营销和媒体购买决策者中，澳大利亚、日本、新加坡三国的程序化程度最高且相近，已有 46% ~48% 的决策者表示采用程序化投放广告。60% 的新加坡受访者、近 50% 的马来西亚受访者和 40% 的印度尼西亚受访者表示，他们要么已经采用程序化广告购买，要么计划在一年内这么做。③ 尽管东南亚对程序化广告的投资仍相对较少，但当地广告企业高管认为，由于该地区广告客户对这一技术的认知率不断提高，而且对该技术的了解在不断增长，该地区扩张的时机已经成熟。

3. 欧洲地区

发展至今，欧洲三大成熟程序化市场按支出水平排序依次为英国、法国与德国，德国的程序化市场环境成熟度比法国、英国低。2019 年，英国和法国分别有 90.0% 和 86.0% 的数字展示广告支出将通过程序化投放，而德国这一水平为 80.0%。预计到 2021 年，这种情况将保持不变，德国的程序化支出增长仍将低于法国。

并且根据 IAB 的调查，截至 2019 年 3 月，在德国接受调查的以程序化形式购买广告的品牌中，有 35% 的品牌已将其功能完全移至内部；54% 的品牌着手实施。在法国、意大利和英国，也至少各有 40% 的品牌选择购买程序化广告，但西班牙在这个指标上的排名较后。④

GDPR（General Data Protection Regulation《通用数据保护条例》，以下简称

---

① DIGITALINASIA. The State of Programmatic Advertising in Japan ［EB/OL］. （2018 – 10 – 30）［2020 – 06 – 20］. https：//digitalinasia. com/2018/10/30/the-state-of-programmatic-advertising-in-japan/.

② 白鲸出海. eMarketer：2017 年，印度成人数字媒体日使用时长为 78 分钟 ［EB/OL］. （2017 – 06 – 14）［2020 – 06 – 20］http：//www. baijingapp. com/article/11468.

③ eMarketer. Indonesia and Malaysia Lead Southeast Asia in Programmatic Ad Spending：Marketers ramp up automated ad spending, though total dollar value still small ［EB/OL］. （2016 – 09 – 19）［2020 – 06 – 20］. https：//www. emarketer. com/Article/Indonesia-Malaysia-Lead-Southeast-Asia-Programmatic-Ad-Spending/1014492? utm_ source = twitterfeed&utm_ medium = twitter.

④ IAB. IAB：2019 年欧洲广告程序化购买报告 ［EB/OL］. （2019 – 12 – 07）［2020 – 06 – 20］http：//www. 199it. com/archives/941461. html.

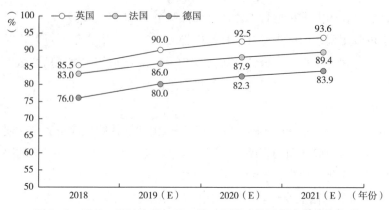

图 3 - 9　2018 ~ 2021 年英、法、德三国程序化展示广告支出比重

GDPR）的颁布，对欧洲国家的影响更大，公开交易形式的支出将首先停滞不前，因为买卖双方需要对交易对象及其是否存在不遵守法规的现象进行确定。从长远来看，这些不确定性以及对罚款的担心，将带动人们对更直接、更私有的程序化交易形式（如私有竞价和直接购买）产生更大的兴趣，以便买卖双方可以确保使用的是合法、经认可且安全的数据。预计到 2021 年，品牌主通过私有市场和程序化直接购买形式投放更多广告。eMarketer 专家预测，在程序化广告发展较成熟的六个国家（中国、美国、英国、法国、德国、加拿大）中，私有市场广告支出增长速度将比公开市场增长速度高一倍。[①]

（1）英国

2016 年至 2019 年，英国程序化展示类广告支出分别为 28.6 亿欧元、38.8 亿欧元、48.2 亿欧元与 58.1 亿欧元。自 2015 年后，英国程序化展示类广告支出增长率开始走下坡路，2016 ~ 2018 年增长率逐年下降。主要原因是，在 2015 年前的程序化广告爆发期，英国展示类广告程序化程度已发展到较高水平，增长空间有限。2018 年，英国有近九成的数字展示广告资金用于程序化购买，尽管受到 GDPR 和脱欧的影响，但英国广告程序化购买支出仍然有增无减。进入 2019 年，程序化广告支出增长率的下降趋势明显放缓。据 eMarketer 估计，2020 年将迎来新增长（19% 的程序化展示类广告支出增长），英国程序化展示类广告支出将达到 68 亿欧元。

① Programmatic Digital Display Ad Spending: Ad Spending and Industry Trends Through 2021 for Canada, China, France, Germany, the UK and the US [EB/OL]. (2019 - 11 - 21) [2020 - 06 - 20] https://content-na1. emarketer. com/programmatic-digital-display-ad-spending.

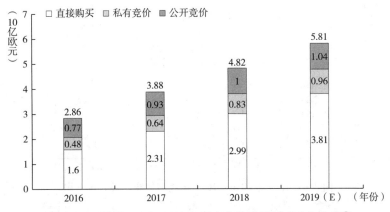

图 3 – 10　英国 2016 ~ 2019 年程序化各购买形式广告支出①

在英国，程序化实时竞价这一投放形式也正在失去自己原有的份额，因为广告主们希望更好地控制广告支出，因此广告支出向直接购买形式转移是未来趋势。2016 年，英国程序化广告直接购买占程序化展示类广告支出的约55%，随后占比逐年增大，2019 年达到 65.6%，成为主要的程序化购买方案。剩下的实时购买中，2016 ~ 2019 年，私有市场交易支出水平始终在追赶公开市场交易，二者之间本就微小的差距一再缩减，预计在 2020 实现逆转。

（2）法国

2016 年至 2019 年，法国程序化展示类广告支出分别为 7.6 亿欧元、10.5亿欧元、13.8 亿欧元、16.9 亿欧元。四年间，程序化展示广告支出增长率下降趋势逐渐加剧，2019 年预计下降近 10%，这反映出法国的程序化展示广告未来增长空间小，有触到天花板的趋势。从历史上看，实时竞价已经主宰了法国的广告程序化购买市场，但与在英国相似，其份额逐渐减小，从 2016 年开始，直接购买支出占程序化展示类广告支出份额超过实时竞价。2019 年，实时竞价中的公开竞价和私有竞价占程序化展示类广告支出的约 27.2%，直接购买占73.4%。据 eMarketer 估计，2020 年法国程序化展示类广告将支出约 19.8 亿欧元。

---

① Programmatic Digital Display Ad Spending：Ad Spending and Industry Trends Through 2021 for Canada，China，France，Germany，the UK and the US ［EB/OL］. （2019 – 11 – 21） ［2020 – 06 – 20］ https：//content-na1. emarketer. com/uk-programmatic-digital-display-ad-spending.

图 3 - 11　法国 2016 ~ 2019 年程序化展示类广告支出

（3）德国

2016 年至 2018 年，德国程序化展示类广告支出分别为 11.7 亿欧元、15.8 亿欧元、19.7 亿欧元，2019 年预计达到 23.4 亿欧元。2016 年，德国广告程序化购买支出已成为数字展示广告支出的主力军（约占 60%），并在后续保持稳步增长趋势，2019 年后接近饱和临界值，增长速度放缓。同时，程序化展示类广告支出增长率从 2016 年开始下降，2019 年增长率仅有 18.8%。在程序化投放形式方面，德国的程序化市场非常重视直接购买形式，2016 年至 2019 年，实时购买（包括私有竞价和公开竞价形式支出）在程序化广告购买总支出中的占比由 42.7% 下降至 24.8%，而直接购买的占比从 57.3% 升至 75.2%。

图 3 - 12　德国 2016 ~ 2019 年程序化展示类广告支出①

---

①　ABRAMS K V. Germany Programmatic Digital Display Ad Spending：Automated Ads Will Claim 80% of Spend ［EB/OL］.（2019 - 11 - 21）［2020 - 06 - 20］https：//content-na1. emarketer. com/germany-programmatic-digital-display-ad-spending.

二　趋势总结

（一）投放形式：RTB 公开→私有市场

为了应对程序化广告交易中的虚假流量问题，直接购买和私有市场的交易形式优点发挥了作用。在世界上最大的几个程序化交易市场中，广告支出从公开交易市场向私有交易市场转移。实际上，未来大部分联网电视广告购买将通过优先交易或担保来最大限度地减少这些担忧。私有交易市场的日益活跃不仅减少了广告上的欺诈而且给广告商和广告位更多的双向选择机会。①从 2014 年开始，私有市场在整个程序化交易市场中得到了越来越多的重视，以 DoubleClick ADX 为代表的主流 ADX 都在大力加强私有市场的产品和服务。随着私有市场与公开市场的充分发展与融合，程序化交易在效果与品牌、媒体利益与广告主利益的平衡方面变得越来越成熟。②不过，一般的私有化平台仍不能给媒体带来完全的广告运营权。

（二）投放终端：PC→移动

据 Magna 统计，全球程序化广告在 PC 端和移动端支出比重分别从 2015 年约 70% 和 30% 发展为 2019 年的各占半壁江山。

由于中国是世界上最大的智能手机市场，这一行业优势也促进了中国移动广告的快速发展，并为移动端程序化广告的萌芽和发展奠定了基础。2014 年，中国移动端的程序化广告正式开始，并于 2016 年首次超过 PC 端程序化广告市场规模。③随着移动端使用率的提升，消费者对移动互联网的使用越来越受 App 驱动，用户每天在上面花费的时间越来越多。对于广告主和媒体来说，App 是一个完全不同的环境，这带来了新的挑战和新的机遇。

（三）投放对象：Banner→视频

2015 年，全球程序化投放横幅广告与视频广告比重分别为 73% 与 26%，到 2019 年，视频广告比重大幅提升至 55%，横幅广告比重下降至 45%。视

①　BENES R，SHANI O，MARSHALL J. 五张表告诉你程序化广告的全球前景［EB/OL］. 张研，译.（2016 - 12 - 21）［2020 - 06 - 20］https：//www. sohu. com/a/122216966_ 522898.

②　刘鹏，王超. 计算广告［M］. 北京：人民邮电出版社，2015.

③　舜飞科技. 到 2019 年，移动端广告占程序化广告支出的 86.9%［EB/OL］.（2018 - 08 - 31）［2020 - 06 - 20］https：//baijiahao. baidu. com/s？id = 1610324073163283252&wfr = spider&for = pc.

频广告逐渐成为更受广告主喜爱的投放方式。

2014 年，中国早期的视频程序化以视频网站的前贴片为主，随着视频内容和视频广告资源的丰富，视频程序化逐渐应用到信息流广告、后植入广告和开屏广告等中，① 产业观察家们早已对横幅广告有所怨言，但是横幅广告仍然占据程序化市场的很大部分。根据盟诺公司的消息，大多数程序化广告支出仍然花费在横幅广告上，而到 2020 年视频广告将会大幅增长，取代横幅广告的地位。但到那时横幅广告仍将占据 34% 的市场份额。②

（四）安全性提升

随着 GDPR 的实施、区块链技术的引入以及行业内对提高透明度的关注，2018 年迎来新的程序化发展。这一年，品牌主与供应商携手为打击广告欺诈采取了重大举措。Google Double Click 为其广告合作伙伴购买的广告资源中的无效流量提供了自动退款服务，并将提供一个选项来限制与这些合作伙伴的广告支出。这将建立与广告客户的信任，并开始着重以点击率、转化次数和转化发生位置等指标为购买的关键依据。

第二节
中国程序化广告的市场演进

一　中国程序化广告行业的发展变迁

（一）程序化广告市场规模迅速扩大

程序化广告自 2012 年进入中国市场以来，凭借着精准的投放和广告效果的可视化与可控化等特点，逐步得到广告行业的认可，程序化广告市场规模逐年扩大。

（二）程序化广告产业生态链条日益完善

从 RTBChina 总结描绘的程序化广告生态图谱可以看出，从 2012 年开始，程

---

① 艾瑞咨询. 中国程序化购买市场趋势展望［R］. 艾瑞咨询系列研究报告，2017（06）：512～552.
② BENES R, SHANI O, MARSHALL J. 五张表告诉你程序化广告的全球前景［EB/OL］. 张研，译.（2016－12－21）［2020－06－20］https：//www.sohu.com/a/122216966_522898.

序化广告各个环节初步完善，发展至今，产业链条正在趋于成熟。2012 年，中国的程序化广告各部分参与者组成了最初的产业生态，主要包括需求方平台（DSP）、广告交易平台（ADX）、供应方平台（SSP）、广告公司采购平台（Trading Desks）等。2015 年，出现了程序化电视广告平台（Programmatic TV），视频广告程序化趋于精细化和专业化。移动效果分析并入监测分析工具，程序化投放监测领域出现重要转变。2016 年，百度、腾讯等头部玩家率先牵头，组建了综合大型投放平台（Super Platforms）。2017 年，程序化数字户外广告平台（Programmatic OOH）出现，进一步拓展了程序化广告生态链条。2020 年，RTBChina发布的最新版本的《中国程序化广告技术生态图》显示，当前中国程序化广告产业的生态链包括综合大型投放平台、程序化广告采购方、程序化广告供应方、采购交易平台及技术公司、广告验证公司、监测分析工具、数据提供和数据管理公司、程序化创意、程序化电视广告、程序化数字户外广告等参与者。

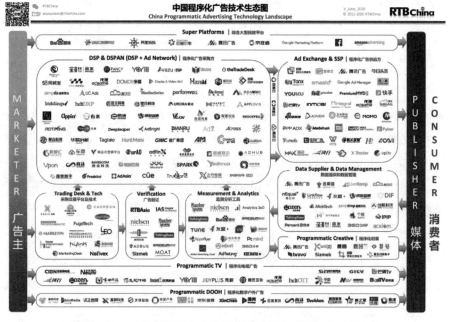

图 3 - 13　《中国程序化广告技术生态图》（2020 年 6 月）①

① RTBChina. 中国程序化广告技术生态图：2020 年中更新版发布 ［EB/OL］. （2020 - 06 - 29）［2020 - 08 - 20］https：//www. rtbchina. com/china-programmatic-ad-tech-landscape - 2020 - v-mid-year. html.

（三）移动端程序化广告发展突飞猛进

中国良好的智能手机市场基础促进了中国移动广告的快速发展。这种良好的市场环境促使程序化购买向移动端的渗透和发展。2014年，移动端的程序化广告正式开始，移动互联网经济飞速发展，程序化购买产业的各企业在移动端快速布局并开拓业务，许多广告主开始向移动端增加预算投放，这些共同促进了移动程序化广告市场的爆发式增长。艾瑞咨询的数据显示，2015年移动程序化购买的投放规模达到33.7亿元，增长率达到762.9%。2016年中国移动程序化购买展示广告市场规模为103.1亿元，较2015年增长205.9%，预计到2019年，市场规模将达451.0亿元。

2016年，移动端程序化购买流量快速增长，广告主程序化购买预算也大规模向移动端倾斜，2016年移动程序化购买市场规模占比为50.2%，市场份额首次超过PC端，实现历史性的超越。在今后的程序化购买发展中，移动端所占比重将不断扩大，到2019年，移动端程序化购买规模占比突破65%。[①]

（四）程序化广告形式更加丰富

2015年，程序化电视广告平台（Programmatic TV）出现，视频程序化广告首次以独立的程序化广告平台的方式被细分出来。广告主尤其是品牌广告主对视频广告的需求快速增长，媒体端大量视频广告资源的开放促使视频程序化购买展示广告市场规模迅速扩大，2016年市场规模为84.9亿元，较2015年增长111.8%，未来三年仍保持高速增长，到2019年，视频程序化购买市场规模达293.5亿元。[②]

程序化购买正在改变整个数字广告产业的生态，户外广告也不例外。当前，户外广告的程序化购买也开始受到业界关注。国外户外广告界已经开始尝试户外广告程序化购买，户外媒体的数字化转型与数字户外媒体的发展，为户外媒体程序化购买创造了条件。[③]

---

① 艾瑞咨询. 中国程序化购买市场趋势展望［R］. 艾瑞咨询系列研究报告，2017（06）：512～552.

② 艾瑞咨询. 中国程序化购买市场趋势展望［R］. 艾瑞咨询系列研究报告，2017（06）：512～552.

③ 廖秉宜. 中国广告程序化购买行业的十大趋势［EB/OL］. (2015－12－31)［2020－06－20］https：//www. meihua. info/a/65741.

二 中国程序化广告行业的发展特点

(一) 市场过度膨胀引发泡沫

2014 年至 2016 年,中国的程序化广告市场进入燥热期,各种服务平台数量增长迅猛,资本市场一片火热。市场的过度膨胀导致了程序化广告的泡沫,市场上充斥着真假平台和流量以及各种概念,行业内存在一些不符合要求的规则,导致正常公司的运作变得艰难。大量水平不一的程序化购买广告公司的成立,使程序化广告市场面临"逆向选择"风险,市场上存在大量的非专业化的程序化交易公司,广告主无法分辨优劣,只愿意支付市场平均价格,从而使高于市场平均价格的程序化交易公司退出市场,广告主最后只能选择质次的程序化购买公司①。

(二) 互联网巨头快速布局,程序化广告市场竞争激烈

自谷歌在 2011 年 6 月推出 ADX(Ad Exchange,广告交易平台)起,阿里巴巴、腾讯、新浪、百度等国内头部互联网企业密集上线了自己的广告交易平台,这些平台一方面提供了大量的优质可竞价资源;另一方面具有相对丰富完善的功能模块,并先后与市场上众多第三方需求方平台完成对接,快速拉动了 RTB 市场的热度。

(三) 大部分广告价值集中在媒体端,DSP 利润空间狭小

掌握优质流量资源的媒体端会拿到广告费的最大分成比例,不同类型的媒体议价能力差别较大。DSP 的利润空间呈被压缩趋势,DSP 的运营要求更苛刻,提高转化率成为目前 DSP 的关键课题。②

(四) ADX 与 SSP 功能趋于一致,界限模糊

在当下国内的环境当中,私有广告交易平台与 SSP 的界限相对而言比较模糊。部分媒体将 SSP 理解成为小型的私有广告交易平台,将其作为流量开

---

① 廖秉宜. 中国程序化购买广告产业现状、问题与对策 [J]. 新闻界,2015 (24):43~46.

② 艾瑞咨询. 中国程序化购买市场趋势展望 [R]. 艾瑞咨询系列研究报告,2017 (06):512~552.

放的出口，直接与 DSP 进行对接。出于自身资源管理的需要或内部数据安全的考虑，大型的门户网站往往更倾向于搭建自己内部的 SSP 系统。部分门户或垂直网站选择与服务商合作搭建 SSP，利用服务商提供的底层技术平台搭建自有的 SSP。中型网站以及长尾网站出于人力、物力投入的考虑，往往选择直接使用成型的 SSP 产品。①

在程序化购买产业链中，媒体作为供应方在发展到一定体量后，由于同时具备了流量资源和客户资源，均开始自建程序化广告平台，从早期的百度、阿里巴巴、腾讯三巨头，到新浪、搜狐、网易（有道）、凤凰、360 等科技公司，再到京东、美团点评等交易平台。媒体自建程序化广告平台的动力主要在于：1）在产业链中获取更大的话语权，从而在价值链中获得更多分成，提升整体利润水平；2）保证数据安全，完善自身 DMP，提升数据应用能力。②

三　中国程序化广告行业的趋势

（一）全渠道整合营销加剧

2019 年 3 月 21 日，腾讯公布了 2018 年第四季度未经审核综合业绩及截至 2018 年 12 月 31 日年度的经审核综合业绩。2018 年全年，腾讯总收入为 3126.94 亿元，同比增长 32%。其中，网络广告 2018 全年收入达 581 亿元，同比增长 44%，占腾讯年收入的近两成；第四季度收入为 170.33 亿元，同比增长 38%。这是自腾讯公司在 2018 年 9 月进行战略升级和组织架构调整以来，腾讯广告首次公开的营销业绩，证明其经过广告业务的整合调整，营销成果收益显著。③

2018 年 9 月 30 日，腾讯公司宣布进行战略升级和组织架构调整。在广告业务方面，腾讯将企业发展事业群（CDG）的社交与效果广告部与网络媒体事业群（OMG）的广告销售线和广告平台产品部进行整合，在 CDG 下共同组建新的腾讯广告。

腾讯广告平台将旗下的微信广告、QQ 空间广告、QQ 客户端广告、优量

① 易观智库．中国程序化购买广告市场专题研究报告 2015 ［R/OL］．［2020 - 06 - 20］ ht-tps：//doc. mbalib. com/view/e5d990c98db616ce6abd58f1853ed32e. html.

② 艾瑞咨询．中国程序化购买市场趋势展望 ［R］．艾瑞咨询系列研究报告，2017（06）：512～552.

③ 数英．占腾讯年收入近两成，腾讯广告整合后首份业绩答卷出彩 ［EB/OL］．（2019 - 03 - 22）［2020 - 06 - 20］ https：//www. digitaling. com/articles/118446. html.

广告、手机 QQ 浏览器广告、应用宝广告、腾讯新闻广告、腾讯视频广告以及天天快报广告的所有广告资源全域整合，全面连接社交、资讯、娱乐、工具等全腾讯系场景，通过数据联通与技术对接打造跨平台、跨网站、多渠道的营销生态，致力于为客户提供高效的营销解决方案。线上线下、大屏小屏协同曝光，精准触达消费者，从而促进品牌与用户的高效互动，提供涵盖品牌、促销、零售等线上、线下融通的一体化数字化营销方案。

（二）To B 转型业务升级

2018 年以来，一方面，随着中国互联网的发展逐渐放缓，人口红利逐渐消退，整体用户流量活性渐趋平稳，中国网民的渗透率也接近峰值。另一方面，C 端流量已被互联网巨头所垄断，中小型的企业只能基于垂直业务的拓展占据一小部分用户群体，收益较为有限。在此情况下，市场中服务商的不断增长为企业的 To B 转型提供了新的业务增长点，也为程序化广告的营销生态提供了富有活力的解决方案。2018 年 12 月 18 日，百度创始人、董事长李彦宏发布内部信，宣布架构调整。主要包括两个方面：1）智能云事业部（ACU）升级为智能云事业群组（ACG），同时承载 AI to B 和云业务的发展；2）搜索公司及各 BG 的运维、基础架构和集团级共享平台整合至基础技术体系（TG）。

李彦宏在信中称，ACG 将"充分利用百度在人工智能、大数据及云计算方面的技术优势"，而 TG 则将"打造强大的技术平台，提高工程效率及资源效率，早日实现'云上百度'的目标"。与腾讯 9 月 30 日的架构调整以及阿里巴巴 11 月 26 日的架构升级类似，技术与算法成为百度此次架构调整的重中之重，也是 To B 业务转型的核心所在。至此，BAT 中国互联网三巨头均已经完成了 To B 的业务方向拓展，致力于通过构建先进的技术平台与精细的渠道设计为企业提供所需营销方案定制服务。[①]

（三）AI 技术智能驱动

随着人工智能、云计算、物联网、区块链等数字技术的飞速发展，虚拟空间的信息量呈指数级增长，与此同时，网络用户的一切行为都能被随时记

---

① 虎嗅. 百度也 To B 了 [EB/OL]. (2018–12–18) [2020–06–20] https：//www. huxiu. com/article/277077. html.

录在其所浏览的数字世界里，形成可量化分析的数据行为，从而使我们迎来了智能化的大数据时代。

数字技术的应用与广告交锋，"AI＋大数据"的产业模式重构了互联网广告行业，精准触达目标用户的程序化广告由此诞生。在投放策略的选择方面，通过大数据对用户画像进行精准提炼，透过智能标签的体系构建预测效果最优的投放模型。而进入创意阶段，针对目标用户的个体特征，实时跨屏联控创意轮播，多渠道定位、精准曝光，也减弱了品牌重复宣传给用户带来的负面体验。

"AI＋区块链"的营销组合也为程序化购买的产业透明化带来了新的可能性。区块链针对金融领域来说，主要作用是追踪每一笔虚拟货币的创建和交易，类似于一个不可被修改的去中心化账本，一切实时交易行径在其中清晰可见。回到程序化广告领域，广告主在交易过程对于不可见的流量也极为头疼，不可见的流量一方面造成了自己的成本浪费，另一方面也有可能是虚假流量、广告欺诈等不合理行为。即使有第三方监测机构的存在，广告主也往往难以抓取到每一笔投放路径及曝光效果。区块链的智能应用则可以在交易过程中保障购买路径的透明与安全，使每一笔广告投入都有迹可循，真正实现可视化交易，增进产业各个交易方之间的信任，促进程序化的营销生态良性发展。

"AI＋物联网"的新兴融合则为程序化广告带来了新的消费场景，例如智能家居等。2016年11月由工信部和国家标准委员会共同制定的《智慧家庭综合标准化体系建设指南》明确提出，到2020年初步建立符合我国智慧家庭产业发展需要的标准体系。2017年初智能家居升级为六大重点领域应用示范工程之一；同年7月，阿里巴巴天猫精灵首款智能音箱硬件产品发布。2018年3月，百度联合小鱼在家发布小度在家智能视频音箱；4月，腾讯智能音箱腾讯听听正式上线。[①]互联网企业充分应用物联网、云计算与AI技术，智能家居基于移动智联的集中控制，将住宅内的家电、影音、环境等家具设备整合管理，通过端口连接与数据分析实时调整设备状态，使顾客的生活体验更舒适便捷。这些智能家电、智能门锁等家居设备收集用户行为信息的同时，也创造了媒介化的输出端口，人与人、人与物、物与物在这个家居

---

① 艾瑞咨询.2018年中国智能家居行业研究报告［R/OL］.（2018－08－14）［2020－06－20］https：//www.iresearch.com.cn/Detail/report? id＝3256&isfree＝0.

环境中得以联通，有助于完整描绘全场景、全数据的动态用户画像，从而利用家居环境中的不同媒介进行一对一的创意投放，实现用户、环境、媒介的互动拟真生态。广告不再成为广告，而真正按照目标消费者可能的主观意愿融入生活场景，潜移默化占领用户心智，程序化营销成为用户场景体验的生态链。据艾瑞咨询分析，"全数据的打通，给营销的一对一投放带来了可能，但同时也带来了挑战，对网络安全、隐私保护以及人的尊严和社会公平等方面造成负面影响，以及营销当中那些迷人的创意和情感营销力是否会随着数据的无缝连接而慢慢消失，对于营销行业来说，都是不小的挑战"。①

---

① 艾瑞咨询.2018年中国移动营销行业洞察报告（产业篇）［R/OL］.（2018－12－21）［2020－06－20］http：//report.iresearch.cn/report_pdf.aspx？id＝3314.

第四章

中国程序化广告的
行业生态

2018 年 11 月 26 日，WPP 发布声明，宣布其旗下全球第一个广告公司智威汤逊，将被数字营销公司伟门并购，进而组建为新的公司伟门·汤普森。[①] 在不久后的年底分享会上，WPP 发布了全球裁员 3500 人的消息。在这个各行业受数字化强烈冲击的时代，2018 年无疑成为广告业极为波澜动荡的一年，广告公司纷纷寻求营销转型。与此同时，程序化广告历经了萌芽期的发展、探索期的喧嚣与燥热期的浮沉，铅华褪尽，逐步回归理性，成熟的产业生态链渐趋显现，优质而精准的市场挖掘正在新一轮平静中酝酿。根据 eMarketer 的预测，2019 年中国程序化广告支出将增长 33%，达到 2085.5 亿元人民币（308.6 亿美元），[②] 2020 年美国程序化数字展示广告支出预计将达 570 亿美元。[③] 舜飞科技创始人、CEO 张小白回望 2018 年风云变幻的广告业时坚定地说道："所有媒体终将数字化，所有数字化广告终将程序化。"大浪淘沙始见金，潜力巨大的程序化营销仍将成为数字驱动下的广告产业的时代制胜点。

本章围绕中国程序化广告产业链中每个环节的代表性企业的程序化广告探索历程及成功的实践案例进行剖析，试图描绘出一幅中国完整的程序化广告生态图。

第一节
程序化广告的生态链及代表企业

一 程序化广告需求方代表（Marketer）

程序化广告需求方主要包括广告主以及广告主的业务代理商。随着程序

---

① 空手．广告简史：从埃森哲接广告到智威汤逊的消亡［R/OL］．（2018 – 12 – 20）［2020 – 06 – 20］https：//www. huxiu. com/article/277483. html.

② eMarketer. 2019 年中国广告程序化广告支出将超过 308 亿美元［EB/OL］．（2018 – 12 – 22）［2020 – 06 – 20］http：//www. adexchanger. cn/advertiser/31250. html.

③ 白鲸出海．eMarketer 预测：2020 年美国程序化数字展示广告支出预计将达 570 亿美元［EB/OL］．（2019 – 12 – 04）［2020 – 06 – 20］http：//www. baijingapp. com/article/26073.

化广告在中国广告市场的逐步深入，越来越多的广告主和广告代理商认识到通过程序化方式投放广告的精确性和高效性，在程序化广告方面不断追加预算投入，程序化广告逐渐得到认可。

需求方一般分为效果类需求方和品牌类需求方。前者投放广告的目的主要是提高直接转化效果，注重营销的时效，对品牌的宣传属于其附属目的。对这类需求方投放广告的效果测量比较简单直观，主要以点击量、转化量等效果指标进行衡量。在中国，效果类需求方一般集中在游戏、电商等行业的企业和其他的中小企业。而品牌需求方一般是预算充足的头部广告主，相比于直接的营销效果，他们更看重品牌的知名度和美誉度等，投放广告的目的相应地以品牌宣传为主。出于对品牌的重视，这类需求方一般会委托专业的广告代理公司协助其完成品牌宣传的任务，再由广告代理商对接程序化广告链条中后端的参与者。

除此之外，在目前程序化的精准营销模式下，品效合一类需求方的数量也逐渐上升。在 2016 年 10 月的阿里云栖大会上，马云第一次提出了"新零售"这个互联网新概念。基于互联网的搭建与流通，通过大数据、人工智能、云计算等先进数字技术手段的运用，商家可以打通商品在线上线下（O2O）的生产与销售，加快其流通节奏，实现线上服务、线下体验以及现代物流的深度融合，重塑消费生态圈。在这场消费升级的革新中，随着智能终端的普及与移动支付的广泛应用，场景体验式的消费成为品牌主以及广告代理公司的目标导向。广告公司通过大数据捕捉精准的用户画像，再基于消费者需求以及购买力分析，在特定的消费场景中将产品直接推送给潜在的目标用户，大大提升了用户产生购买行为的概率，加快销售转化。总的来看，广告公司主要是通过数据驱动的品牌营销，结合目标用户差异性的消费场景，促进品牌声量以及市场销量的双重提升，即实现品效合一。

（一）宝洁

2019 年 3 月 6 日，宝洁公司在美国辛辛那提对外界宣布，为了更有效地权衡运营成本与管理需求，公司已经申请将其股票从巴黎证券交易所除牌，并且巴黎泛欧交易所董事会日前已经批准了这一请求。[①] 作为已有 183 年历史、世界上最大的日用消费品公司，宝洁的全球销售额从 2013 年起增速几乎

---

① 马婧. 业绩萎缩，宝洁股票下月从巴黎退市［N/OL］. 北京日报，2019 - 03 - 13［2020 - 06 - 20］http：//bjrb. bjd. com. cn/html/2019 - 03/13/content_ 10391999. htm.

停滞甚至下滑，在历经了进入中国市场以来的两次失速点（1997年、2014年）之后，宝洁终于停止了品类的盲目扩张，通过"瘦身战略"来实现品牌转型与升级。面对消费结构的升级，数字化营销成为其重要战略，仅2018年宝洁在广告媒体投放中就有80%是通过数字化渠道。① 随着宝洁对品牌需求越发重视，程序化广告也成为其营销战略中的重要阵地。

1. 程序化广告购买的历年动向

2008年，宝洁开始开发和测试内部程序化交易系统——Hawkeye（鹰眼），但一开始拒绝公开。直到2013年2月，宝洁才推出基于数据监测和分析的"鹰眼计划"，代表着充分整合媒体传播、精准营销的一次尝试。"鹰眼"被搭建作为一个私有的广告投放平台，其目的在于帮助客户在购买的广告媒介资源内部，不断优化与消费者之间的信息接触：客户预先购买网站流量后，通过这些流量的整合与分发，进行跨品牌、跨媒体的频次优化，而后多方位对目标消费者进行曝光。②

在过去，广告主大部分的程序化广告购买以效果需求为主，即多数是寻求广告曝光的点击数以及转发次数。③ 程序化广告的品牌营销导向并没有受到很多广告主的重视与青睐，广告主也很少利用程序化广告来提高产品品牌在全球市场的知名度和美誉度。而随着数字技术更新迭代，广告业的产业生态不断调整，程序化广告逐渐显现出品牌效应与效果需求双重满足的势头。故而在广告行业当中，包括宝洁在内的很多大型广告主也逐渐接受和重视程序化广告的应用。

宝洁在2012年全球总体市场的营销费用大约为93亿美元，而同年伦敦奥运会前夕，公司启动的"为母亲喝彩"主题营销活动一举获得巨大成功，加上旗下品牌Old Spice在互联网上被消费者广泛传播，使宝洁对数字媒体的未来价值充满信心。2013年5月，其CEO在媒体的访谈中披露了两个非常重要的信息：第一，2013年宝洁公司将会大幅增加其在广告媒介上的投放预算，全年广告预算将会超过100亿美元；第二，宝洁公司用于互联网广告的投放费用已经占到其总营销预算的25%到35%，在美国市场的占比更是接近

①　谢芸子. 宝洁退市刷屏背后：大家都在等它的坏消息？［EB/OL］. 中国企业家，（2019 - 03 - 17）［2020 - 06 - 20］https：//www. iyiou. com/p/94964. html.

②　宝洁再次驱动营销进化［J］. 商学院，2014（12）：55～56.

③　纪佳鹏. 宝洁预算转移背后：品牌广告进入"程序化购买"元年［N］. 21世纪经济报道，2014 - 06 - 20（20）.

这一范围的上限。宝洁做出媒介投放规划调整的原因主要在于消费者消费习惯的改变，受众越来越多地花费时间在互联网、移动端、多屏上面，而非电视和传统的媒体渠道。此外，数字广告能够精准而有效地触达目标消费者也是非常重要的一个因素，从网络中可以得到及时和动态的效果反馈，以便随时调整并进行有针对性的广告投放。

2014 年年中，宝洁公司发布广告媒介采购预算称，到年底之前计划把 70% 到 75% 的数字广告预算用于数字媒体程序化广告。时间回到 2013 年，负责宝洁全球品牌建设的公司高管毕瑞哲（Marc Pritchard）在一个集中全球大广告主的行业会议 Dmexco 上说："不要根据所使用的工具形成数字营销的概念，比如各种平台、二维码或者更多的新技术。"他表示，在宝洁这个广告主看来，程序化广告的重要性更多的是在于其作为一种连接消费者的沟通工具，即作为一种新兴数字技术手段来触达消费者，从而进行品牌扩散。时任宝洁市场营销全球副总裁的 Jim Stengel 也曾多次提道："宝洁应当逐渐减少对传统电视广告的依赖，更多关注新兴媒体。"WPP 的 Kantar Media 数据显示，宝洁 2013 年广告总支出达到 32 亿美元，其中只有 2.35 亿美元用于互联网展示广告（数据并不包括手机和社交媒体广告）。宝洁公司在过去主要购买电视广告等传统媒体的优质流量资源，程序化广告代理商要获得大品牌广告主青睐则需要增加这些优质媒体与头部流量库存。[①]

每年不断增加的巨额营销费用，加上逐渐放缓的增长率，使宝洁的营销支出严重影响到公司的利润率。宝洁自 2012 年后逐渐削减传统广告支出，开始反思自己的广告策略，[②] 数字营销领域中大数据的融合与建构以及各类新兴技术的应用与发展，也给了宝洁调整自身品牌战略和营销策略的机会。

宝洁公司 2014 年将 70% ~75% 的数字广告预算用于程序化广告，作为世界上最大的广告投放商和营销风向标，宝洁此举或许可以说明市场的营销策略正在出现某种转变的苗头。宝洁的这个计划是继美国运通宣布其 100% 的广告将通过程序化购买的战略性举措后又一拥抱程序化广告的例证。

2015 年 4 月底，宝洁公司首席财务官 John Moeller 宣布，公司计划未来

① 中文互联网数据资讯中心（199IT）. Adage：宝洁 70% 的广告预算将用于程序化购买 ［EB/OL］.（2014 - 06 - 12）［2020 - 06 - 20］. http：//www.199it.com/archives/237416. html？utm_source = tuicool.

② 纵横马丁. 宝洁的营销转向说明了什么 ［EB/OL］.（2014 - 07 - 08）［2020 - 06 - 20］. https：//tech.sina.com.cn/zl/post/detail/i/2014 - 07 - 08/pid_8456498. htm.

每年将削减 5 亿美元的代理费，主要包括在广告、媒介购买、公共关系、包装设计、零售店内宣传与展示上的费用。同时他也表示："我们将更多地利用数字、移动和社交媒体，进一步优化媒体整合，更清晰地传达信息，并提高非广告营销效率，以此驱动营销效力和生产力。我们期望营销开支能低于上年度同期水平。"[1]

这意味着，宝洁也加入了其他大公司的行列。对于宝洁来说，削减广告商代理费，并不是经济压力之下的无奈之举，而是在寻找一种适合当下环境的营销模式，即通过投放效率最大化，减少广告费用的支出。

2017 年，宝洁指定 MediaMath 作为它的下一个 DSP 平台，加入其日渐庞大的 DSP 阵营。阵营内还有 The Trade Desk 和 Neustar，后者是其全球数据管理平台。宝洁在与 AudienceScience 合作 7 年之后重新布局，计划采用多平台战略，让多家 DSP 公司承担程序化广告的责任。[2]

2018 年 9 月，宝洁在进行广告采购时，率先将腾讯旗下推出的闪屏联投产品"亿触即达"纳入集团的常规程序化广告资源，助力其实现批量且高效的媒介渠道整合管理，促进旗下品牌形象的稳定曝光。在国内目前的数字消费市场中，腾讯旗下腾讯视频、腾讯新闻、天天快报、腾讯体育、QQ 浏览器、QQ 音乐、酷我音乐、全民 K 歌 8 款跨品类 App 的联合运作实现了互联网消费者的高覆盖率，亿触即达则通过这八端联通的闪屏广告体系，实现了针对倾向于不同场景体验的消费人群的全面精准划分，从而进行联合频控、有效去重的强势曝光，高效替代了传统投放中的包时段、包天的闪屏方式，极大地提升了 UV 基数的增长。以宝洁为例，亿触即达制定的营销方案会根据宝洁多样化且异常丰富的产品线进行个性化定制，不同的目标人群匹配不同的素材，从而精准投放和有效回馈。相关数据显示，在亿触即达常态化管理之后，宝洁新增 UV 5000 万 +，新增 UV 占比 33%，由此可见程序化广告不仅促进了 UV 的高增长，而且使宝洁媒介投放的广告成本也得到了更好的控制与利用。[3]

① 冯超. 宝洁在华加码电商［J］. 财经天下，2015（23）：16.
② SCHIFI A. 宝洁布局新程序化购买计划，MediaMath 分得一杯羹［EB/OL］. Morketing，（2017 - 06 - 09）［2020 - 06 - 20］https：//baijiahao. baidu. com/s？id = 156969338740631 8&wfr = spider&for = pc.
③ NEO I. 首次将"亿触即达"纳入常规程序化采买，宝洁下了一盘什么棋？［EB/OL］. Morketing，（2018 - 09 - 20）［2020 - 06 - 20］https：//www. morketing. com/detail/9315.

2. 实践案例——飘柔：瞬间顺滑的秘密①

作为宝洁旗下的品牌，飘柔自1989年进入中国以来，一直是中国洗发水市场上的领导品牌，目前已经成为中国女性生活的一部分。在新品"全新橄榄油精华——秋冬柔顺黄金组合"上市后，宝洁策划了价格促销活动，希望借助精准营销技术对目标客户进行全网覆盖，以提高新品传播量，进而提升销量。为此，宝洁对目标受众属性进行了分析，结果如下：

15~40岁，以女性为主的时尚人士；TA们关注自我形象，关注美发；

TA们希望头发柔顺，光滑，有光泽；

TA们关注健康或是其他生活改善的话题；

TA们精打细算，购物讲求性价比；

TA们听从朋友/专家/其他用户的建议，并乐意与他人分享；

TA们喜欢在睡前上网，经常在淘宝上购物。

由此，传漾公司策划出了一个特型视频、联动创意互动的广告形式，形成强烈的视觉冲击力，提升目标受众的关注度。同时结合价格优惠活动，直接刺激目标消费者参与购买活动。并采用程序化广告的方式，对广告进行投放。宝洁通过传漾分析网络用户的浏览轨迹，选择目标受众网聚的女性媒体圈、亲子媒体圈、时尚媒体圈等，重点锁定高曝光、高互动的媒体，加强目标受众与品牌之间的沟通。同时将网站与网站100%去重合，提升投放效率。并且通过频次定向、锁定频次，实现科学曝光，提升覆盖率；即时监测广告的投放情况，并进行实时优化，利用十二维精准定向技术全程配合，最大化预算效力。这样程序化广告投放的结果是，其广告投放的综合效果超过预估，其中PV和Click分别超出预估的60.31%和95.51%。

（二）海尔

2014年，第20届中国最有价值品牌研究揭晓，海尔以1038亿元的品牌价值连续13年居首。2018年3月，红点国际设计奖、iF设计大奖评选结果相继揭晓，海尔冰箱提报的馨厨冰箱、全空间保鲜冰箱，以及旗下的卡萨帝自由嵌入式冰箱等产品均在获奖名单中，总计荣获10个奖项，成为中国冰

---

① 传漾科技. 飘柔：瞬间顺滑的秘密［EB/OL］.［2020-06-20］https：//www. adsame. com/cases_ detail/cases_ 0013. html.

箱业获奖数量最多的品牌，这也是海尔冰箱连续 13 年赢得此殊荣。① 近年来，以消费者需求为中心在海尔的发展战略中不断深化，其注重利用数字平台进行信息传播的优势为用户创造了全流程的最佳体验。在 2017 年中国家电及消费电子博览会上，海尔率先发布要在物联网时代构建首个以用户为中心的全流程口碑体系，将"用户找企业"的传统服务模式颠覆为"企业找用户"，通过用户意见的驱动力不断提升产品质量，完善服务质量，进而满足消费者日益升级的个性化需求，这也成为海尔逐渐坚定采用程序化广告的出发点。

1. 企业营销理念的迭代

正如菲利浦·科特勒把营销分为三个时代，海尔的营销理念变迁也主要分为三个阶段。第一阶段，即营销 1.0 阶段，主要是以产品为中心，广告宣传唯一的目的就是促进产品交易，只要能够将产品销售出去就实现了广告效果。比如 1985 年著名的营销事件，海尔首席执行官张瑞敏当众砸毁 76 台质量不合格的冰箱，并提出"有缺陷的产品就是不合格产品"。在以产品功能为营销诉求点的广告时代，海尔的敢为人先极大地提升了企业的口碑效应。

第二阶段，营销 2.0 阶段，企业营销理念转移到以用户为中心。海尔在传达企业社会责任理念的同时，也在更高层次彰显了品牌对消费者的关切，在年轻一代心中深深根植下"海尔兄弟"的鲜明形象，有助于在消费力不断更替的时候唤醒潜在的目标消费者，激发受众与"海尔精神"之间的情感共鸣。

第三阶段，营销 3.0 阶段，营销理念再度升级，从以用户为中心转向以用户参与为中心，深入挖掘消费者内心的主动需求，邀请用户体验产品开发从而进行信息沟通。该阶段海尔公司提出了交互营销，从企业端或者广告代理端策划一个营销话题，通过各种媒介渠道的信息扩散触达用户，吸引目标消费者参与，从而推动用户和用户之间、用户和企业之间的直接互动与高效沟通。

2. 网络营销战略的升级

进入互联网时代，用户需求日益趋向个性化、碎片化，消费者和企业的交互关系发生了本位转变，消费者逐渐占据了主导地位，而企业与品牌则要

---

① 橙子说科技. 中国科技巨头崛起：超越三星 LG，连续 10 年市场份额稳居全球第一［EB/OL］.（2019 - 10 - 13）［2020 - 06 - 20］https://www.sohu.com/a/346654110_ 120078316.

紧密围绕用户需求，探索与实践适应数字时代、适应网络用户需求的营销模式。2012 年，海尔公司提出新的战略计划——网络化战略，其目的就是探索品牌营销中全流程的用户交互，"无交互不海尔，无数据不营销"，每一次营销的过程都需要有效采集、挖掘和应用用户数据，海尔程序化倾向渐趋显现。在 2014 年易观数字营销大会上，海尔家电产业集团数据运营总经理孙鲲鹏表示，互联网时代海尔启动网络化战略，核心就是为用户提供按需设计、按需制造、按需配送的个性化体验，打造一个可以快速响应的柔性化的供需系统。[①] 当前，海尔已全面进入网络化战略阶段。

（1）"无交互不海尔"

传统制造型企业都是先设计再开发，先生产再销售、配送。海尔想做的是一件颠覆整个流程的事情：先销售产品，再设计、生产，这甚至不仅仅是逆流程，生产的时候可能就是销售，在销售的时候可能就是生产，在服务的时候就是设计。通过这种全流程的用户交互，海尔不仅可以向部分用户进行自我营销，形成一定的口碑效应，同时还能了解用户想要什么样的产品。

（2）"无数据不营销"

通过大数据挖掘，海尔为用户贴上标签，基于购买倾向的标签模型，马上找到那些有需求的潜在用户，进行精准营销，不会再有广告不知投给谁的困惑。有了足量的用户模型和庞大的数据库，接下来就是给用户带去精准营销，海尔采用的精准营销手段主要包括 RTB（实时竞价）和 CT（协同定向营销）。[②]

3. 实践案例：海尔商城[③]

作为比较开放的品牌，海尔早就先于中国别的品牌开始迈上程序化广告之路。2012 年海尔升级了 DMP 系统，从 2012 年 4 月就开始采用品友互动 DSP 平台，该平台帮助海尔商城将目标受众分类组成"海尔商城专属人群数据库"，对细分人群进行定向投放。2013 年，海尔商城总体广告曝光量仅为 2012 年的 1/6，广告点击转化效果却提升了 3 倍以上。2014 年初，海尔集团停止了杂志

① 赵文源. 大数据时代如何浪里淘"金"　商界大佬亲授精准营销术［EB/OL］.（2014 - 09 - 13）［2020 - 06 - 20］. 青网，http：//www. qing5. com/2014/0913/16920. shtml.

② 无数据不营销：通过 SCRM，海尔锁定人群精准营销［EB/OL］.（2014 - 07 - 07）［2020 - 06 - 20］. http：//soft. zhiding. cn/software_ zone/2014/0707/3026390. shtml.

③ 品友互动. 品友互动 DSP 助力海尔商城广告　点击转化效果提升 3 倍以上［EB/OL］.（2013 - 12 - 23）［2020 - 06 - 20］. http：//www. haojiubujian. com/Item/Show. asp? m = 1&d = 1940.

硬广投放，进一步表明其企业告别传统广告，转向程序化广告的决心。

自海尔商城 2011 年正式上线以来，海尔希望借助一系列的促销活动，对有家电购买潜在需求的目标人群进行有针对性的广告投放，进一步提高海尔商城、海尔产品及品牌的认知度、关注度；为海尔商城引入规模有效流量，促进购买行为转化。但是网络传播环境的碎片化，导致品牌"抓住消费者眼球"的难度越来越大。而传统的固定位置的网络展示广告采购费用又连年上涨，即使耗费更多广告预算也无法保证能够覆盖到更多的目标人群。伴随着目标人群在各类网站中的游移，针对单一用户的过度广告曝光也造成了广告资源的浪费。

为了实现最初的广告投放目标，2012 年，当大部分传统企业对 RTB 广告的认识还停留在长尾广告的误区时，海尔商城已开始担当电子商务家电领域的先行者。自 2012 年 4 月起，海尔商城与品友互动开始合作。为了消除广告可能出现在不知名长尾网站而影响品牌形象，出于品牌安全的考量，海尔商城选择了通过品友互动 DSP 系统的广告媒体"白名单"设置，选定 13 家媒体，进行人群定向投放，平均点击率为 0.33%。

2012 年 6 月，品友互动结合 4 月的投放情况，对海尔商城的目标受众进行了人群及媒体优化，对点击率较高的人群标签进行增量投放，增加转化率较高的媒体投放，平均点击率提升至 0.35%，进而提升 ROI；7 月，品友互动进行 DSP 人群定向投放，开启访客找回机制，并对广告展现频次进行控制，点击率在 0.36%；8 月，品友互动结合 7 月的人群数据分析，对点击率较高的人群标签进行增量投放，点击率达到 0.4%；9 月，品友互动结合 8 月的投放数据分析，增加区域定向，点击率为 0.42%；11 月，品友互动借势"双十一"大促活动，对人群标签进行深入分析，并加大针对家装及婚恋交友网站的垂直投放，点击率增长为 0.51%；12 月，品友互动借势圣诞节促销活动，持续优化人群标签，将同一用户观看广告的频次控制设置为 2 次，点击率提升至 0.5%。

根据以上数据，海尔商城在 2012 年 4 月到 12 月，通过品友互动 DSP 平台进行实时竞价的展示广告投放，收获了超过 7.85 亿次海量曝光，并逐步降低了广告点击成本，以低价获得了海量曝光的良好效果。

（三）欧莱雅

数字化营销的浪潮也极大地改变了欧莱雅的企业运作方法：数字化不仅是高层自上而下的战略，同时在自下而上的运行中，也鼓励公司各个层面的员工学习数字化方面的知识，这是欧莱雅应对数字化变革的双向运作理念。[①]
当其他跨国美妆品牌对手还在尝试数字化时，欧莱雅早已探索多年，甚至更
为"激进"地开始向以数字为其营销核心转型。[②]

"数字化的美丽"成为欧莱雅集团营销策略中非常关键的一个方向。从
唤醒潜在消费者的购买意识，到企业提供产品信息、使用指南以及服务和应
用，从信息价值、渠道流通到实效转化，广告宣传流程都已全面数字化。

1. 数字营销的转型

欧莱雅是一个涉及护肤、美发、彩妆等多个领域不同品牌的集团，这些
品牌定位不同，有平价大众品牌也有超高端护肤品牌，如何找到所有品牌都
适用的营销思维体系精髓同时给予每个品牌启发，是其营销升级的难点所
在。其 CMO Asmita Dubey 指出，她所管理的部门包括市场研究、整合市场传
播、媒介策略等，所有部门都与数字化有关，数字化对其来说不是一种营销
手段，而是时代浪潮之下的转型之路。

在确立了营销导向之后，欧莱雅分别从产品、传播渠道、品牌策略以及
数据库四个层面开始数字化升级。在产品层面，除了常规的消费者调研，网
络调研也成为欧莱雅了解消费者的重要途径。在渠道的传播层面，欧莱雅不
同品牌与业内各种营销服务机构合作，尝试了几乎所有形式的数字传播方
式。欧莱雅旗下所有的品牌都有数字资产，包括品牌网站、移动端账户、在
线护肤/化妆内容等。在品牌策略层面，欧莱雅重点聚焦在进一步突破创新，
从而赢得"80后""90后"消费者，加速数字化革新。为了加强欧莱雅品牌
在中国市场的竞争力，欧莱雅集团中国整合多品牌战略，并不断深入进行市
场细分和定位。为了提升品牌在数字传播中的内涵性与兼容性，欧莱雅围绕
各个品牌适应的用户类型，从顾客导向出发挖掘基于不同消费场景的情感共
鸣。在数据库的构建与运营方面，欧莱雅不仅对原有的数据进行融合与管
理，而且积极地开发新的数据来源，同时进行广告衡量标准体系的统一，建
立包括市场占有率、网络提及率以及网络好感度等相关指标的评估体系，进
而通过整合数据帮助和指导集团各个品牌的数字营销工作。

2. 程序化广告的探索历程

由于"80后""90后"更加碎片化的媒介接触习惯，程序化广告也成为

---

① 康迪.贝瀚青：数字重塑下的欧莱雅中国［J］.成功营销，2015（05）：53～56，52.

② 康迪.欧莱雅：数字世界的第二张面孔［J］.成功营销，2014（11）：60～64.

欧莱雅集团频频尝试的数字营销方式。从消费升级的一系列变化入手，面对越来越多元化的消费者，企业怎样维护具有品牌忠诚度的老顾客，并打通整个消费群体的数据运营体系？面对越来越多的细分精准品牌，大众传播的传统营销观念被颠覆，企业如何转换思维？面对层次分明的顾客群，品牌怎样在媒介宣传中平衡老、中、青三代顾客的差异性消费需求？面对互联网中数字人群的广泛聚集，广泛覆盖大众的品牌是否更易被差异化的细分产品所替代？如果被替代，企业怎样在数字营销传播中持续稳定市场地位？这些都是欧莱雅在探索中亟待解决的问题。

欧莱雅在程序化营销中结合了第一方的活动数据、CRM 数据、第三方数据，通过数据分析，充分发掘受众的真正需求。从推动消费者了解产品、购买产品到再次购买该产品，品牌应真正了解受众的需求，并进行实时的广告营销，达成深度沟通，从而提升营销效率。

3. 实践案例：植村秀①

植村秀是欧莱雅集团旗下奢侈化妆品品牌。2010 年，销量的停滞迫使欧莱雅将植村秀品牌产品撤离美国柜台。2015 年，面临在美国缺少实体销售点以及加拿大销售网络有限等问题，品牌亟须寻求在北美市场的销量突破。植村秀需要找到有效的方法来引导北美的消费者完成从品牌认知到实际购买行为的转化。该品牌希望通过 DoubleClick Bid Manager 和 Google Analytics Premium 所提供的统一解决方案，管理网站受众并进行程序化广告。

作为 Google Analytics Premium 的用户，植村秀能够充分掌握并利用曾访问过其网站的用户列表，然后将 Google 分析账号与 DoubleClick Bid Manager 进行关联，使用此数据找到曾访问过欧莱雅网站的现有及潜在用户，以及通过类似模型找到疑似的现有及潜在客户。最后，植村秀根据消费者所处的购买阶段以及在网站上的行为为这些目标受众推送不同的广告创意。借助 Google 所提供的可靠设置，植村秀能够权衡整个程序化广告过程中的预期（Prospecting）和再营销（Remarketing）战略。通过将第一方数据与程序化广告进行结合，欧莱雅的植村秀品牌能够为用户推送最具针对性的信息，从而增加他们与创意广告的互动，带来更多的购买行为。通过使用 DoubleClick Bid Manager 进行程序化广告推送，植村秀能够以全新的洞察来即时更新战

① AdExchanger. DBM 案例：欧莱雅在程序化购买中发现"美丽"［EB/OL］.（2015 - 08 - 31）［2020 - 06 - 20］. https：//www. rtbchina. com/when_ loreal_ meets-dbm-programmatic. html.

略，为植村秀的限量系列赢得筹码。

二 程序化广告采购方代表（DSP&DSPAN）

程序化广告采购方包括 DSP 以及 DSPAN。DSP 是面向广告主的广告投放管理平台，可以通过对数据的整合和分析，为广告主提供投放策略，包括消费者定向条件、出价策略、广告创意等，帮助广告主进行程序化广告投放，并对广告效果进行监测和优化。

在中国，DSP 主要有独立 DSP 和混合 DSP 两种。独立 DSP 本身不具有媒体资源，在程序化广告中具有相对中立的立场。这类 DSP 一般靠技术起家，典型的代表有舜飞、品友互动等公司。混合 DSP 一般依附于媒体或者大型广告主，前者因具有良好的流量资源，在程序化广告市场上具有一定的竞争力，通过组建团队开发自己的 DSP，延伸自身的程序化广告产业链条，这类媒体组建 DSP 的典型代表有百度、阿里巴巴、腾讯等。而广告主自建 DSP 主要是出于对其企业数据隐私和品牌安全的考虑；有时由于涉及商业机密等问题，广告主无法将自身的数据透露给第三方 DSP，为了提升其数据利用效率和程序化广告投放效果，有些大型广告主选择自建 DSP，实现自经营。

DSPAN 是指 DSP 和 Ad Network 的混合体，是由 Ad Network 延伸而来的移动 DSP 平台，不仅支持 RTB，还支持 PMP。Ad Network 即广告网盟（简称 AdN），又称为在线广告联盟、广告平台或者广告网络，类似于为广告主采购流量的媒体代理公司。数字时代网络用户极其碎片式的浏览习惯，使得其注意力往往分散在多个网站或客户端，导致广告主必须和多家媒体对接从而覆盖更多的目标用户，媒介采买的过程变得非常烦琐。故而为了和大型网站的流量资源合理竞争，多家中小网站联合，集中优质的小众流量，作为一个整体与广告主进行谈判，广告网盟便应运而生。其类似于一个行业协会，担任中小网站媒体流量和广告主之间的中介，为采买双方协商满意的定价，广告网盟也会在广告主付费之后抽取一定的费用作为中介费。目前，一些大型网站也开始加入网盟，致力于变现其众多的长尾流量，比如百度网盟、阿里妈妈网盟、Google AdSense 等。

（一）DSP 代表：品友互动

北京品友互动信息技术股份公司创立于 2008 年，是中国领先的程序化广告 DSP 平台，旨在打造国内前沿的基于 AI 技术和大数据算法的企业决策智能平台。依托国际化水平的实时竞价架构和算法，以及先进的人群定向专利技术，品友互动帮助广告主进行多种模式的程序化广告，实现"人群定向，智慧传播"。

品友互动 DSP 不仅提供 PC、视频、移动三类产品，更可实现三种产品跨屏优化投放，帮助广告主通过基于数据的人群定向技术，实时竞价获得广告曝光机会，将广告投放到目标受众，大幅提升广告效率。[①] 2011 年，品友互动率先发布实时竞价广告决策系统，开创程序化标准化购买的定价策略；2012 年，其对外发布了首份数字广告人群类目体系（DAAT），通过捕捉用户在广告交互中的消费习性及行为数据，将用户画像标签化管理和分析；2016年，品友互动推出全透明的智能数字营销决策平台——擎天柱（Optimus Prime），保障程序化的透明交易以及广告的安全投放；2017 年，其推出人工智能决策平台——Marketing Intelligence Platform（MIP），该系统主要从数据管理与内容管理两个板块组合进行程序化营销，注重决策的自动化、智能化、实时化以及透明化，从而实现为所有品牌提供个性的数字化智能解决方案。2019 年，品友互动正式宣布品牌升级为"深演智能"，业务场景从原有的数字广告营销业务，拓展到公共决策、疫情预测、商业预测等更广泛的数字化决策领域。此外，深演智能还与中国移动、京东云、分众传媒、云集等公司成立了数据生态联盟，以此实现数据层面的共享与合作。[②]

1. 实践案例：Uber[③]

2016 年，Uber 与品友互动移动 DSP 合作推出"寻找新司机"营销项目，进行纯线上投放从而覆盖全网流量，通过丰富的网络广告形式以及全新的移动定制算法，这个项目刷新了实时竞价的投放量纪录，最终为 Uber 带来超过18 万的注册司机，并凭借此"Uber – 合作司机注册推广案"一举斩获 2016年金投赏的全场移动营销金奖。

（1）投放目标

基于品友互动的移动 DSP 平台，Uber 通过移动端信息流、开屏、插屏、

---

① 品友互动 DSP + DMP 数字广告产业投放效率整体升级 ［J］. 成功营销，2015（03）：123.

② 饶翔宇. 品友互动改名为"深演智能"，与京东云、分众、云集成立数据联盟 ［EB/OL］.（2019 – 08 – 30）［2020 – 06 – 20］. https：//baijiahao. baidu. com/s？ id = 164327064722449 5487&wfr = spider&for = pc.

③ 中国网. Uber 来袭，史上最强移动 DSP 项目 ［EB/OL］.（2016 – 09 – 23）［2020 – 06 – 20］. http：//science. china. com. cn/2016 – 09/23/content_ 9050943. htm.

原生广告、Banner 等多形式广告、多渠道媒介进行曝光，引流有车且有精力的人士在 H5 宣传端进行注册成为 Uber 签约司机，并且附加身份证以及车牌信息以便成功激活。预定的 KPI 考核指标包括最后的司机注册数、注册成本以及激活率。投放的范围是在全国开通 Uber 服务的城市，投放时间设定为2016 年 3 月至 8 月。

（2）投放过程

品友互动通过阶段性的规模化投放，不断精细 KPI 指标，并根据实际投放效果持续优化调整，从而实现了转化效果的大幅提升，其投放过程如图 4 - 1 所示四个阶段。

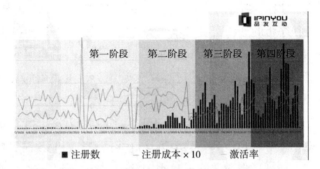

图 4 - 1　Uber - 合作司机注册推广案投放过程

资料来源：品友互动官网 http://www.ipinyou.com.cn/。

第一阶段：品友在系统中未布置注册代码，只从 CPA 指标出发，主要测试投放环境，故而该阶段广告投放量较少。

第二阶段：开始布置注册代码，实现用户数据回传，用户画像通过算法细分而不断优化，同时在保持合理 CPA 的情况下，Uber 新司机的注册量有了明显提升。

第三阶段：根据注册 CPA、注册量两项指标，在保持 CPA 稳定的投放环境下，合理规划和组合媒介渠道的广告投放，新司机的注册量再次扩大 5倍，显著增长。

第四阶段：品友在投放系统中放置了激活代码，同时考察注册 CPA、注册量和激活率三项指标，加大针对已注册用户的广告二次乃至多次触达力度，随之而来激活率也逐渐上升。

（3）策略优势

在四个投放阶段中，用户数据的收集与优化极大地提升了广告投放的效率，通过注册代码与激活代码的双重算法，品友促进了"Uber 新司机"注册数量以及激活质量的双重增效。在进行实时数据的分析过程中，算法系统的流量探测以及规模化作业也为广告效果的实现增添了极大的助力，尤其是品友互动除了维护基础的日期、地域、素材、操作系统并持续升级之外，还着重对媒介渠道中的每一个流量平台以及重点流量点位单独设置算法，实现流量全通道的实时优化。同时，技术分发与内容创意也在程序化系统中紧密融合，品友预设的创意素材库包括 100 多张图片素材以及 200 多个基础文案，可根据用户画像定制生成 1500 多个投放方案。最后基于前期的客户群测试，选定 100 多个的营销内容组合，并借助创意工具箱对 Uber 运营城市、上下班时间、周末时间等用户消费习惯数据进行自动更替优化。

（4）投放效果

品友互动在这一程序化广告的营销项目中，为广告主带来了品效合一的双重提升，印证了其在智能营销时代程序化广告的领先实力。

（二）DSP 代表：悠易互通

悠易互通是多屏程序化广告的引领者，对接了中国所有广告交易平台与供应方平台（SSP）的广告流量，为广告主每天提供超过 200 亿丰富格式（视频、视窗、富媒体、画中画、横幅等）的优质广告流量，并通过领先的技术与全方位的数据，为广告主进行透明高效的广告投放。

2012 年，悠易互通推出了需求方平台（DSP），并为沃尔沃投放了中国第一波 RTB 的广告，开创了中国程序化广告的先河。[①] 2013 年 8 月，悠易互通推出了 DSP 2.0，实现了 RTB 与非 RTB 广告流量的整合与实时优化。[②] 2014 年 1 月，正式推出 YOYI DataBank，作为用户私有数据管理系统，通过用户细分附能精准营销。2015 年，推出 YOYI Plus 品效一体化的程序化广告平台，独家整合展示、视频、移动和智能电视多屏资源，提供包括优质媒体优先购买服务和实时竞价交易服务，为客户提供全媒体流量的一站式广告投放管理。2017 年 6 月，YOYI Plus 产品全面升级，率先完成与 IPG 盟博旗下 Cadreon Unity 及电通安吉斯旗下安纳特（Amnet）两家国际广告技术平台之

① 盘点：广告技术流的 15 年［J］. 声屏世界：广告人，2015（8）：170.
② 崔国强. 网络广告插上"想象的翅膀"［N/OL］. 经济日报，2015 - 11 - 10［2020 - 06 - 20］，http://paper. ce. cn/jjrb/html/2015 - 11/10/content_ 281661. htm.

间的对接，其程序化广告的业务版图进一步扩张。

随着媒介环境的变化——媒体碎片化、屏幕多元化，受众的媒介使用习惯改变也越来越明显，用户的注意力更加分散……企业在渠道、场景等方面的需求延伸，需要更智能、更综合的营销平台和解决方案。在这样的大环境下，悠易互通于 2019 年正式开启了战略升级，从 Adtech 转型到 Martech，从跨屏程序化购买扩张到全域智能营销。转型升级后的悠易互通的主要业务布局分为三种解决方案：广告云、数据云和营销云。根据这种战略布局转型，悠易互通围绕全受众、全场景、全链路，帮企业更好地做广告、收集分析数据以及进行营销应用。①

实践案例：北京现代 ix25②

（1）营销背景

北京现代 ix25 定位为小型 SUV，于 2014 年 4 月 20 日在北京车展上率先发布，并宣布在同年第三季度正式上市。在上市之前，其与悠易互通合作，通过 DSP 在移动端进行产品的宣传造势。投放时间为 2014 年 9 月至 12 月，投放地点设定为全国 + 重点推广区域。

（2）投放目标

广告主的投放目标一是要达到 SOV 和 CPA（注册 KPI 指标）的双效提升；二是要求在布局全国市场的同时合理协调区域间的投放比例，要对重点消费区域有侧重；三是深入触达目标受众，并进行多维全面的用户洞察。

（3）投放策略及过程

悠易互通针对品牌的投放目标，制定了"数据银行 + 跨屏技术 + 智能优化"的营销传播策略方案。在"数据银行"方面，悠易互通在多个维度联通用户数据，通过集中算法和分析精准捕捉人群画像，从而细分触达目标用户。首先其在 ix25 的官网上贴上宣传视频链接，内置 YOYI 数据银行代码，当访问者进入页面时便会触动代码，网站通过 Cookie 识别进行用户探测并将信息回传给数据端。其次 YOYI-DNA 通过算法监测和分析访问流量中的消费者特征，包括性别、年龄、收入等人口特征以及兴趣等消费习性，在数据标签的基础上储存用户信息后得出目标人群画像。

---

① 悠易互通. 悠易互通战略升级　全域智能营销赋能企业增长［EB/OL］.（2019 – 09 – 09）［2020 – 06 – 20］. http：//www. yoyi. com. cn/a/dongtaiyudongcha/xinwenzixun/2019/0909/835. html.

② 悠易互通. 北京现代 ix25 上市 DSP-Mobile 推广［EB/OL］.（2018 – 12 – 26）［2020 – 06 – 20］. https：//www. yoyi. com. cn/a/jingdiananli/qichejiaotong/2018/1224/495. html.

在"跨屏技术"方面，悠易互通借助移动端跨屏联合频控，基于受众的使用习惯高效定向投放；通过 IOS 独有的广告标识符 IDFA 打通网页端与移动端的数据；通过整合分析跨屏环境下的同源受众特征进行用户洞察。同时，也能直接定位到用户主要浏览的移动端 App 类型，再根据其上网时间以及习惯精准触达。

在"智能优化"上，悠易互通应用平台内的算法引擎，从投放地域、投放订单、实时回馈、频次控制四个层面进行全流程、多层级优化。

（4）投放效果

根据悠易互通项目结束时的数据统计，本次投放触及目标用户将近 4000万人次，KPI 超出原始预期值 12%，广告点击率超出 3.4‰，集客成本相对KPI 则降低 16%。

（三）DSPAN 代表：多盟

多盟专注于移动智能营销，为广告主提供程序化广告、数据营销、媒介代理等服务。秉持技术赋权的营销观，其构建了一站式的程序化广告平台，并同时支持 RTB/PMP/PD/PDB 等多种竞价方式。而在多重媒介的整合营销方面，多盟也能够满足品牌广告、性能广告、品效合一广告以及应用程序分发等多重诉求，提供基于大数据分析的营销战略、广告创意、投放优化等全生命周期的整合服务。

作为 DSPAN 平台，多盟拥有多样化的投放渠道以及优质的媒体流量，将 Ad Exchange 头部竞价流量与 Ad Network 的流量有机整合，极大地提升了DSP 投放的精准度以及投放效率，也强化了数据监测与验证的有效性。

实践案例：去哪儿旅行

（1）营销背景

去哪儿是中国领先的旅游搜索引擎，品牌的愿景是针对有旅游需求的顾客，协助其搜索到性价比最高的机票、酒店、度假线路以及其他相关的旅游服务。2016 年，在"世界那么大　我想去看看"流行热潮之下，去哪儿与多盟广告平台开始合作，于 1 月开始在百度信息流中进行定点推广。

（2）投放周期

2016 年 1 月 1 日到 2018 年 7 月 3 日。

（3）投放目标

本次推广活动的目的主要集中在四个方面：第一，达到目标用户的高覆盖率；第二，基于海量曝光捕获更多潜在的优质用户；第三，在投放过程中不断优化，降低广告触达所需的花费成本，同时促进目标用户的高效转化；第四，最终打响品牌知名度与美誉度，增强其在旅游市场中的产品竞争力。

（4）投放过程

在具体的营销过程中，多盟通过三个步骤完成目标用户的精准触达。首先，在理解用户需求的基础上进行充分细分，根据去哪儿本身标签的预设差异，包括机票、火车票、酒店、租车、景点门票等不同跳转框，通过不同点击行为的数据分析把握目标用户的消费侧重，从而精细化投放配比，降低广告成本。其次，基于投放经验选择不同素材、不同展现形式进行营销方案的组合，经过一定范围的前测投放，根据测试效果按照最优方案继续定制化推送，比如单屏素材呈现多用三图，更加符合信息流展示广告的接触习惯。最后，结合人口特征（地域、性别、年龄、收入）与行为特征（浏览、点击、下载、注册）进行用户厚描，通过持续的定向曝光测试，调整和优化投放策略。

多盟也根据季节以及节日活动适时优化创意素材，紧扣热点话题借势营销，保持程序化创意的持续完善与有效输出。

（5）投放效果

最终，"聪明你的旅行"这一推广项目实现了 22.6 亿的曝光量以及643.9 万的点击量。

三　程序化广告供应方代表（ADX & SSP）

程序化广告供应方包括 Ad Exchange（简称 ADX）以及 Supply-Side Platform（简称 SSP）。ADX 是程序化广告交易中的广告交易平台，是衔接需求方和供应方的主要场所。在合适的时间投放合适的广告，使得每一次广告展示都充分发挥其价值——这就是 Ad Exchange 建立的基本原则。[①] SSP 是程序化供应方平台，理论上其主要功能是帮助媒体对其广告流量进行管理，但由于现在 SSP 与 ADX 的功能基本上趋于一致，因此可以把二者放到一起，合称为广告交易平台。

广告交易平台前接需求方，后接供应方，因此从结构上来说，有大型媒

---

① 菅朋朋. 基于实时传输协议的 RTB 广告平台的研究与设计［D］. 硕士学位论文，华中师范大学，2014.

体自建 ADX/SSP、Ad Network 转型 ADX/SSP 和 DSP 自建 ADX/SSP 三种。前者因具有大量的媒体流量，故而在传统排期广告投放模式中容易产生剩余流量。为了提高广告的填充率，减少资源浪费，大型媒体一般会选择自建 ADX/SSP 来解决剩余流量的消耗问题。广告网盟转型 ADX/SSP 也是出于流量整合的目的，将市场中分散却优质的小型媒体集合起来形成一定规模的流量池，也更有利于提升长尾流量的利用率。DSP 自建 ADX/SSP 则是出于自己掌握流量的目的，一般具有一定流量消耗量级的 DSP 才会自建 ADX/SSP。根据媒体的归属不同，广告交易平台（ADX/SSP）又可以分为公开广告交易平台（Open Ad Exchange）与私有广告交易平台（Private Ad Exchange），二者的区别在于，公开广告交易平台上售卖的广告位资源来自大量的不同媒体，而私有广告交易平台上售卖的广告位资源通常来自单一媒体。

广告交易平台依托于丰富的媒体资源，通过多重竞价方式的组合，为不同广告主精准触达最大范围的目标受众，从而实现投资回报率的最大化。它拥有巨大的库存量，能提供更为多元灵活的购买方案，实现针对每次展示机会的实时竞价；能提高投放效率，降低广告主的运作成本。而且作为依托流量对接的中介平台，其市场行为更加充分，能真正做到价格透明。也能实时追踪每一次曝光路径，并有效排除影响品牌安全的因素，真正让广告主觉得物有所值乃至物超所值。

（一）公开广告交易平台代表：百度 BES

百度流量交易服务（Baidu Exchange Service，简称 BES）于 2013 年发布，是基于实时竞价交易协议的流量交易平台，涵盖了大量优质的流量资源，包括门户及各垂直行业 TOP 网站，广泛覆盖各类别受众。BES 允许代理公司、需求方技术提供商（DSP）针对每次展示进行实时竞价，投放匹配的推广素材。随着移动媒体伙伴的快速发展，不同类型、不同大小、不同阶段的媒体伙伴，都有不同的变现诉求，并期待更安全、更透明、更可控的流量合作模式。百度在不断完善产品布局的同时，也为各类伙伴量身定制解决方案，促进多元合作。从粗放变现升级为精细化管理，基于交易平台流量需求方和流量发布方的不同，百度 BES 继而推出 SSP 媒体服务平台。

百度 SSP 媒体服务平台支持媒体精细化划分流量资源，自主选择聚合或托管在统一的平台上，并进一步选择程序化交易变现模式，根据合作需求选择私有市场交易或公开市场交易。与此同时，媒体能够更自主地选择适合自身品牌调性的广告主、行业及创意素材,避免与现有业务和渠道的冲突。①

1. 百度 BES 的程序化理念

程序化交易市场经过多年发展,目前正处于交易新生态产生的奇点上,具体表现在多元交易模式的支持、全类型流量的接入及行业规范和标准的建设上。为应对这一挑战,百度自 2014 年以来采取了以下措施。②

(1)满足多元交易,进军合约交易市场

BES 通过 RTB,走向支持 GD(Guaranteed Delivery,合约式交易)、RTB 模式下多种交易方式的全能型交易服务。BES 与安纳特(Amnet)、品友互动等合作,实现业界首单通过 Ad Exchange 平台的 PG 交易(Programmatic Guaranteed,程序化包断交易)。

(2)增强全流量覆盖,创新关键词竞价

BES 提供超过 50 亿的流量资源进行程序化交易,在扩大常规流量接入的同时,BES 还结合百度特有资源进行积极探索,创新推出关键词竞价(包括文字排行榜、标签云、中间页等多种形式)流量,进一步丰富程序化交易市场供给。

(3)支持技术开放,促进服务升级

为了在程序化广告过程中打通不同合作方的 Cookie 通道链接,以便精准识别人群并进行用户重定向,提升投放效率,一方面,百度 BES 将 Cookie Mapping 服务升级,支持 DSP 把自身的 Cookie Matched Table 上传到百度的服务器中;另一方面,BES 也可以主动为申请的 DSP 提供 Cookie Mapping 服务,以此拓宽 Cookie Matched 的范围。

(4)埋头交易标准化建设,提升供需双方交易效益

交易市场的扩大与繁荣需要良好的秩序,这要求交易平台必须正确理解双方的需求,标准化地表达,然后实现高效匹配与充分竞争和合理利用。百度在完成交易时,需要注重创意对用户体验的影响,对流量质量进行分析和分级管理,形成平衡、健康、长期繁荣的交易市场,维护良好的生态秩序。

2. 百度 SSP 媒体服务的程序化理念

百度 SSP 服务——"百青藤"的基础是内容传播联盟,其核心价值是构

① 百度 SSP 媒体服务发布 助力伙伴提升变现效果[EB/OL].(2015-05-30)[2020-06-20].http://tech.cnr.cn/techgd/20150530/t20150530_518690641.shtml.

② RTBChina.2015 百度 BES 合作伙伴峰会:三波大招跨越行业奇点[EB/OL].(2015-11-10)[2020-06-20].https://www.rtbchina.com/2015-bes-the-singularity-summit-for-programmatic.html.

建优质内容的生态体系，通过健康合理的内容分发机制和分润机制，促进流量良性生态，为用户提供更佳的内容阅读体验，同时提高媒体的广告收入。在频道内容共建方面，选择频道合作（娱乐/体育/手机/图片等），快速接入内容联盟提供的资讯和内容。在提升用户黏性和用户阅读体验的同时，通过频道中的原生广告提高收益。在接入流程方面，添加内容联盟的频道内容如同添加广告位一样便捷和简单，媒体投放自定参数和相关属性，传输给内容联盟，内容联盟生成内容返回客户端，并进行个性化推荐、定向投放。

（1）针对 PC 流量：一站式管理＋收益高保障＋精细化库存

一站式管理——包含多种计费方式，容纳多种物料类型，实现多维度效果监测。通过简便快捷的操作接入资源，迅速完成一站式订单和投放管理，并提供专业的咨询服务。

收益高保障——基于百度 BES 交易平台，对接 70 多家 DSP 需求方，为超过 50 万的广告主提供程序化广告服务。同时，可选择多种交易变现方式，包括优先交易、直投、公开市场竞价以及私有市场竞价等，便于媒体资源灵活组合，最大化流量收益。

精细化库存——支持接入多种类型和尺寸的创意素材，加强代码稳定性，保护媒体品牌安全，结合流量规模、投放时间、地域特征、人群特征等多重属性精准预估流量，并优化排期管理，匹配最佳售卖方案。

（2）针对移动流量：高额变现收益＋海量广告资源＋丰富广告样式

高额变现收益——100% 分成回馈 App 开发者伙伴，并基于百度强大的数据分析能力和精准的人群定向能力，使每次广告曝光更具价值。支持流量托管、聚合变现、广告直投、优先交易等多种售卖方式，交易过程多元化、标准化并且充分开放。

海量广告资源——广告主超过 38 万家企业，涵盖 37 个行业，覆盖中国互联网展示广告 TOP 500 客户的 96.8%，同时智能聚合 TOP 移动广告平台，可对接海量客户广告预算。

丰富广告样式——可原生定制多种广告样式的投放组合，包括横幅广告、开屏广告、插屏广告、信息流广告、墙类广告以及视频贴片广告等。

（二）私有广告交易平台代表：腾讯 ADX

2007 年，腾讯网媒业务开始提出腾讯智慧（MIND）高效在线解决方案，具体来说，就是用可衡量的效果（Measurability）来体现在线营销的有效性、可持续性以及科学性；用互动式的体验（Interactive Experience）来提供高质量的创新体验和妙趣横生的网络生活感受；用精确化（Navigation）的导航来保障目标用户的精准选择和在线营销体验的效果；用差异化（Differentiation）的定位来创造不同的在线营销，满足客户独特性的需求。①

2013 年 1 月 11 日，腾讯正式对外发布 Tencent AdExchange 广告实时交易平台，成为国内首家进军 RTB 市场的门户媒体。作为开放的广告交易平台，Tencent AdExchange 可以通过人群数据库和实时竞价技术，实现广告主自动竞价购买面向每个人的展示广告，提高广告资源的分配效率，为广告主及代理机构优化并提升广告投放 ROI。

腾讯广告实时交易平台作为国内最早进军 RTB 市场的门户媒体之一，充分发挥了腾讯全媒体资源的优势，创新加入了更多优质的富媒资源和视频资源，为广告主提供了更多的投放形式选择。② 腾讯已经与市场上的大部分主流 DSP 完成对接，力求打造广告主、代理商和媒体多方共赢的实时广告交易平台。

程序化营销的理念体系

（1）交易模式

保价保量——在广告投放过程中，当用户在访问媒体产生曝光机会时，腾讯 ADX 根据广告主的预定量将广告请求发给单个需求方，需求方根据 N 倍推送约定的规则有选择地挑选和回退流量，且无须进行竞价。需求方挑选的流量将展示对应广告主的广告。

保价不保量——在广告投放过程中，当用户在访问媒体产生曝光机会时，腾讯 ADX 将广告请求发给单个需求方，需求方可以按照自己的意愿挑选流量，且无须进行竞价。需求方挑选的流量将展示对应广告主的广告。

实时竞价——用户在访问媒体产生曝光机会时，多家 DSP 根据曝光的上下文以及用户属性实时地评估曝光价值并给出报价，经过腾讯 ADX 竞价后，最终出价最高的广告主赢得此次曝光机会。

（2）资源矩阵

腾讯网——中国浏览量最大的中文门户网站，是腾讯公司推出的集新闻

① Web2.0 营销颠覆传统 "腾讯智慧" 树立行业标杆 ［EB/OL］. （2007 – 10 – 02）［2020 – 06 – 20］. http：//www. p5w. net/news/cjxw/200710/t1260823. htm.

② 腾讯科技. 腾讯发布广告实时交易平台，进军 RTB 市场 ［EB/OL］. （2013 – 01 – 14）［2020 – 06 – 20］. https：//www. isc. org. cn/zxzx/hyxx/listinfo – 24190. html.

信息、互动社区、娱乐产品和基础服务为一体的大型综合门户网站。主要广告形式为通栏广告、矩形大图广告、擎天柱广告等。

腾讯视频——中国领先的在线视频媒体平台，致力于打造中国领先的在线视频媒体平台，以丰富的内容、极致的观看体验、便捷的登录方式、24 小时多平台无缝应用体验以及快捷分享的产品特性，主要满足用户在线观看视频的需求。主要广告形式为视频贴片广告、暂停广告、角标广告、通栏广告等。

腾讯新闻客户端——腾讯精心打造的一款 7×24 小时、全方位、及时报道的新闻产品，用户数居新闻类 App 前列。主要广告形式为 App 闪屏广告、信息流广告、组图最后一帧广告、焦点图广告等。

腾讯视频 App——包括腾讯视频 iPhone 版、腾讯视频 Android 版、腾讯视频 iPad 版、腾讯视频 PC 版等。主要广告形式为 App 闪屏广告、信息流广告、焦点图等广告。

腾讯网迷你版——迷你版弹窗，主要广告形式为矩形大图广告、Button广告等。

（3）服务要求

PDB 服务对象：与腾讯 ADX 对接保价保量的所有外部 DSP。

PD 服务对象：与腾讯 ADX 对接优选购买的所有外部 DSP。

RTB 服务对象：与腾讯 ADX 对接公开竞价的所有外部 DSP。

（4）效果检测

PDB/PD：DSP 通过 PDB/PD 方式接入 Tencent AdExchange 后，可以通过腾讯提供的运营系统查看投放排期，进行投放设置以及每天流量发送情况、接受率、超时率等明细数据统计。

RTB：DSP 通过 RTB 方式接入 Tencent AdExchange 后，可以通过腾讯提供的运营系统查看每天广告的竞标、曝光、点击和消耗等明细数据。腾讯只对是否在正确位置上播放广告负责，不承诺具体点击数、点击量、消耗金额量、人群和定向精准度。

（三）私有广告交易平台代表：新浪 SAX

2012 年是中国 RTB 元年，RTB 模式可以让媒体的流量和广告资源精准匹配目标人群，高效提升其广告资源价值。这也使国内互联网巨头包括新浪、阿里巴巴、腾讯等都在纷纷涉足 RTB，以期抢占先机。

新浪广告交易平台 SAX（Sina Ad eXchange）营销平台于 2013 年 3 月发布，是新浪私有的广告交易平台（Ad Exchange），整合了包括新浪首页、财经、新闻、汽车等在内的十多个优势频道页的大幅品牌广告位资源，拥有新浪网、新浪微博及手机新浪网三大平台的用户数据，基于强大的数据分析及洞察能力，准确描绘出用户属性、互联网行为轨迹及社会关系图谱，为 RTB 精准投放提供数据支撑。

1. 效果自助广告平台：扶翼

扶翼是新浪推出的以精准营销为导向的双平台、多终端的效果自助广告平台，支持程序化（RTB 及非 RTB）购买。扶翼完全对接 SAX 的优质媒体资源及完善的数据后台，整合媒体选择、实时竞价、创意制作、广告投放、数据优化、效果报表等一系列广告投放行为，完善 RTB 营销链条，实现 SAX 媒体资源的价值最大化。

扶翼基于"新浪＋微博"双平台数据库的海量数据，清晰勾勒出受众的基本属性、兴趣爱好、社交习惯、消费数据等属性，是寻找目标受众的重要基础。同时，在具体投放过程中，三步即可精准捕捉目标用户：目标人群属性预估→与新浪数据库比对，拓展目标人群，追寻目标受众互联网轨迹→根据目标受众群体属性制定投放策略。扶翼还拥有储备丰富的 AD BOX 广告创意模板素材库，可以生产和输出展示类、社交互动类、信息收集类、内容传播类等多种样式的广告创意；有利于增强广告展示的表现力以及受众的喜好度，从而提升广告的转化率。

2. 实践案例：太极熊猫①

（1）营销背景

《太极熊猫》是由苏州蜗牛数字科技股份有限公司开发的一款动作 RPG 手机游戏，具有浓厚的美式漫画风格，以"超爽战斗打击体验"为核心特色，是作为老牌端游研发商的蜗牛进军手游市场的核心布局产品。

（2）投放目标

洞察品牌自身痛点，挖掘潜在用户，有针对性地制订推广计划。由于线下广告更新周期长，搜索引擎注册成本高，没有明星代言产品知名度低，手游生命周期短，做好网络宣传迫在眉睫。

---

① 新浪扶翼广告案例：游戏行业案例——太极熊猫 ［EB/OL］. （2018 - 11 - 05）［2020 - 06 - 20］. http://edu. teamtop. com/6547. html.

（3）投放形式及过程

首先，选择优质资源和渠道进行投放：无线 Wap 信息流和 App 信息流。

其次，利用扶翼的多维定向功能精准定位目标人群：有娱乐休闲需求的年轻人群，如学生、中层管理人员、年轻白领等，有玩游戏的兴趣爱好。

此外，定向选择操作：年龄选择 0~40 岁；性别以男性为主；地域选择全国一线、二线城市（除去港澳台，以及新疆、云南等偏远省份）；兴趣选择除去母婴育儿、美容整容美体、教育求职；时间通投（除凌晨 2：00~5：00）；操作系统投放 IOS。

（4）策略优势

计划设置：调整每组的广告计划数量，一般控制在 2~3 个，并为广告组设置合理充足的预算；

创意策划：偏向于以手游的行业术语来编辑文案，添加更多的噱头、更多的图片创意来吸引用户眼球，增加互动，提高点击率；

人群定向：通过一期投放分析人群数据，在二期更精准地设置潜在客户人群的兴趣；

强调沟通：耐心与客户沟通，保证半天进行一次互动反馈，遇到问题当天有明确回馈，第一时间解决；

图片创意：挑选点击率高的创意分析特点，增加更多互动，有名人代言的充分利用名人的人气做宣传。

（5）投放效果

账户持续投放，注册转化率提升 60 个百分点，注册成本大大降低，也为客户节省了广告费用，得到了客户的信任和认可。

四　数据提供和数据管理方代表（DMP）

数据提供和数据管理（Data Supplier & Data Management）的功能，可以统一在数据管理平台 Data Management Platform（DMP）上。通过吸收多方数据源的数据信息并进行加工整合，将宽泛的数据清洗和细分，构建标准化的数据运营系统，从而为程序化营销提供高效的数据驱动力。DMP 在广告投放中，可以基于用户标签即人群画像精准触达目标受众，同时经过营销互动再扩充数据库，持续优化用户分群的标签管理。

DMP 一般都是以单个用户或者单个设备捕捉相关的数据参数，将数据有效过滤后以结构化的方式储存在系统中，通过算法区分进行多维定性。根据数据来源的不同，可以将数据分为三类：第一方数据，即广告主在市场中占有的客户的数据信息；第二方数据，即 DSP 等采购方平台为广告主投放广告时积累的用户数据；第三方数据，即各种数据监测网站或者业务咨询公司等所发布的公开的、可用于参考的数据，包括各类行业报告等。根据 DMP 性质的不同，也可以将数据分为：第一方 DMP，即广告主自有 DMP；第二方 DMP，即 DSP 等提供广告相关服务的公司基于业务渠道搭建的 DMP；第三方 DMP，即独立的市场监测、调查、分析等业务公司自有的 DMP，为各类需要用户数据或者市场分析的客户提供调研服务及数据报告。因为第一方 DMP 以及第三方 DMP 一般并不直接参与程序化投放流程，在这里，我们主要以第二方 DMP 的平台代表为例。

（一）达摩盘（https：//dmp. taobao. com/）

大数据如何真正实现商用化，成为人们思考大数据价值的一个关键和难点。要解决这个问题，需要真正把数据视为核心生产力。数据流的形成需要两个必要条件。首先，要有海量的数据和多元化的数据源。其次，要有基于分布式数据中心等基础设施而形成的"云 + 端 + DM（Data Market，即数据市场）"的数据流通环境。只有建立在海量数据基础上的数据市场，才能真正让数据在交易体系中流通并产生价值。而且，数据作为生产力有一个特征——数据的交互和流通会带来更多的数据。①

2014 年阿里妈妈在原有的 RTB 和 Tanx 的基础上以技术和数据驱动实效，搭建了一个大数据管理平台 DMP，让更多商家可以更有效地使用数据。商家不论规模大小，都可以通过达摩盘自定义的人群标签进行自主的人群投放，通过自身的数据和营销规划的结合，达到精准营销的效果，在降低投放成本的同时提高了投放效率。

达摩盘程序化营销理念的主要体现

（1）数据易用性：自定义人群标签

通过标签的组合使用，商家能够找到适合的自定义人群，并且针对标签需求，制作定制化的营销方案。商家自定义组合标签、选择目标人群进行投放，成为达摩盘这个工具型基础设施平台的基本功能。

---

① 周麟. 达摩盘：数据如何驱动实效 [EB/OL]. （2014 – 10 – 14）[2020 – 06 – 20]. http：//i. wshang. com/Post/Default/Index/pid/235262. html.

（2）精准识别：找到兴趣人群

达摩盘的数据不仅包含淘宝的购物行为数据，还容纳了位置、社交等多种数据，DMP 通过对这些大数据的提炼，能够多维度刻画消费者画像，精准判断消费者的短期兴趣。多元数据可以帮助商家精准监测其目标人群，配合自定义标签，进行多渠道、多媒体的投放。

（3）样本分析：粉丝爆炸器 Lookalike

除了解决数据易用性、精准识别的难题之外，达摩盘还想办法平衡效果与规模之间的矛盾。达摩盘构建了一个 Lookalike 模型，它被形象地称为"粉丝爆炸器"，其逻辑是达摩盘先帮助商家找到对其店铺或品牌最忠实的那批种子用户，然后通过 Lookalike 模型找到与这些种子用户相似的人，进行爆炸式的复制，在这个过程中，规模和效果可以在模型中找到一个平衡点。

（4）全域营销闭环

达摩盘基于大数据的应用修补传统业态中品牌印象、认知、比价、交易等环节串联过程中的离散，从上到下贯穿所有环节的多渠道效果跟踪，阿里妈妈称之为"全域营销"。在这个概念之下，商家不必低效率地一个环节一个环节投入。通过达摩盘，商家可以实现贯穿所有体系的多渠道的效果跟踪，目标用户的每一个行为在系统里都有迹可循。

（二）广点通数据管理平台（https：//de. qq. com/）

腾讯广点通 DMP 基于腾讯丰富的数据基础，与合作伙伴分享用户画像、相似人群扩展、跨屏跨媒体控制等多项数据能力，促进数据增值与流通，优化智能营销，构建高效安全的数据存储和管理体系。[①]

广点通 DMP 以海量基础数据为载体，通过分析、筛选及过滤匹配，为广告定向投放提供多样的数据接口及应用匹配，进一步提升广告投放的精准度和匹配性。腾讯广点通 DMP 具备用户画像分析、数据安全、相似人群扩展、跨屏跨媒体控制、数据管理、人群管理、永久 Cookie 等七大特色。其连接能力还体现在对社交关系和身份体系的管理上。借助腾讯用户标识体系，广点通 DMP 跨屏、跨媒体打通了第三方数据，使碎片化数据得以集成、整合，便

---

① RTBChina. 腾讯广点通 DMP 正式上线运营，七大特色功能助力电商 ROI 提升［EB/OL］.（2015 - 07 - 27）［2020 - 06 - 20］. https：//www. rtbchina. com/tencent-gdt-dmp-officially-launched-aiming-at-roi-lift-for-ecommerce. html.

于进行用户识别。

除了囊括腾讯自身数据之外，为了使数据更丰富、更具客观性，广点通DMP还涵盖电商、O2O、搜索、旅游、生活服务等外部合作伙伴的数据资源，建立起广泛的数据资源大联盟，将大数据的价值发挥到极致。

广点通在未来将会把更多的广告资源开放给个体广告主，让每个人都可以在腾讯的广告平台上进行广告投放，流量方可以筛选出现在他们应用里的广告类别。其具体形式之一为广告主可以通过广点通在微信公众号的页面底部投放定制的横幅广告，流量方可以通过定制化的关联广告，获得更好的投资回报率。

五　程序化创意平台（PCP）

程序化创意平台，即 Programmatic Creative Platform，简称 PCP。筷子科技在 2016 年发布的《2016 程序化创意指南》中提出，"程序化创意是一种由数据和算法驱动，通过对广告创意内容进行智能制作和创意优化，从而整合互联网创意产业上下游的技术"。数字新思科技有限公司的 CEO 谭北平则把程序化创意比作"创意工具箱"，并指出"用快速迭代创意代替大创意"是程序化创意的核心。壁合科技策略中心总经理徐俊杰认为"只有数据没有营销也是用不好数据的"，从营销的角度出发，"创意绝对是程序化营销过程中最核心的部分"。舜飞科技产品副总裁梁丽丽在其出版的《程序化广告：个性化精准投放手册》一书中提出，程序化创意就是"实现从创意制作到投放优化整个过程的程序化"，"针对不同受众的不同消费需求，或者同一受众在不同时期或多种场景的差异化消费需求，利用程序自动生成个性精准创意，最大化刺激消费需求，提升创意制作效率和广告投放效果"。

在广告投放过程中，程序化创意往往需要先通过广告标题、图片/视频、样式等各种创意素材的组合进行前测，以选出最优的效果方案。传统的组合方式依照经验来进行人工调节与选择，不仅耗费大量人力、物力等运营成本，也多消耗了广告主的测试花费，整体投放效率和创意质量难以保证。难以针对不同层级的目标人群投放具有个性特征的内容创意是广告展示的一大难题，而程序化创意以及 PCP 在一定程度上解决了这个麻烦。广告主对接PCP 之后，只需要选择既定的素材框将匹配尺寸的广告物料按照系统设置上传，调节好相关人群、投放目标选项之后，PCP 会自动组合广告图片/视频、标题、展示样式、展示位置等元素进行创意生成，再基于对一定人群的前测选定与目标人群交互效果最佳的创意交叉组合。

PCP 甚至可以做到"一人千面"的创意轮播，即针对单个目标人群投放不同创意内容，通过多渠道曝光打动消费者，也减轻了品牌重复曝光的负面影响。随着算法的升级，"AI + 大数据"的双轮驱动促进了程序化创意技术能力的不断提升，也为触达用户提供了基于数字标签的精准识别方式，同时 LBS 等技术在营销领域的应用，也进一步丰富了程序化行业的营销方式，增添了创意场景。

（一）筷子科技（https：//kuaizi. ai/pc/）

筷子科技（Kuaizi Technology）是中国首家程序化创意平台，以人工智能创意技术实时迅速提升互联网广告创意表现，满足程序化媒体时代不同消费者的创意需求，直线提升品牌和广告主的广告 ROI。[1] 筷子科技在 2015 年 4 月底 I-COM GLOBAL 数字营销高峰会议上斩获数据创新大奖，为本届亚洲参赛公司唯一获奖创业公司，也是 I-COM 协会历史上获得该奖项的首家中国公司。[2]

筷子科技的 AI 智能创意制作能够将创意细分降维到元素级，创意生产自由组合，由系统自动分配元素 ID 以便后期进行元素重组和数据追踪。通过系统对元素的智能重组反复曝光，实现"千人千面"，提升创意效率。此外，通过实时智能识别和解析文案、产品图、模特等创意元素数据，并根据点击率、转化率、ROI 等多维度多指标分析创意效果，能够不断优化创意组合。

筷子科技在保护创意中灵感洞察部分的同时，将创意思维通过自动化的技术植入软件，建立大规模的"规则"体系，实现创意元素的"工业化"产出，用技术驱动创意资产管理。其智能驱动创意资产管理分为三个模块：一是智能制作管理，二是创意效果优化，三是创意大数据分析。该系统可以帮助企业管理自身的创意资产，用 AI 以及大数据的自动化技术实时且更精准地匹配人群等场景。[3]

---

① RTBChina. 程序化创意的力量：凭什么一个招聘网站广告点击率一夜间提升300%？［EB/OL］.（2014 – 12 – 16）［2020 – 06 – 20］. https：//www. rtbchina. com/the-power-of-programmatic-creative-learn-how-and-why-ctr-can-be-boosted – 300 – percent. html.
② 筷子科技. 超市品牌堆头灵感 + 程序化创意，电商橱窗新玩法［EB/OL］.［2020 – 06 – 20］. http：//www. kuaizi. co/cases_ detail_ 9. html.
③ 李艳. 打造 AI 创意平台 筷子科技用技术驱动创意资产管理［EB/OL］.（2020 – 06 – 19）［2020 – 06 – 20］. https：//www. cyzone. cn/article/590568. html.

实践案例：玛氏巧克力①

（1）营销背景

玛氏巧克力于2012年登陆天猫，线上业务从几百万元的销量起步，到2016年实现超过三亿元的销售收入，涨势惊人。玛氏巧克力这艘国际食品品牌巨轮，快速"杀入"全球竞争最激烈的电商红海、大放异彩的秘诀，在于不断升级的产品、灵活多变的电商营销，以及极具长远眼光的创意优化战略管理。

（2）投放场景

玛氏巧克力天猫旗舰店特别推出婚庆喜糖定制、圣诞礼盒、新年大礼包等一系列产品，建立巧克力与不同场合之间的联系，通过内容营销匹配场景，吸引消费者。

从简单的"自享、分享、他享"，到不同场景下需求与产品的升级，加码恰到好处的消费者运营手法，玛氏巧克力在阿里巴巴的线上销售大幅度增长，德芙、士力架、M&M's也以更多样化的面貌出现在中国消费者面前。

（3）创意优化

①"千人千面"，快速反应，持续优化。

拥抱大数据是玛氏巧克力尤为注重的举措，该品牌通过与天猫大数据合作，充分利用电商数据做人群细分，找准目标受众，有针对性地设计多样化、高质量的沟通元素，实现"千人千面"的效果。同时，利用筷子KuaiPlay云创意制作平台，设计师可以将导入的创意元素快速组合和拓展，同时适配多种尺寸，实现一次布局多套创意输出，大大减少设计上的低效劳动。

②重视数据连贯性，建立品牌创意资产。

筷子科技独创的创意DMP，将创意因子解构，利用图像识别进行创意分类和人工智能大数据运算，获得创意设计服务的洞察，逐渐形成品牌创意资产指导宝典。

（4）投放效果

以"双十一"为例，玛氏巧克力通过运用筷子独有的"创意降维分析"技术，高效地进行深层次、多维度的创意素材分析，与合作伙伴淘通科技的

---

① 筷子科技．玛氏巧克力电商高速增长，他是如何做到的？［EB/OL］．［2020－06－20］．http：//www.kuaizi.co/cases_detail_10.html.

人群优化策略充分互补，帮助玛氏巧克力明显提升在淘宝网内的投放效果，各阶段优化后销量提升超过30%。

（二）百度信息流创意馆

百度信息流创意馆脱胎于百度霓裳创意，是百度为广告主打造的一站式创意服务平台。它提供多种创意工具，支持不同尺寸、不同样式的创意制作及营销页面制作，对接多个广告投放平台，支持在PC端和移动端的投放。

用户利用百度AI技术可以自动生成创意文案，保证高质量创作，为创意标题的持续输出提供技术赋能。其视频创意工具慧视拥有大量视频模板、正版图库和音乐。广告主可以随意选择视频创意风格，15分钟快速完成创意制作。

六　监测分析工具（Measurement & Analytics）

独立的第三方数据监测机构就像是球场上的裁判员，其职责就是帮助企业监测它们在数字媒体上的营销效果。广告主在进行费用结算时，为了确保DSP、SSP等业务方监测的投放效果真实可靠，一般会以第三方数据监测为结算根据或者作为参考，包括投出去多少钱、广告曝光了多少次、可见曝光数量、有多少人点击、有多少人真正购买了商品，在第三方数据监测平台上都有较为详细的记录。

（一）代表企业：AdMaster（http：//www.admaster.com.cn/）

AdMaster（精硕科技）是这些第三方大军中的一员。随着新型数字化广告尤其是程序化广告的迅速崛起，AdMaster开始和国内其他DSP平台合作，一方面进行"组合销售"，另一方面找到互补之处。

目前，AdMaster的客户数量已经超过300家，其中约75%是跨国公司，联合利华、宝洁、强生、奔驰、英特尔等大众熟知的品牌均在此列。[1] 2019年，AdMaster全面转型为人工智能驱动的技术服务公司，专注提供企业级社交和洞察解决方案。基于实时、准确、全量的社交数据，利用大数据及人工智能技术，致力于为企业提供包括社交媒体监控、数据洞察与趋势分析、

---

[1]　王振环.《好公司》：广告怎能变得如此智能？［EB/OL］.（2014－11－12）［2020－06－20］. http：//www.pcpop.com/article/1052759.shtml.

KOL/代言人筛选与评估、跨平台软性品牌营销评估、内容营销监测与优化在内的全方位社交、洞察与分析服务。[①]

针对程序化营销的投放效果，AdMaster 主要从两个层面进行数据分析：一是基于广告效果的监测与评估，分析广告主数据投资的有效性；二是通过社会化与洞察分析（包括泛 IP 与内容营销监测），为企业提供解决方案。

（二）秒针系统（http：//www. miaozhen. com/）

秒针系统（Miaozhen Systems）是一家第三方大数据营销技术公司，是一家应用云计算、云存储和人工智能技术对数字化广告进行评估的创新型企业，也是中国第一家以目标受众为核心的数字广告效果评估企业。它为广告业输入了新的技术基因，包括为新媒介环境下的广告交易需要的"通用货币"体系的建立提供了基石。

秒针的互联网广告监测系统 AdMonitor 能对客户广告的到达率、频次提供准确的监测。此前，广告主仅能获取的是广告的曝光次数、点击次数，但是并不能精确统计广告的受众规模和受众深度。因为这样的突破，宝洁、欧莱雅等品牌相继成为秒针 AdMonitor 产品的用户。AdMonitor 为广告主解决了投放后的监测问题，让广告主通过量化的方式看到了互联网广告的投入与产出效果。[②]

除了 PC 端的监测评估，秒针同时也向移动端和数字电视领域发展。通过对中国 80% 的移动应用的监测评估，秒针已经可以帮助广告主测量移动端的到达率和到达频次。其 SDK 监测产品已同超过 90% 的国内主流移动广告媒体和平台完成了技术对接，结束了移动广告投放因缺乏评估标准而导致的"叫好不叫座"局面，使广告业全面进入可测量的发展阶段。[③]

2013 年，秒针系统升级互联网广告异常流量排查技术，在 AdMonitor 中添加全新异常流量排查模块 SmartVerify，全面实现全流量广告数据异常流量排查的系统化。这是继秒针发布《互联网广告反作弊技术白皮书》后在异常

---

① AdMaster. AI 加持，全面升级"社交和洞察分析解决方案"——AdMaster 的 2019 半年回顾［EB/OL］.（2019 - 08 - 09）　［2020 - 06 - 20］. https：//www. sohu. com/a/332642666_292667.

② 孟丽君. 为广告交易提供硬通货. 现代广告［J］. 2013（9）：90~91.

③ 广告门. 秒针首发 SDK，"可测量的移动世界"论坛落幕［EB/OL］.（2012 - 09 - 26）［2020 - 06 - 20］. https：//www. adquan. com/post - 1 - 14275. html.

流量排查领域又一次大举动，也表明秒针作为行业第三方在互联网异常流量排查上的决心和技术实力。

七　广告验证平台（Ad Verification Platform）

广告验证平台，即 Ad Verification Platform，与监测分析平台一样，都是为广告主程序化广告保驾护航的第三方数据服务机构。不同的是，监测分析平台主要通过对投放效果的数据跟踪来为广告主提供结算依据，广告验证平台则着重分析投放过程中的数据异常点，通过研究投放内容及渠道展示情况确保广告主的品牌安全，识别作弊流量与无效流量，提升程序化广告的可见性，为广告主消除疑虑。验证平台也能通过持续监测数据波动发现企业品牌广告欺诈等异常曝光。

2017 年 5 月，MMA 中国品牌安全与流量质量标准小组制定的《移动互联网广告可见性验证标准 V.1.0》、《移动互联网广告品牌安全验证标准 V.1.0》和《移动互联网广告无效流量验证标准 V.1.0》三大标准正式发布。这是自 2016 年 MMA 中国品牌安全与流量质量标准小组成立后的一次阶段性成果，也是中国市场第一版移动互联网广告验证标准。同年 8 月底，MMA 中国举办的 2017 中国无线营销联盟论坛上，最新版的中国广告监测/验证通用 SDK 的相关测试工作宣布正式启动，[①] 标志着业界正在发力解决广告欺诈的问题，提升程序化营销的透明度与可见性。

（一）RTBAsia（https：//www.rtbasia.com/）

RTBAsia（上海腾徽软件科技有限公司）是为互联网营销提升效果的数据提供商，通过为广告主的 DSP 广告系统过滤和分析"非人类流量"数据，让营销预算的每一笔都花费在真实的目标消费者身上。RTBAsia 创新性地将精确的 IP 地址场景分析运用于实时竞价广告的投放决策，让机器人访问和虚假流量无处遁形。

基于大规模的数据挖掘，RTBAsia 可以为广告系统提供最精确的 IP 场景分类和真实度分值，使其能精确识别机器人访问和虚假流量。在 RTB 环境中，每 1 毫秒对竞价决策都非常重要，而 RTBAsia 的企业级数据部署方式为每一次的竞价程序提供低于 3 毫秒的查询响应。此外还支持非 RTB 广告服

① Fred. 中国第一版移动广告验证标准是如何炼成的［EB/OL］.（2017 – 10 – 10）［2020 – 06 – 20］. https：//baijiahao. baidu. com/s? id = 1580845637520985413&wfr = spider&for = pc.

务，针对并没有参与 RTB 竞价程序的广告主，也可以实现非人类流量数据分析，进而用于广告投放效果的实时分析和事后分析，网络媒体也可以用其进行自身访客质量的分析。

（二）Adbug（https：//www. adbug. cn/）

Adbug 是一家专注于广告安全验证的科技公司，成立于 2013 年，总部位于上海，主要为客户提供品牌安全、广告可见性验证以及广告反欺诈服务，帮助品牌节约预算并保障品牌广告合理有效触达目标用户。同时，该公司搭建了 Adbug 实时广告搜索引擎，通过搜索可获取广告投放策略全景图，包括广告创意设计、素材形式、投放媒体和终端、第三方投放与监测等要素，独家"场景还原"功能可回放广告投放时的情况。

八 采购交易平台及技术（Trading Desk & Tech）

采购交易平台，即 Trading Desk，主要是通过技术连接与管理多家 DSP 平台，有助于广告主选择最为透明、高效的投放方案。但与 DSP 不同的是，Trading Desk 的角色主要是独立的技术服务商，为广告主、媒体方以及第三方监测平台构建程序化广告的数据通路，提升广告的投放效率。随着程序化广告产业的升级与逐渐细分，技术渠道也在整个营销过程中越来越重要。Trading Desk 作为数据的流通枢纽，通过双向 API 的响应以及一站式的操作系统多渠道、跨平台整合营销，使数字技术与智能数据的驱动力最大化。

当前具有代表性的采购交易平台及技术企业包括邑策（Xaxis）、阳狮媒体（Publicis Media）、安纳特（Amnet）等。

第二节
程序化广告的生态新变化

RTBChina 和 AdExchanger 都自 2012 年以来开始发布更新中国程序化广告技术的产业生态图。比较图 4 - 2 和图 4 - 3，我们可以看出行业在 9 年间发生了巨大的变化。程序化广告市场各种新技术和模式不断创新，产业链越来越成熟，在 2015 年和 2017 年，先后又加入了程序化电视广告和程序化户外广告这两个参与者。

图 4 - 2　2012 年中国网络广告生态链图谱①

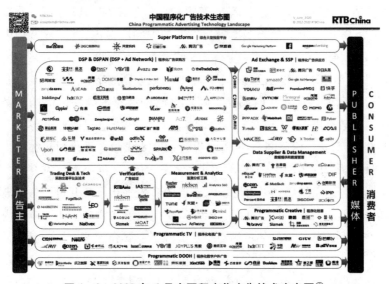

图 4 - 3　2020 年 6 月中国程序化广告技术生态图②

---

① AdExchanger. AdExchanger. cn：发布中国网络广告生态链图谱［EB/OL］.（2012 - 04 -
15）［2020 - 06 - 20］. http：//www. adexchanger. cn/tech-company/dsp/137. html.

② RTBChina.《中国程序化广告技术生态图》2020 年中更新版发布［EB/OL］.（2020 - 06 -
29）［2020 - 08 - 20］. https：//www. rtbchina. com/china-programmatic-ad-tech-landscape -
2020 - v-mid-year. html.

一　程序化电视广告（Programmatic TV）

（一）基本概况

当前程序化电视广告主要是 OTT 广告。OTT，即 Over the Top，原意是指互联网公司越过运营商（电信、移动、联通），发展基于开放互联网的视频、社交、游戏等增值业务。现在通常所说的 OTT 其实是 OTT TV，又称 OTT 大屏 & 互联网电视，也就是互联网公司以互联网电视或者电视 + 盒子为平台，在公共互联网上为电视前的用户提供视频、游戏、购物等服务。[①] 根据奥维云网《2019 年中国 OTT 发展预测报告》，OTT 商业化进程迅速，2018 年，广告收入增长最为耀眼，全年实现广告收入 60 亿元，而 2017 年还为 26 亿元；内容收入上，2018 年以 33 亿元远超 2017 年的 13 亿元；整体市场规模从 2017 年的 40 亿元急剧扩大至 105 亿元，环比上升 163%。奥维互娱预测 2019 年的 OTT 广告规模将达到 109 亿元。AdMaster 的数据显示，从 2016 年至今，OTT 端广告曝光量增长了近 10 倍，其视频广告份额在 2018 年第一季度超过了 PC 端，截止到 2018 年第二季度，OTT 端视频广告占比已经达到 19.3%，超出 PC 端 3.4%。[②]

2018 年 8 月，阿里巴巴公布了一项"全域家庭战略"，集结 16 个智能电视终端行业合作伙伴，共同成立了阿里巴巴全域家庭生态，依托自身的用户、ID、大数据以及 AI 技术的强大力量，赋能智能电视产业链各方，实现"全链路、全渠道、全场景"的全域营销。2018 年第二季度财报显示，小米电视销量跃居全国第一，全球销量同比增长 350%。据小米官方介绍，小米 OTT 是可以打通系统层、平台层、内容层的广告平台，从开机广告、高清画报等强曝光形式，到平台层桌面、PatchWall、频道的宽广渠道，再到内容层强势 IP、定制剧场、定制频道的高交互资源，在媒介深度上挖掘触点，帮助品牌与用户持续沟通。随着数字升级与数据接入，OTT 与网络电视的联通使其内容播放得以个性化，结合传统场景的沉浸优势，OTT + OTV + IPTV 的交互融合在这个数字营销时代焕发出新的魅力。

① 凌云. 我们平常所说的 OTT 是什么？［EB/OL］.（2020 - 06 - 11）［2020 - 06 - 20］. ht-tp：// www. pjtime. com/2020/6/212317171636. shtml.
② AdMaster. 数读 OTT：视频广告份额超越 PC，2018 上半年 OTT 广告市场复盘［EB/OL］.（2018 - 07 - 18）［2020 - 06 - 20］. https：// www. sohu. com/a/242021736_ 292667.

（二）代表企业：勾正数据（http：//www. gz-data. com/）

勾正数据（GozenData）是一家致力于智能大屏领域的大数据公司，数据覆盖规模和挖掘深度居于行业领先地位。公司秉承"数据连接未来"的理念，坚持以"用数据为家庭创造品质生活"为使命，着力打造智能电视大数据平台，以自身专业的数据采集能力，先进的数据存储、计算、挖掘能力，以及成熟的数据建模、可视化分析能力等，整合智能大屏、大数据全域资源，面向全产业链上下游，提供"数据 + 技术 + 运营解决方案"全生态的服务模式。

二　程序化户外广告（Programmatic OOH）

（一）基本概况

与其他媒体广告相比，户外广告到达率高、视觉冲击力强、传播时间充分，千人成本相对较低。进入户外 3.0 时代后，基于互联网和大数据，户外广告能够与消费者进行实时场景互动，增强广告效果，因此一直以来颇得广告主的青睐。根据尼尔森 2017 年关于广告牌和海报广告有效性的研究，40%的消费者声称他们因为广告牌而接触过某一个广告，24% 的消费者说他们因为某个户外广告牌广告而购买过其商品。这正是楼宇或户外广告牌展示位仍然备受广告主喜欢的原因。[1]

在新零售思维下，营销需要"人、信息、场景"的整合，而涵盖了场景及数字化优势的户外广告程序化也是大势所趋。基于 LBS 的户外广告会通过放大营销信息的场景触达来增强投放效果，比如在广告范围内进行定位区域信息流广告的推送，告知消费信息和路线，引导消费径。以程序化购买为代表的新技术能弥补户外媒体在效果和实时互动上的不足，通过数据技术手段打通线上、线下流量，根据实时可调整的动态创意及地理位置信息，使内容与场景实时关联，最大化释放户外媒体价值。[2]

---

①　赋能商学院. 整合移动定位广告：户外广告（OOH）效果会更好［EB/OL］. (2018 – 11 – 24)［2020 – 06 – 20］. https：//baijiahao. baidu. com/s？ id = 1618025563321034396&wfr = spider&for = pc.

②　龙新网. 程序化户外广告：链接营销新场景［EB/OL］. (2019 – 05 – 16)［2020 – 06 – 20］. https：//www. sohu. com/a/314260787_ 406085.

（二）代表企业：新潮传媒——蜜蜂智能投放系统（BITS）

新潮传媒成立于2014年，专注线下电梯电视媒体，目前在国内已覆盖北京、上海、广州、深圳、天津、重庆、苏州、成都等98个城市，拥有61万部电梯电视。[①] 新潮传媒很早就开始布局大数据和程序化技术，推进数字化进程。2018年1月，新潮传媒通过与中国领军的智能场景营销技术服务商力美科技联合，推出中国首家基于小区场景的智能营销解决方案——小区通。2018年8月推出了蜜蜂智能投放系统（BITS），这一系统是新潮通过大数据＋人工智能技术研发的全国首个线下媒体数据化智能投放平台，具备灵活定价、在线投放、创意动态化、社会人群定向等特点，打破了传统交易模式，形成了广告行业新生态。该系统提供基于线下电梯电视DSP＋DMP＋SSP程序化系统产品及一站式智能营销服务，不仅可以打通线上线下，实现"千楼千面"，还能突破传统梯媒缺乏监测体系的限制，在每个投放内容中增加统计代码，跟踪广告的播放，自动形成效果监测报表。

2018年11月，新潮传媒完成由百度领投的共计21亿元的新一轮融资。建立战略合作伙伴关系后，新潮传媒正式成为百度聚屏的媒体联盟伙伴新成员，百度以大数据算法和人工智能赋能新潮传媒线下媒体，共同打造"AI＋梯媒"的线上线下媒体融合的流量平台，尤其是蜜蜂智能投放系统将梯媒广告纳入程序化购买通道，这让百度大数据赋能线下媒体走上了一条高速公路。[②]

---

① RTBChina. 首家实现数字化打通线上线下，新潮传媒携小区通引领梯媒进化［EB/OL］.（2018－08－23）［2020－06－20］. https：//www. rtbchina. com/firstachievedigitalization-newmedia-leadingtheladder-mediaevolution. html.

② 梯媒广告实现程序化购买，线下媒体数字化革命进入2.0阶段［EB/OL］.（2019－01－04）［2020－06－20］. https：//mini. eastday. com/a/190104073738244. html？qid＝02263&vqid＝qid02650.

第五章

中国程序化广告的
新趋势

经过将近 9 年的发展，中国程序化广告在以下几个领域都表现出更强劲的发展态势。①

第一，智能手机的发展促使移动端程序化购买驶入快车道，智能电视近年的全面普及也在推动智能电视广告程序化的到来。

第二，随着移动互联网在各个领域的快速渗透，消费者的媒介使用和消费行为越来越碎片化，场景成为广告信息传播的核心入口。同时，大数据和技术不断升级更新，市场急需更加高效和智能的场景营销投放方式，移动程序化场景营销应运而生，并初见成效。

第三，数据和数字技术的发展为提升营销价值带来了全新的力量和发展空间。为了提高广告的转化率和消费者体验，越来越多的品牌希望更好地了解目标受众的消费者旅程，以找到合适接触点进行更有效的广告投放。由于可以帮助广告主整合广告交易中产生的数据，更高效地定位正确的目标受众和合适的投放时机，数据中台作为一个新概念成为企业数字化转型中的突破口，一时间成为程序化广告行业中的热门话题。

第四，随着网民渗透率趋于稳定、人口红利逐渐消退，企业越来越感到广告投入难以再带来相应的回报，广告主迫切希望能够进一步提升广告投放的精准性和内容的针对性，优化决策，以最低的成本收获同等的广告效果。人工智能技术的引入为程序化广告带来了新的可能。

除了以上这些领域的新动态，程序化音频、程序化 VR 等新技术也在推动整个程序化广告行业继续朝向纵深化发展。

---

① 数字营销. 程序化购买＋，从客厅开始［EB/OL］. (2016－04－21)［2020－06－20］. https：//www.sohu.com/a/70701962_ 121629.

第一节
智能电视的程序化广告：全域家庭营销时代的到来

互联网数字时代，用户收视方式与时俱进，从高清数字机顶盒电视到互联网电视，再到如今的智能电视。智能电视大屏以其网络和尺寸的绝对优势，成为家庭新网络生态的娱乐终端，其电视内容丰富、互动性强、用户体验好，吸引大量年轻消费群体回归电视机前，客厅文化和客厅经济正在被改写，给未来广告营销带来了众多机遇。更重要的是，据统计，智能电视的核心消费人群为三高（高收入、高学历、高消费）群体，这正是广告主争夺的黄金人群。[①] 奥维互娱 2019 年的中国 OTT 发展预测报告指出，2018 年年底，国内 OTT 终端数量已经达到 2.1 亿，家庭渗透率超过 52%，用户日均使用时长达 4.9 小时。与此同时，OTT 的商业价值也在逐年增倍。2018 年 OTT 整体市场规模已经超过 105 亿元，其中，广告收入达到 60 亿元，预计 2019 年 OTT 广告收入将突破 100 亿元，2020 年有望突破 300 亿元。[②] 这一组数据为智能电视担当客厅经济的入口起到了巨大的支撑作用，智能电视大屏终将成为继 PC 屏幕以后最大的市场。显然，阿里巴巴意识到了这一趋势。2018 年 8 月，阿里巴巴发布"全域家庭战略"，推出 Uni Household ID 全域家庭识别号体系，将营销受众从个人延伸至家庭，让 OTT 终端所处的营销场景进一步数字化；并形成全域家庭识别体系，对家庭的阶段周期、消费能力、媒体兴趣等维度进行画像。基于该体系，阿里巴巴进一步构建了全新的家庭场景解决方案，形成了需求分析、分级触达、再营销等强劲的营销引擎，实现了广告的投前、投中、投后全链路覆盖。[③]

此外，奥维互娱数据显示，2020 年春节期间，智能电视开机率热度持续增长，较平时提升了 11.1%；智能电视也出现了高黏性特征，春节期间累计

① 国双 OTT 营销监测解决方案，助力广告主玩转智能电视营销 [EB/OL]. (2016 – 11 – 17) [2020 – 06 – 20]. https：//www. sohu. com/a/119200305_ 162758.
② 悠易互通 . OTT 广告如何进阶"高价值"赛道 [EB/OL]. (2019 – 04 – 08) [2020 – 06 – 20]. http：//www. yoyi. com. cn/a/dongtaiyudongcha/xinwenzixun/2019/0408/754. html.
③ 曹妍 . 阿里"家"战略：从大屏回归到营销进阶 [EB/OL]. (2018 – 11 – 05) [2020 – 06 – 20]. http：//www. eeo. com. cn/2018/1105/340428. shtml.

开机 5 天及以上的占比超过七成，累计 10 天连续开机的家庭高达 43%。日均开机次数也从 2.48 次提升到近 3 次，日每终端收看时长达 6.62 小时，较上年同期增长 26.3%。疫情期间 OTT 的高速增长，促使越来越多的企业看到 OTT 营销的价值所在。①

曾有专家断言："在未来，所有媒体都将数字化，所有数字化媒体都将程序化。"智能手机的发展促使移动端程序化购买驶入快车道，智能电视的发展，也在催生智能电视广告程序化的到来。②

一　传统电视广告有待突围

传统电视广告交易实时性差、投放方式固定、人群定位精准性差、投放过程难以监测、投放数据难以统计、策略制定及交易时间长等短板日益凸显且难以克服。此外，电视广告市场正面临重新洗牌，供需两端的内部均出现了不同程度的分化。一方面，以电视为代表的传统媒体生存空间萎缩，供应方出现分化。在优质资源的交易上存在卖方市场，掌握优质资源的央视、省级卫视不缺少大客户、品牌广告主。二、三线的城市台则站在风口浪尖，既面临新媒体的冲击，在业内竞争中也因缺乏优质资源风光不敌一线卫视。于是，大量长尾冗余资源出现了。另一方面，需求方继续分化：传统电视媒体广告销售市场上，20% 的品牌广告主占据了 80% 的投放市场，马太效应日趋显现。然而，还有大量的中小企业聚集在尾端，这 80% 位于尾端的效果类广告主在传统的电视广告投放模式下，往往被拒之门外。③

电视广告需要考虑如何依靠互联网广告程序化购买的优势，对供需关系进行简化，挖掘长尾广告主的需求和媒体剩余资源，摈弃烦琐的搜寻和接洽环节，用平台和技术聚集需求并有针对性地投放，将"千人千面"转化为平台间的信息交换。电视广告生态链有待重新定义。

① 悠易互通. 家庭文化回归，企业如何抓住 OTT 营销机遇？［EB/OL］.（2020 - 03 - 09）［2020 - 06 - 20］. http：//www. yoyi. com. cn/a/dongtaiyudongcha/xinwenzixun/2020/0309/858. html.

② 袁欣怡，陈韵博. 程序化购买＋从客厅开始：数字广告的下一站风口［J］. 数字营销，2016（2）.

③ 刘志强. 走出视频广告"淘宝"之路——从 SMG 多屏视频广告竞价系统开始［J］. 广告大观（媒介版），2015（4）：68～71.

二 电视广告新生态：程序化购买 + 智能电视

智能电视作为一种全开放式平台，搭载操作系统，让用户在观赏普通电视内容的同时，可自行安装和卸载各类应用软件，能够不断给用户带来有别于传统数字电视的丰富的个性化体验。智能大屏在传统电视对于家庭用户高覆盖率的基础上，在画面上具备更强烈的视觉冲击，同时由于具有互联网基因，因此能够对屏前用户深入洞察，通过与用户互动捕捉其消费、行为习惯，从而赋予其个性化标签，为精准营销充实数据库，故而比传统数字电视有更深厚的精准营销价值。伴随着智能电视的普及，其广告的程序化购买价值也逐渐被行业认知。2015 年 3 月底，由 RTBChina 发布的《中国程序化广告技术生态图》正式添加新类别"Programmatic TV"，电视广告从"节目广告位"时代进入"按人群投放"时代，智能电视广告同时聚合强曝光、精准触达、内容植入、品牌定制、多屏互动等多元化表达方式，成为广告主的又一营销利器。

OTT 的价值内核不仅在于终端，更重要的是应用终端背后的家庭和场景。这也使 OTT 广告价值进一步凸显，并且越来越受到广告主们的重视和青睐。数据显示，OTT 人均广告花费是 OTV 的 1/10、电视的 1/20，加上随着视频付费用户的增长，网络视频的广告库存出现短缺，这都使 OTT 大屏将成为广告流量的增长点。①

三 从显示时代到内容时代——智能电视由产品演变为入口

相比传统电视，智能电视的主要应用是内容点播、游戏、音乐、购物等，以具有交互功能的广告展示为主。智能电视具备了信息传播的双向性，改变了电视广告单向传播的局面，让电视广告形式的多元化成为可能。智能电视广告的程序化购买即数据驱动的自动化受众投放交易，利用购买技术触达消费者，使广告出现在某应用软件、视频内容中，它依托智能终端直达客厅，具体广告形式包括开机视频、点播贴片、点播暂停、退出广告、互动角标、独播剧场、栏目冠名、EPG 广告、频道定制型广告等。除了展示类的品牌广告外，还有效果类的广告，即基于电视内容的电子商务（TV Com-

---

① Fmarketing. OTT 广告的未来在哪里？ ［EB/OL］. （2018 – 04 – 21）［2020 – 06 – 20］. https：//news. znds. com/article/30697. html.

merce），因为智能电视营销所提供的不仅仅是一个单纯的广告位，也是一个入口、一种O2O场景。未来，我们无须像从前古老的"拨打屏幕下方的电话即可抢购"，而是通过遥控器控制出现在屏幕上商品信息。这种新型电视电商模式，在后台搭建广告系统、用户系统、支付结算系统及物流系统，自动处理包括支付结算、用户信息、物流派送全过程，让用户享受所见即所得的真正快捷购买体验。

随着5G时代的来临，物联网随之兴盛，家庭生活也将进入智能时代。智能电视作为智能家庭的核心入口，将不只是一张电视屏，而且变成智能家庭中终端数据的结合点，连接多种智能家居及屏端，而这也预示着智能电视的价值将不断释放，为品牌带来更多营销可能。①

四　智能电视程序化购买任重道远

（一）资源整合是前提

智慧屏时代的到来，加速了整个内容生态链包括内容制作、内容提供、内容聚合、内容终端和内容播出等各方的变革和融合，将颠覆以往构成更加丰富的传媒生态。② 与PC端、移动端的广告程序化购买一样，智能电视程序化购买广告也需要海量的数据库以及产业链的各方通力合作，整合DSP、SSP、DMP、机顶盒厂商、牌照方、视频网站、独立第三方监测机构等资源是大势所趋。许多触角敏锐的互联网企业已经感知到智能电视广告的巨大潜力，纷纷进入这一方兴未艾的新兴市场，并迅速布局，加大合作力度。在DSP领域，悠易互通、品友互动等专业化公司在几年前就已开始探索跨屏到智能大屏端的可能性。也有专注于智能电视广告平台的公司发力产业链的各个环节，例如AdTime在2014年就推出了AdMatrix这一跨网（即互联网、移动互联网、广播电视网）多屏（即移动屏、TV屏、PC屏）的程序化购买平台；视广通的OTT广告交易平台同时构建了视广通OTT DSP（程序化广告交易平台）、视广通DMP（数据挖掘管理平台）和视广通SSP（广告发布系统平台），一站式解决智能电视领域的程序化广告投放，并帮助OTT硬件厂商

---

① 悠易互通. 客厅经济时代，广告主如何进行OTT广告投放？［EB/OL］.（2019 - 05 - 26）［2020 - 06 - 20］. http：//www. yoyi. com. cn/a/dongtaiyudongcha/xinwenzixun/2019/0603/769. html.

② 中国新闻网. 勾正数据：2020年中国家庭智慧屏九大趋势［EB/OL］.（2019 - 12 - 24）［2020 - 06 - 20］. http：//www. chinanews. com/business/2019/12 - 24/9041973. shtml.

快速完成媒体化部署。此外，百度推出的 DSP 服务也包括向"电视开屏广告"进行程序化投放的能力。华数构建的电视领域 SSP 已经与悠易互通等 DSP 以及秒针、AdMaster 等第三方广告监测机构进行对接，酷云互动也与 200 多家电视台以及 70% ~ 80% 的硬件设备厂商开展合作。

需要指出的是，当前的媒体资源整合虽然有了一定规模，程序化购买的产业链已具雏形，但技术实践在目前阶段与真正的程序化尚有一段距离。

（二）跨屏数据打通是关键

程序化购买广告的核心是数据，若想实现真正的精准营销，需要掌握海量、实时的交互数据，这对于观众画像的绘制至关重要。实现广告信息即为用户所想，而非干扰信息，依赖的不仅是 OTT 大屏优良的广告体验，背后更重要的是基于用户数据跨屏打通带来的精准洞察。详尽精确的用户标签有助于广告主迅速定位品牌的目标客户，并依赖先进的算法和投放技术将广告呈现在其面前。由于用户媒介消费行为的碎片化，跨屏 ID 识别、跨屏数据的打通成为问题的重中之重。程序化购买技术平台从不同媒体智能终端采集用户日常行为数据，例如收看的频道、内容、时段、时间轨迹等，从而识别其兴趣、年龄、收入层次等，给每个用户贴上不同的个性化标签。依托大数据分析平台，观众在电视屏端的行为数据（包括直播收视、视频点播、游戏、购物等）与第一方线上、线下的数据，广告投放中产生的数据，以及第三方 DMP 的大数据得以打通，品牌主通过各种匹配的方式进行整合和关联分析，避免了"盲人摸象"，对目标人群的洞察更加立体、全面。通过跨屏数据打通，智能电视大屏与 PC、移动端产生联动，品牌主更加精准、智能地定位到目标人群，结合不同广告需求及消费者多变的终端使用习惯，实现了高效的跨屏实时广告调度，减少了重复和浪费，提高了广告投放的 ROI。

（三）有效监测是保障

与传统电视广告相似，智能电视的广告投放能否得到有效监测是广告主的疑虑。以家庭为场景的 OTT 广告效果评价则又提出了新的挑战：OTT 存在大量多人观看行为，其真实曝光效果该如何衡量？如何识别目标受众，衡量 TA 浓度？如何衡量与提升 OTT 广告的后续效果？当前监测方式多为从服务器端获取数据，广告发布者存在修改数据的可能性，且数据之间处于封闭、割裂的状态，难辨真伪的数据充斥市场。当下较为通用的监测维度仍然是

CPM，但是 CPM 显然也并不能从每户有多少人观看、观看完整度来全面深入地衡量广告的播出效果。因此相对传统电视、PC 和移动端已经拥有相对完整的广告效果评估体系，OTT 还必须建立起公正的"裁判体系"，更为深层次的监测标准尚待统一。并且基于透明可信的数据，OTT 能够帮助营销人在全渠道投资的场景下，打造跨屏幕的一体化评估体系。①

有鉴于此，多家智能电视广告平台纷纷与独立第三方数字营销效果监测公司达成战略合作，以获得更安全、更可靠、更精准的广告监测和效果评估服务。例如通过 AdMaster 的后台，广告主可以掌握广告在任意时间段的独立曝光次数，为及时优化广告投放策略提供了极为有利的数据依据。秒针系统实现了由服务器端的数据传输到客户端的 SDK 监测，通过 SDK 对监测数据的生成和发送进行加密，有效解决了数据的准确性和安全性问题。借由实时、可靠的广告监测，广告主可以随时进行优化调整，控制投放频次，从而做到目标用户在哪，广告就在哪。从目前来看，最具操作性和价值的 OTT 受众识别方法是基于 OTT 和同源 Wi-Fi 来建立家庭设备关系，实现从终端屏到家庭户，为家庭建立一个以 House ID 为核心的标签体系，从而使广告主可以在 iGRP 外引入目标家庭 TA 浓度，衡量 OTT 广告效果。②

五　智能电视广告程序化购买的挑战

虽然随着技术的快速发展，智能电视广告已经开始了程序化投放摸索的步伐，但"精准投放""实时购买"等程序化购买的特性要在智能电视上充分发挥作用还面临着诸多挑战。

1. 收视观众与品牌目标消费者的匹配精准度有待提高

虽然当前智能电视广告在投放量上的监测已经成熟，但机顶盒数据只能以家庭为单位进行收视情况测量，在家庭用户中，如何使广告监测精准到个人是目前面临的挑战。广告的投放通常基于过往收视记录等数据描绘出来的用户画像进行，但是看到广告的用户与品牌的目标消费者之间是否真正匹配？开机广告每天的观众不一定是同一个人；雪佛兰的魔术可能被咬薯片的

①　AdExchanger. 2019 广告业寒流下，OTT 广告要突破百亿规模要先解决这三个问题［EB/OL］. (2019 – 05 – 31)［2020 – 06 – 20］. http：//www. adexchanger. cn/publisher1/32876. html.

②　Fmarketing. OTT 广告的未来在哪里？［EB/OL］. (2018 – 04 – 21)［2020 – 06 – 20］. https：//news. znds. com/article/30697. html.

少女无情切换；CC 霜的遮瑕功效或许在大叔的哈欠中演完……"千人千面"的时代，这些粗放式的精准营销亟待改进。

　　针对一屏多人、一人多屏的现状，不少公司提出了解决方案设想。比如苹果电视，正试图通过一个用户账户贯穿整个生态系统。AdMaster 希望通过"稳定 IP"的方法来操控家庭路由器，实现多屏只有一个稳定 IP；此外还提出 Wi-Fi 探针的设想，通过手机 MAC 地址采集线下行为轨迹。美国数字营销公司 Fractal Media 开发了一款可用于智能电视上的数字媒体分配技术（Digital Video Distribution），使广播电视商、发行商和内容制造商能够跨屏打通电视、PC、移动、平板、游戏机、盒子等设备上的用户行为数据，使电视有可能从单向到双向传播介质变换，即广告主通过智能电视就可以了解很多关于人口统计学知识和人们看到电视广告的个人信息。此外由于大部分家庭会在 PC、Mobile、Pad 及 OTT 上共用同一个 Wi-Fi，广告主依据 Wi-Fi 和 IP 的用户识别有望实现将 PC 及移动端的用户数据转移到 OTT 上，从而达到更为精准的用户判断与用户画像。基于 OTT 和同源 Wi-Fi 来建立家庭设备关系，实现从终端屏到用户给家庭建立一个以 House ID 为核心的标签体系，并在 iGRP 外引入目标家庭 TA 浓度，衡量 OTT 广告效果，从而为品牌精准的大屏营销和多屏、跨屏营销建立先决条件。[①]

　　此外，还有公司在摸索从千人千面到千户千面的路径。一个家庭中可能由不同年龄、性格、角色的成员组成，他们的消费观、价值观可能不尽相同，却处于同一个决策链条当中。智能电视的营销过程往往是一个综合的多线条的过程，所以需要了解的是一个家庭的综合特征，而非个体特征，这需要完成从 TA（Target Audience，目标消费者）到 TH（Target Household，目标家庭户）的转变。TH 更多的是反映家庭户的整体结构和特征，广告主可以针对家庭而不是个人进行数字营销。在 TH 指标方面，行业比较认可家庭成员的构成、家庭成员的内容偏好、居住环境，甚至智能化程度等，这些指标能够实时呈现用户观影、活动参与、品牌曝光、用户转化等指数的动态与趋势，基于数据可以提供一系列更细化的服务功能，全量精细化助力营销新模式和新价值。[②]

---

①　龙新网. 悠易互通发布 2018 中国 OTT 市场发展与营销研究报告［EB/OL］. （2018 - 04 - 16）［2020 - 06 - 20］. https：//www. sohu. com/a/228445385_ 406085.

②　参见秒针系统的微信公众号文章《对谈酷开网络：从 TA 到 TH，助力 NEW TV 千户千面 _ NEW TV 创新实验室系列对谈（二）》.

2. "实时"投放尚需时日

实时竞价是程序化购买的一种主流方式，有的企业已经开始了相关领域的探索。例如 SMG 凭借旗下的全媒体平台，启动了国内首款全平台电视广告实时竞价系统。艾德思奇开发了这套系统："开发这一系统的初衷是 SMG 认为电视广告目前经营方法还是过于传统，希望利用互联网的思维、互联网的技术，来改良电视广告的销售和经营。""宜信财富"成为全国第一条通过竞价方式在电视屏幕上展现的广告。现场的几百位嘉宾通过手机 App 参与竞价，经过几十轮激烈叫价，该广告最终花落"宜信财富"，由上海广播电视台娱乐频道在 15 点 58 分成功播出。这一尝试在战略高度上已经超越国际传媒业同行，但要在智能电视大屏端实现真正的实时投放，当前的技术尚有提升的空间。

由于终端升级的复杂性和广电管理的政策，目前电视（盒子）终端唯一标识和家庭多屏打通识别、频次投播控制、电视评估体系、播出安全这些发展中的问题都有待解决。

智能电视市场日新月异，风行网发布其智能电视产品时提出"一家人都能看的互联网电视"，而佳的美发布"家里的第二台智能电视"作为大屏幕智能电视的补充，小尺寸版便携电视可以在卧室里看养生、在厨房里学烹饪、在书房里听戏曲，未来的电视将不再局限于客厅。无论未来设备的形式怎样变，广告追逐的始终是屏前受众。受众的注意力由一屏分散到多屏，媒体接触呈现碎片化与重新聚合的动态趋势，站在程序化购买的风口，重拾电视价值和影响力指日可待。

3. 保障流量安全迫在眉睫

随着智能电视的大规模应用与普及，智能电视广告新生态迎来蓬勃发展。但与此同时，流量安全已成为影响广告主投放效果和智能电视营销生态健康有序发展的一大问题。PC、移动广告在发展之初所遭遇的流量欺诈问题，在智能电视广告中也同样存在。秒针系统监测数据显示，2019 年全年，NEW TV 端异常流量占比为 10%。①

因为 OTT 市场的快速发展，大量没有资质的代理商进入 OTT 市场，他们乱报价格、故意压价的恶意竞争行为导致价格失守，盈利空间被压缩，由此

---

① 秒针系统. 秒针系统发布《2019 年度中国异常流量报告》［EB/OL］.（2020 – 03 – 13）［2020 – 06 – 20］. http：//www. digital-times. com. cn/10285. html.

推动大量"流量作弊"的现象，结果自然是广告效果大打折扣，严重影响了广告主对 OTT 的信心。①

要提升 OTT 的价值，反作弊以保障流量安全迫在眉睫。2019 年 10 月 16 日，中国电子视像行业协会网络视听分会在"远见卓识·营销科学大会 2019"上，携手第三方营销数据技术服务商秒针系统共同发布《OTT 流量安全倡议书》，倡议分会会员和行业各方重视智能电视广告流量安全问题，杜绝流量造假等不规范行为，加强行业自律，进一步规范智能电视广告行业的发展。

除了行业自律外，反作弊标准的统一也有助于防止作弊的行为。各 OTT 设备厂商应开放协作，早日建立白名单体系。② 整个行业在净化市场、建立健康生态的基础上，推进建立更加完备的监测标准，才能发挥智能电视大屏的应有价值。

第二节
数字营销新生态：移动程序化场景营销③

随着移动互联网在各个领域的快速渗透，消费者的媒介使用和消费行为越来越碎片化，场景成为广告信息传播的核心入口。同时，大数据和技术不断升级更新，市场急需更加高效和智能的场景营销投放方式，移动程序化场景营销应运而生，并初见成效。2016 年 4 月，肯德基基于地铁 Wi-Fi 用户和目标用户高度匹配，选择上海地铁 Wi-Fi 进行为期一周的广告投放。第三方数据监测机构秒针的数据显示，Android 版连接闪屏单日点击率为 19.54%，iOS 版 SSID 品牌专区单日点击率为 19.7%，远超行业平均水平，效果可观。因此，肯德基借助移动地点特定场景和 Wi-Fi 的优质连接场景成为国内首单移动程序化场景地铁 Wi-Fi 投放的广告主④。

---

① 199IT. 2019 年 OTT 行业必须面临的三个问题［EB/OL］.（2019 – 06 – 05）［2020 – 06 – 20］. http：//www.199it.com/archives/887594.html.

② 悠易互通. OTT 广告如何进阶"高价值"赛道？［EB/OL］.（2019 – 04 – 08）［2020 – 06 – 20］. http：//www.yoyi.com.cn/a/dongtaiyudongcha/xinwenzixun/2019/0408/754.html.

③ 本节内容改编自关芷蕙、陈韵博《数字营销新生态——移动程序化场景营销》，《数字营销》2016 年第 7 期。

④ 关芷蕙，陈韵博. 数字营销新生态——移动程序化场景营销［J］. 数字营销，2016（7）.

一　通向移动程序化场景营销的进阶之路

　　一般来说，移动程序化场景营销是指基于用户在移动设备（包括智能手机、平板电脑等）上的内容场景，结合时间场景、地点场景、连接场景以及行为场景，进一步挖掘用户潜在需求，以程序化购买的方式进行创新性的全方位、立体式营销，规模化和实时化地帮助广告主主动为消费者提供所需的解决方案，让广告成为用户的有用信息，并构建全新的营销场景，为广告主创造从无到有的营销环境，实现广告主、媒体、用户等多方共赢。

　　从字面上看，移动程序化场景营销是"移动程序化购买"和"场景营销"的结合，图 5-1 展示了二者是如何一步步走向同一个发展方向的。

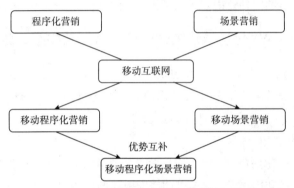

图 5-1　"程序化购买"和"场景营销"结合流程

　　首先，移动基因加入。2015 年是我国数字营销"移动化"发展的关键一年，在信息碎片化和分散化的互联网时代，移动端以其"互动""便捷""个性"等优势占据消费者绝大多数的时间和注意力，移动端广告成为流量变现的最重要方式之一，其精准性、即时性、交互性和可测性受到品牌主青睐，移动端也成为品牌与用户深度沟通的重要阵地。在这样的背景之下，程序化购买和场景营销都各自结合移动互联的基因，并且有新的发展。一方面，程序化购买具有受众购买、多维定向、智能投放的特点和高效、规模等优势，伴随着移动互联的日益兴盛，程序化购买也更加偏向移动化，并且随着大数据、LBS、HT-ML5 等技术的不断发展完善，进入更加智能化的移动程序化购买时代。另一方面，仅基于 PC 端的场景营销因空间位置缺失导致的数据不完整难以发挥最大的价值，而随着数据和技术优化升级，场景营销得到一定的进化，有更高级的玩法。用户和移动智能手机几乎形影不离，加上手机定位功能和移动网络的实现，使广告主能够实时了解用户的需求和动向，深入挖掘用户需求和痛点，通过品牌主动为消费者提供解决工具，建构全新的使用场景。

其次，"移动程序化购买"和"移动场景营销"优势互补，共同探索"移动程序化场景营销"的发展之路。一方面，对于移动程序化购买来说，广告主已不满足于"覆盖"或"到达"用户，而更注重与用户的"互动"与"共鸣"。场景无疑是实现与用户情感共振的最佳载体之一。场景营销具有"软广告"和"植入式广告"的特性，通过数据分析和技术手段，有助于帮助广告主了解用户特征，更有利于提升广告精准度、受众触达及转化率。另一方面，移动场景营销需要借助程序化购买所独具的高效、精准和实时等特点，进行实时化、全方位、立体式的创新营销，以获得更加精准和更高转化率的投放效果。因此，各具千秋的两种营销方式强强联合，能够获得 1 + 1 > 2 的效果。

二 移动程序化场景营销的闭环：从场景中来，到场景中去

移动程序化场景营销的闭环包括移动程序化洞察、移动程序化创意和移动程序化购买三个环节，每个环节都建立在对不同层级的场景的深度识别和信息适配之上。

1. 移动程序化洞察

在移动程序化场景营销中，用户是整个营销活动的核心，首先要对广大受众进行用户画像和用户标签化，以期精准地描绘出用户的特点，为随后的广告投放奠定基础。通常，消费者的画像是从以下几个层面进行：最基本的是属性定向，进一步的是对消费行为和心理的挖掘，通过系统沉淀下来的用户时空轨迹来判断用户行为。前两步有助于找到目标人群，但用户只有在合适的场景中才会发生转换，因此还需要找到转换场景，进行场景定向。后者更强调用户随时、随地的行为动向，对实时数据处理能力提出了更高的要求。

2. 移动程序化创意

与传统广告投放"购买媒体"的思路不同，程序化营销着眼于购买受众，不同消费者即使在同一媒体的同一位置接触到的广告作品也并非千篇一律，广告是在对消费者进行精准画像基础之上量身投放的千人千面的"定制信息"。这一思路与移动互联网时代强调的场景营销一脉相承。技术与大数据的互联实现了广告内容与投放场景的互联互通，移动程序化创意强调以"个人"为创意单位，以消费者数据为核心，以颜色、字体、场景、产品图片等内容作为生成广告创意的基础元素，同时参照程序化目标变量（如性别、年龄、个人喜好、

网站访问情况、使用行为轨迹等），根据不同的场景、以排列组合的方式随机生成广告创意，实现广告创意生产、广告创意筛选优化的自动化。[①]

3. 移动程序化购买

和营销闭环的前两个步骤一样，这个环节也是基于消费者即时所处的场景特点，借助程序化购买技术将能够与特定场景深度匹配的信息推送给特定消费者，实现推广信息与消费者过往生活习惯匹配、与空间环节匹配、与消费者实时行为状态匹配的目的，以提升移动程序化场景营销的投放效果。

如图 5－2 所示，整个营销闭环的三个环节是循环往复的，场景既是程序化营销的入口，也是大数据的流出口。每一个进行了移动程序化购买的场景都会沉淀为新的历史数据，有助于消费者画像更加精准化，从而服务下一轮的移动程序化场景营销。

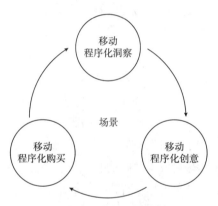

图 5－2 移动程序化场景营销的闭环

三 移动程序化场景营销的核心驱动力

借鉴斯考伯和伊斯雷尔提出的"场景五力"的概念，[②] 本书认为，移动程序化场景营销包含以下三个核心驱动力。

（一）移动设备和传感器

除了智能手机、平板电脑外，谷歌眼镜、苹果手表、智能手环等多款可

---

① 王佳炜，杨艳. 移动互联网时代程序化广告的全景匹配［J］. 当代传播，2016（01）：92～95.

② 〔美〕罗伯特·斯考伯，谢尔·伊斯雷尔. 即将到来的场景时代［M］. 赵乾坤，周宝曜，译. 北京：北京联合出版公司，2014.

穿戴移动设备将每位消费者变成数据的创造者和贡献者。大量的用户生理行为、媒介使用行为和消费行为数据被记录，移动设备不仅是获取互联网力量的关键，也成为体验场景超级风暴的载体。大量的传感器可以捕获用户的位置和即时行为，进行提示，传感器融合技术可以将不同来源的数据整合成更为准确、完整和可靠的数据，并做出预测。

（二）大数据

大数据关乎如何获得更精准的用户需求分析和特征画像，这决定了广告主的广告能否与这一场景下的用户需求相匹配。根据大数据的 4V 特征，要确保移动程序化场景营销能获得更好的效果，需要在以下四个方面得到保障。

1. 数据的容量（Volume）。只有获得足够的流量消耗，才能获得更加真实、有效的数据，这是进行精确的消费者画像的前提。与地理位置结合的广告之所以在过去几年难成气候，究其原因，主要是移动程序化购买公司本身数据量不够大，可投放资源少，且没有可实现的产品和技术。可竞价流量的量级是确保广告系统能挑选出目标人群的关键，因为人群筛选的过程就像过漏斗，如果流量本身就不够大，目标人群则可能漏网。

2. 数据的类型（Variety）。应该将不同类型的数据打通，这些数据包括用户上网时间、地点、行为和设备等海量综合数据。如果没有线上、线下数据的打通，以及各种生态圈数据之间的打通，就难以准确捕捉用户在不同场景下的实时需求，更难以实现移动程序化广告的精准投放。

3. 处理数据的速度（Velocity）。即实时处理大数据的能力。场景营销非常强调即时性，100 毫秒以内除了完成传统的展示和定价以外，还要判断和识别场景，与用户过往的兴趣做匹配，这些对大数据的实时处理能力要求很高。

4. 数据的价值（Value）。如何通过强大的机器算法更迅速地完成数据的价值"提纯"成为目前大数据背景下亟待解决的难题。

（三）定向技术

定向技术包括 LBS 定向、重定向、Deep linking、Lookalike、创意 A/B 测试、用户互动及各类优化模型，从投放时段、实时信息、设备型号、操作系统、人群属性、网络环境、运营商、媒体类型、黑白名单等维度实现精准定向。其中重定向等技术是重中之重，通过线下重定向技术，广告主可以找回曾经出现在某个特定位置的用户，从而为广告主寻找更多潜在用户、创造更多营销机会。

四　立体化的全场景营销：场景感知＋信息适配

移动程序化场景营销是一个立体化的完整生态，是同时涵括多种多样的场景感知和信息（服务）适配的全场景营销。360度的全场景能够精准反馈受众所在的场景信息，进而全面洞察受众在不同场景下的行为标签，捕捉更多消费者需求，甚至找到更多相似受众，从而构建更多的需求场景。

在彭兰提出的场景四要素（包括用户生活惯性、空间与环境、用户实时状态、社交媒体氛围）的基础上，王佳玮梳理出场景分层，并指出，无论是对某个场景的识别还是针对某场景提供适配的信息或服务，场景构成要素之间本身就具有层级关系，这种层级递进关系模式应该既能反映场景的所有要素，也要显示场景由表及里的构建次序，唯有先清晰认识场景的构成逻辑，才有机会实现广告对场景的深度适配。

基于上述研究成果，本书梳理出移动程序化场景营销的全场景分层。

1. 空间场景

个体消费者的空间场景，包括固定场景和移动场景，由 GPS、Wi-Fi 等定位设备提供的即时地理位置数据构成。固定场景通常与人们的关系稳定，可以视作一个"常量"。移动场景指的是人们活动中不断变换的环境，是一个"变量"。对于每一个特定用户来说，移动场景意味着快速切换的时空，而每一种场景会带来不同的需求。[①]

2. 时间场景

移动互联的出现改变了人们日常交易过程的维度——人们购物的时间、空间同时发生了巨大的变化，"时间碎片化"成为常态，移动、高频、LBS 成为关键词。移动程序化场景营销就是要将"碎片时间场景化"，强调即时互动，借助符合用户生活形态的场景化设计，重塑产品的渠道和链接方式。

此外，时间场景和空间场景密不可分，广告主除了关注此时此地的场景信息，还可以向"此时彼处"和"此后彼处"两个不同的时空延伸，分析用户从何处到达此处，可以更好地理解用户在此时此地的行为目的及可能的特点。在满足用户此时此地的需求后，如果能够预测他们下一步的行动方向并

---

① 彭兰. 场景：移动时代媒体的新要素［J］. 新闻记者，2015（03）：20～27.

提供相应服务，或者通过理解他们此时的行为而诱导他们未来需求与行为方向，也能够产生新的产品空间。①

3. 连接场景

连接场景主要指用户通过运营商、移动设备等进行网络连接的方式，包括 Wi-Fi（家用 Wi-Fi、商用 Wi-Fi 等）、移动设备种类（手机、iPad、智能穿戴设备等）、设备品牌、设备型号、运营商等。连接场景数据有助于广告主更好地对消费者进行精准画像和预测，有针对性地投放有价值的 Neo Content（新内容）。②

4. 行为场景

行为场景即消费者个体当下的状态和动作，如上班、购物、就餐、旅行、住宿等。行为场景包括线上的和线下的行为场景，其中线上的行为场景数据主要由移动互联网记录的实时使用轨迹数据、来自可穿戴设备的实时身体数据和实时社交媒体内容数据三大部分构成，线下的行为数据通常通过定位信息和消费数据推测而得。

以上四种场景具有层级递进的关系，如果只围绕基础场景和时空场景进行信息或服务的适配，只是实现广告信息或服务的精准投放；但如果能够捕捉并适配行为场景，则能够深度适配场景的目标，进而有效提升移动程序化广告场景营销的效果。

在过去的商业历程中，场景作为移动营销的重要撬动因素常被提及和使用，但是人们远未触及"场景"的本源，如今在大数据技术下，消费者行为的时间、空间、动机等多种反应数据都能够为提升移动营销效果贡献力量。随着新技术的进步和互联网应用形态的创新，移动应用场景不断延伸，基于移动互联网的流量推动，线下用户的真实体验和线上获取用户的场景联动成为当下移动场景营销的主旋律。

第三节
数据中台：数据价值再认知

2019 年被称为数据中台元年，CDP（客户数据平台）成为程序化广告领

---

① 彭兰. 场景：移动时代媒体的新要素 [J]. 新闻记者，2015（03）：20～27.

② 郑香霖认为，"区别于图文视频等传统流通内容，Neo Content 是一个包含信息、产品、服务的综合体，它将是企业下一阶段发展的核心竞争力"。

域的热点。从数据管理平台到客户数据平台，概念和应用的变迁充分反映了精细化运营的需求。但在数据中台的架构热潮中，只有理性地认知数据价值，警惕潜意识里对新概念温顺的接受，直面尖锐的数据问题，才能促进数据价值新的发展。

一　从营销传播视角出发：什么是数据中台？

对"精准"的追求在营销传播中一直占据着独特的地位。企业营销的关键问题，一直以来都是围绕如何将信息准确地传达给有需求或是有潜在需求的目标消费者。了解市场、洞察需求、定位受众等营销的各个环节都需要建立在庞大的数据基础和对这些数据的分析之上。数据流和数字技术为提升营销价值提供了全新的力量和发展空间。但是，互联网和数字技术发展得如此迅速，庞大的数据流动量已经大到非人类所能处理，无论是企业、营销人员还是一般消费者，都被来不及处理的数据压得喘不过气来。粗糙的数据流动和信息处理再也无法满足人们的要求，消费者难以获取有价值的信息，企业数据成本不断升高。但这并非意味着人们不再需要数据，反而是人们对数据的需求愈加迫切，对数据价值提出更高的要求。数字化时代的前半场红利期逐渐过去，如何使用数据、充分发现和利用数据价值成为广告主所面临的主要问题。①

"人们想要的并不是车辆本身，而是移动带来的便利。"② 想要快速且精准地实现这种便利必然要基于对个体需求的深度认知，能够轻易地在庞大的数据流中快速获取、处理数据，并在需求与信息之间进行精准连接，基于算法挖掘信息中的意义，形成预判以指导下一步计划和行为。企业在数字化转型中意识到，横向连接的数据网不足以使数据驱动发展，还需要纵向连接形成立体式数据空间，于是数据中台作为沟通横纵向数据圈层的工具出现了。我国互联网头部企业开始从集团层面推动中台化架构，数据领域的新兴企业也纷纷启动中台化战略，数据中台一时间成为企业打破数据"围墙花园"、实现降本增效的重要战略。

①　官建文. 中国媒体业态的困境及格局变化［J］. 新闻战线，2012（02）：76~77.
②　〔以色列〕尤瓦尔·赫拉利. 未来简史［M］. 林俊宏，译. 北京：中信出版社，2017：333~355.

（一）概念理解的不同侧重：数据中台的定义

关于"数据中台"的起源，目前较为流行的说法是来自阿里巴巴集团"大中台，小前台"的中台化战略部署，且数据中台被认为是中台思维的核心，同时延伸出的还有"业务中台""组织中台"等概念。"数据中台"作为企业解决数据困境的新概念，被赋予极高的期望。对它的定义目前大多来自业界且尚未统一，但从不同定义的出发点看，大致有两种视角：技术侧重和理念侧重。

表 5 - 1　关于数据中台的不同定义

视角	定义者	数据中台
技术侧重	阿里巴巴张磊	以全域大数据建设为中心，技术上覆盖大数据采集、加工、服务、消费的全链路环节，对内对外提供服务[①]
	百分点程佳	数据中台是一个集数据采集、融合、治理、组织管理、智能分析为一体，将数据以服务方式提供给前台应用，以提升业务运行效率、持续促进业务创新为目标的整体平台[①]
	艾瑞中国数字中台行业研究报告	数字中台是将企业的共性需求进行抽象，并打造为平台化、组件化的系统能力，以接口、组件等形式共享给各业务单元使用。数字中台是企业数字能力共享平台，是平台的平台[①]
理念侧重	袋鼠云拖雷	数据中台可以理解为企业最核心的数据大脑，企业全域的数据处理中心，是一种企业信息化的升级过程，从过去的烟囱式（企业信息化 1.0）升级到现在的中台式（企业信息化 2.0）[①]
理念侧重	Kyligence 李扬	数据中台首先是个企业管理概念，主要是通过复用数据资产来驱动前线业务的高速创新和改造。从企业管理层面来看，它是个组织，提供三个方面的东西：共享的数据服务（Data-as-a-Service）、集中治理数据资产（Goverance）、用数据改造业务（Data changes business）[①]

① 智子云. 客户数据平台 CDP 和数据中台［EB/OL］.（2019 - 08 - 01）［2020 - 06 - 15］. https：//mp. weixin. qq. com/s/JJcNC92gsMAeSHkRgfmX1A.

② AI 前线. 昨天讲平台、今天变中台，数据中台都干了啥？［EB/OL］.（2019 - 08 - 20）［2020 - 06 - 15］. https：//mp. weixin. qq. com/s/y8o86UVuQM5cfjGXcPKSkg.

③ 中国数字中台行业研究报告：企业数字化转型的加速引擎［C］. 艾瑞咨询系列研究报告（2019 年第 11 期）. 上海：艾瑞市场咨询有限公司，2019：405 ~ 459.

④ AI 前线. 昨天讲平台、今天变中台，数据中台都干了啥？［EB/OL］.（2019 - 08 - 20）［2020 - 06 - 15］. https：//mp. weixin. qq. com/s/y8o86UVuQM5cfjGXcPKSkg.

⑤ 田晓旭. 数据中台不是技术平台，没有标准架构！［EB/OL］.（2019 - 07 - 29）［2020 - 06 - 15］. https：//mp. weixin. qq. com/s/Q0u_ 54avT10Whl8L6PUN3w.

综上，我们可总结出数据中台定义的共通之处，以更好地理解概念。首先，从技术概念理解数据中台，更加强调其连接性：以数据的广泛连接和共享为基础，对大数据采集、分析、应用的全链路进行一体化整合；与下游业务端形成闭环，通过实时反馈实现业务应用的快速迭代。其次，从理念概念理解数据中台，更加强调其创造性：作为企业信息化升级的核心，通过数据共享最大限度提升企业数据资产，赋能业务的创新和改造。

（二）中台思维的细分领域：客户数据平台（CDP）

客户数据平台（CDP）作为企业运营的新"数据利器"几乎与数据中台在同一时期出现在营销人员的视野中。理解这两种新的概念以及它们之间的联系，对企业数据营销的发展和规划具有重要意义。

根据全球权威的 IT 研究与顾问咨询公司 Gartner 的定义："CDP 即为企业用于采集、管理、加工来自各方的全渠道客户/消费者相关数据的系统，可帮助企业形成对客户个体和群体的深入洞察，并对外输出能力来支持各类应用，尤其是数字营销应用。"① 从定义可以看出 CDP 具有以下特点：强调企业的第一方视角；数据的全面对接和分发，多场景覆盖；客户画像整合和标签能力；形成闭环，面向数据营销和运营。

对比 CDP 与数据中台的概念不难看出，两者在营销层面的目标高度契合，都是收集的连接多方数据，处理分析形成数据资产，挖掘用户价值，以 API 服务形式对接业务部门，实现营销多场景应用和定制服务。只是在数据量上，数据中台包含了所有与企业相关的数据，而 CDP 更侧重与客户相关的数据。在营销传播层面，CDP 实际上可以被当作营销数据中台。企业在引入 CDP 时，可以通过数据中台建设的思维进行搭建；另外，理解数据中台的价值和理念，从 CDP 出发更具有具象性，当企业无力直接完成中台化转变时，不妨尝试从垂直领域切入，逐步完成企业的中台化战略。

二　从技术和理念维度分析：数据中台是一个真命题吗？

数据中台作为一种新技术和新概念，通过数据的共享、整合、处理分析等，升级对数据流的价值应用，引起营销传播领域的广泛关注。作为一个全

---

① LIU P. 国双吴充：应对独特的中国营销环境，CDP 如何落地？［EB/OL］. （2019 - 06 - 18）［2020 - 06 - 15］. https：//mp. weixin. qq. com/s/rOcPVN7j-igniWhrFGX1mA.

新的概念，数据中台是否真的能够解决当前数字营销的困境？它是理念上的突破，还是技术上的延伸？我们应该以怎样的态度去面对数据中台？在"数据中台"的热浪之下，我们仍需冷静思考：数据中台的出现究竟是企业营销的创新升级，还是一个无法验证的伪命题？

数据中台的定义尚未统一，关于它的认知和讨论自然也需要依据其各个定义的不同侧重分别展开。首先是技术属性层面，从其连接性和共享性特点出发，对数据中台建构的必然性和适用性提出怀疑；其次是理念属性层面，从其对数据价值创造和升级的能力出发，以消费者的形象建构进行深入分析，提出数据中台对大数据的处理能力在本质上并没有新的思维和价值突破，只是数据化方式在营销领域加速发展的必然结果。

（一）连接与共享：数据中台不是必需品

数据主义认为，只要有优秀的数据处理系统，能够连接一切人和一切事物，且让数据流最大化，就能轻易且高效地实现对事物或人的预判。如果全球数据处理系统变得全知全能，"连接这个系统"就成了所有意义的来源。数据中台则是作为中介帮助割裂的小系统实现相互连接，从而将数据流进行整合应用。①

1. 连接作用可被替代，数据规范意义更为显著

数据中台的连接作用与"万物互联"的连接概念有本质上的不同，它并没有直接对人、事物、数据等进行连接，而是对数据系统间的连接发挥桥梁作用。也就是说，数据中台不能直接产生价值，它的价值更多在于"承上启下"。数据中台被认为是"平台的平台"，用于将"前台—后台"的数据打通并整合，使数据串联起来，以驱动用户运营等业务板块。由此可见，数据中台至少需要在满足两个条件的情况下才能发挥作用：第一，"前台—后台"已具备一定的数据条件，整个价值链形成闭环；第二，"前台—后台"数据无法打通。

数据中台的"中控属性"使其必须在一个数据闭环内才能发挥价值，这对企业的内部数据基础提出较高要求，例如，互联网企业和大型企业有较大的数据存储能力和业务需求，能快速实现降本增效。但我国多数企业内部的

---

① 〔以色列〕尤瓦尔·赫拉利. 未来简史［M］. 林俊宏，译. 北京：中信出版社，2017：333～355.

数据化尚处在起步阶段，相关数据库的建构尚不成熟，数据质量参差不齐。数据中台以第一方数据赋能业务层的效果将大打折扣。除此之外，长期以来企业对于运营和营销长期维持在规划阶段，营销传播渠道和内容更多掌握在品牌代理人的手中，因而企业将数据导入业务端应用时，下游业务环节基础薄弱同样会影响数据价值的实现。

当然，企业的数字化进程不断加快，从 CRM 系统到数据仓库、第一方数据平台等数据系统的建构，企业早已关注到私域数据的价值，并做出各种尝试。就营销传播领域而言，信息化基础较好的互联网企业及汽车、零售等有大量第一方数据的行业公司等，早已尝试用数据驱动营销，通过搭建第一方数据管理平台、引入程序化 In-house 模式，对数据进行标准化和细分管理，实现消费者洞察。对比 CDP 的概念可以发现，企业对私域数据的应用尝试有很强的重合性。尽管部分业界人士对 CDP 与 DMP 进行了详细的区分，认为DMP 侧重广告的投放等业务端应用，针对用户群体进行数据分析；而 CDP 则属于营销数据中台作用，侧重运营层面和多场景应用，针对个体进行数据分析……但事实上，随着 DMP 的发展，它已经能够通过对受众行为和需求的深入分析智能驱动决策，甚至不仅为营销服务，更能反馈给产品线进行产品优化。DMP 通过功能拓展可以很轻易地达成 CDP 的目标，从而替代 CDP 的连接作用。

由此可见，"中台"的出现是因为"前台—后台"间的设计不合理导致了断裂。当"前台—后台"在初期的建构中预先保留动态的连接设置，制定出彼此沟通的协议，"前台—后台"的数据系统不断完善和进化时，数据中台的意义似乎就变得不那么重要了。从这一层面理解，数据中台更像是一个"转换器"，是对目前数据传输不规范的一种补救措施。与其说数据中台的数据意义重大，不如说其对系统灵活性、连接规范性等数据问题的警示意义更大一些。

2. 共享作用效果有限，回避数据围墙问题

数据中台的出现有两个被广泛认可的原因，一是数据"围墙"现象加剧，大量数据逐渐被掌握在少部分互联网企业的手中；二是数据成本攀升，随着企业对精准的要求不断提高，高质量数据成本也不断升高。企业的目光无可避免地转移到私域数据的价值挖掘上，因而数据中台所能达到的"数据共享"仅限于企业内部的共享。无论是概念的提出者阿里巴巴，还是概念的拥护者众多互联网企业和数据公司，本身都掌握了海量的数据，其数据流的

扩大近乎触顶，它们转向防止数据量的流失。对于它们来说，想要进一步发掘数据价值，就必须将企业内部海量的数据调动起来，数据中台意味着它们可以将数据生产和数据传输连为一体，在自身的业务链中完成对数据价值的利用。但对其他行业而言，数据匮乏问题显然加剧了，其本身的数据基数和数据的生产并不足以发挥大数据算法的优势，也许在短期内它们通过内部数据的补充可以达到一定的效果，但即使能形成闭环稳定运行，数据共享带来的价值可能也十分有限。

尼葛洛庞蒂在 1996 年就提出了这样的疑问："组成世界的房子变小了些，但是彼此之间的墙又增厚了些，我们该怎样通过使用互联网来打破？"①然而事实是，在二十多年后的今天我们依然没有办法打破，只能转向内部去挖掘数据。数据红利期消退使数据围墙的问题变得更加尖锐，进一步的解决办法似乎只剩下打通、连接和共享数据。然而，数据中台的出现将人们的关注重点转移到了企业内部数据化，从而使人们回避了迫在眼前的问题。但问题依然存在，内部的数据闭环建设逐步完善，这将进一步加剧企业的数据保护主义，尤其是对于数据性企业而言，会有更加完善的机制保护数据资产，而对于数据匮乏型企业而言，无疑进入一个非良性循环状态。当我们回过头来面对数据围墙问题时，可能会发现一个更为严峻的状态。

数据中台对于促进企业的数据化升级必然有积极作用，但我们不必夸大它的作用。当互联网的发展逐渐透过工具层面抵达社会或制度层面时，回避旧制度与数字变革带来的冲突显然是不可行的，解决数据问题需要根本上的突破，而不是提出现象层面的新概念，就像用数据中台的概念无法解决这些问题一样。

（二）价值创造：数据主义的逻辑困境

当信息充分自由流动时，数据就如立体派艺术一般，其创造价值不再是从解剖、分析一定的对象入手，而是通过多种维度去映射"虚拟实体"，真实地反馈现实化生存。② 这不仅包含着视觉经验与感性认识，更主要的是理性、观念和思维。数据中台的目标是通过打通内部与外部的多方数据资源，

---

① 〔美〕尼古拉·尼葛洛庞蒂. 数字化生存〔M〕. 胡泳，范海燕，译. 北京：电子工业出版社，2017：5~7.
② 〔加〕马歇尔·麦克卢汉. 理解媒介〔M〕. 何道宽，译. 南京：译林出版社，2011：23~25.

将虚拟世界与现实社会连接起来，在数据中台实现融合，基于对数据的处理机制形成决策。

1. 以数据为核心使决策主体发生偏移

理念层面的定义认为数据中台是企业最为核心的"数据大脑"，通过管理数据资产，对业务层进行决策，最终完成价值创造。我们不再需要从自己的内心和体验中寻找意义，而只需要做数据的记录者。[①] 数据中台不仅会知道我们的需求、行为方式，而且掌握着人们与其他一切事物的关系，而我们只需要连接数据流，大数据技术和算法就会找到体验的意义，甚至已经为我们做好了决策。为何数据中台的拥护者会有这样的自信？这背后的逻辑其实来源于数据主义思维：首先，大数据从不同维度映射着人和事物的"虚拟实体"，这样的数据化几乎可以看成客观世界的真实映像；其次，数据收集和分析的客观中立性能够排除人的主观性带来的干扰；最后，由大数据算法加持而产生的决策，必然是客观且正确的。[②] 数据主义从以人为中心走向以数据为中心，这也就代表着数据主义对人类知识和智能有所怀疑，而倾向于信任大数据和计算机算法。[③]

人究竟是否能简化为数据流？数据主义的理想状态是否能够实现？这些还有待深入探讨。但是，基于数据主义而生的数据中台概念却有着明显的逻辑困境。首先，数据中台的数据流本身就具有极大的局限性，收集的消费数据仅仅是消费者本身被数据化的极小的一部分；其次，数据中台的架构本身就是在设计者的主观价值影响下产生的；最后，大数据引以为傲的决策方法是基于相关关系，这是一种统计学意义上的弱关系，我们在用这样的方式预测趋势时，似乎是有用的，却不能单单依靠相关关系来做出决策。在解释相关与因果两种关系时，我们常常引用一个例子，即每年的雪糕销量变化与溺水人数呈正相关，但两者没有因果关系。在运用大数据做预测时，我们可以根据相关关系，在雪糕销量上涨时，提高对溺水的防护措施。但大数据无法由此找出真正的原因，因而如果在溺水人数上升时，人们基于大数据做出的

---

① 〔以色列〕尤瓦尔·赫拉利. 未来简史［M］. 林俊宏，译. 北京：中信出版社，2017：333～355.

② 杨子飞. "第三洞穴"与"数据主义"——论大数据社会科学的内在矛盾［J］. 自然辩证法研究，2016，32（08）：63～67.

③ 〔以色列〕尤瓦尔·赫拉利. 未来简史［M］. 林俊宏，译. 北京：中信出版社，2017：333～355.

决策之一是提高雪糕产量就显得格外荒诞。

数据中台的决策能力是驱动业务层升级、完成数据价值创造的重要因素，然而，数据主义的局限性以及大数据决策所基于的相关关系显然不足以作为决策的支撑，决策与价值创造依然离不开人的主体性。[1]

2. 大数据思维使人的形象建构简单化

为了精准定位受众，营销人员将有关人的数据进行清洗、对应、打标签等，形成一个完整的消费者画像。画像更像一个静止的概念，但个体是动态的，当处于不同的场景、不同的状态时，其行为和需求也都是实时变化的状态。数据中台的价值就在于它的动态性和复用性，人们可以通过多源数据整合和算法分析，以及利用数据闭环实现实时数据抓取和更新，将画像转化为动态模型并使其在数据流中不断优化，从而提升消费者全生命周期的价值，实现多场景的适配和快速迭代。[2] 数据中台是大数据思维下的产物，其实现价值的逻辑是在海量数据中发现关联，依赖模型算法，完成趋势的分析和预测。大数据分析在塑造消费者画像时，是基于相关关系从数据流中摘取某一群体的特点和规律，将人的形象构建模块化，再将形象模块分别对应于不同的运营场景。数据中台在这一数据处理过程中，将"向用户推荐什么"这个集合了文化、社会、价值观的问题转化为一个线性代数的问题，且不知其结果如何。[3]

营销领域对于消费者需求的精准定位，已经由最初的兴趣定位、线上行为定位，发展到线上与线下融合定位，最后达到需求培养和开发的阶段。[4] 消费者的动态形象模型想要更真实地反映个体的现实化生存，不仅需要分析其经验和行为，还要探究和把握消费者的观念和思维。上面已经提到，大数据的"大"是一个相对的概念，数据中台永远无法达到"全数据"的理想状态。这意味着，无论大数据还是小数据都属于局部数据，对消费者画像的塑

①　杨子飞."第三洞穴"与"数据主义"——论大数据社会科学的内在矛盾［J］.自然辩证法研究，2016，32（08）：63～67.

②　彭兰.智能时代人的数字化生存——可分离的"虚拟实体"、"数字化元件"与不会消失的"具身性"［J］.新闻记者，2019（12）：4～12.

③　吕新雨，赵月枝，等.生存，还是毁灭——"人工智能时代数字化生存与人类传播的未来"圆桌对话［J］.新闻记者，2018（06）：28～42.

④　徐立军.数据时代的未来大数据与小数据融合的价值与路径［J］.新闻与写作，2015（11）：11～15.

造都无法呈现对个体清晰完整的认知。① 显然，仅依靠一种统计学意义上的弱关系和局部数据去理解个体形象，会将其扁平化、简单化，数据中台所期望的针对个体的定制化动态传播过程显然无法得以实现。当数据中台将形象模块对应到不同的业务层时，业务层需要针对具体问题和个体进行个性化处理，尝试寻找现象背后的关键原因，以更好地预测消费者需求。其中小数据具有代表性，同时具有结构化和精确预测的特点，对大数据的形象模块起到了重要的补充作用。

综上可以看出，人的数字形象的建构需要大数据模块和小数据模块的相互融合。数据中台在其中只占据了前半部分，没有业务层面的纵深性的小数据补充。数据的价值转化实际上更多发生在业务层的具体场景中，而不在数据中台的模块匹配环节，仅依靠数据中台对人的数字形象建构似乎简单化了。

三 "中台热"的启发：理性认知数据价值

数据中台进一步打破了基础平台模式下成本高、反馈慢的局面，似乎为每一个数据模块塑造了单独的时间和空间，以帮助营销人员快速形成预判。尽管并没有在技术和理论上有较大的突破，但这是我国在数据化转型中一次勇敢的创新尝试。数据中台没有直接创造数据价值，但是其数据处理能力和算法对于实时反馈、提高效率、快速满足市场需求都有非常积极的影响。当然，企业的数字化单依靠一个新的技术概念是无法完成的，首要的是按照实际需求制定目标和解决方案，基于此选择最恰当、最高效的数字化技术作为辅助手段。

与此同时，我们更要警惕对新技术和概念潜意识中温顺的接受，避免在技术热潮中陷入"自恋昏迷"的状态。面对数据共享，我们需要思考其是否真的突破了数据流之间的壁垒；面对数据价值，我们需要思考其是否真的存在意义。数据中台等现象层面的新概念无法解决本质问题，反而极易将我们带入数据主义的内在困境，以数据化的"虚拟实体"取代人的物质实体，忽视个体现实化生存的基础性。当大数据技术突破工具层面上升至社会制度层面时，旧制度与新技术的冲突无法避免，愈加尖锐的数据隐私、数据保护、

---

① 程明，战令琦．论智媒时代场景对数字生存和艺术感知的影响［J］．现代传播（中国传媒大学学报），2018，40（05）：92～97.

数据归属等问题亟待解决，只有当数据问题真正有所突破时，数据价值才能
迎来新的发展。

第四节
人工智能：创造程序化广告的更多可能

近年来，营销传播行业涌起一股 AI 热潮，谈程序化广告更是言必称人
工智能。那么，AI 技术的引入究竟对程序化广告产生了怎样的影响，又将带
来怎样的可能？本节将围绕这些问题展开讨论。

一　挑战：程序化广告面临日益复杂的需求

与传统广告投放方式相比，程序化广告大大提升了广告投放的精准性和
效率，为广告主创造了巨大的价值。然而，日益复杂的外部环境和企业内部
的现实需求，对程序化广告提出了新的要求。

一方面，广告主从未停止对提升投资回报率（ROI）的追求，随着网民
渗透率趋于稳定、人口红利逐渐消失，企业越来越感到新客枯竭、运营乏
力，广告投入难以再带来相应的回报。广告主迫切希望能够进一步提升广告
投放的精准性和内容的针对性，优化决策，以最低的成本收获同等的广告效
果，甚至期望程序化广告能带来更多新的可能。

另一方面，身处数字时代，企业越来越感到数字化转型迫在眉睫。然
而，分散在企业内部的数据如何才能转化成企业的生产要素？程序化交易过
程中产生和积累的大量数据能否发挥更大价值？有关数据如何驱动经济这些
问题都迫切需要回答。

在此背景下，基础的程序化广告服务越来越感到难以适应时代的复杂需
求，而人工智能技术的引入为程序化广告带来了新的可能。

二　破题：AI 驱动程序化广告的全链进化

技术的相对成熟为人工智能在营销传播领域的应用奠定了一定的现实基
础，程序化广告本身也适合作为人工智能技术的应用场景。程序化广告交易
过程涉及大量用户数据的采集、分析和交换，广告投放后又将即时产生相应
结果，这些海量而鲜活的数据既需要借助复杂的模型深入挖掘其价值，又能

为模型的建立和优化提供足够的数据支撑。

在人工智能技术的驱动下，程序化广告实现了从投放前的营销洞察、投放中的人群匹配与内容分发到投放后的数据反馈优化三大环节的共同进化，随着数据闭环的更新迭代，不断为广告主创造新的价值。

（一）深入营销洞察

在第四章，我们以一些第二方DMP代表为例，对数据管理平台进行了介绍，展示了数据管理平台如何将数据信息转化为程序化营销的驱动力。实际上，面对激烈的市场竞争、复杂多变的媒介环境和日益专精的消费者需求，企业也纷纷向数据驱动型经济转型，开始建设自己的第一方数据管理平台（DMP）和客户数据平台（CDP），在自有数据的基础上接入第二方和第三方数据，借助人工智能引擎对海量的用户数据进行理解、联结和分析，以期对目标客群有更为迅速和深入的洞察，为营销活动乃至企业运营提供理性的指导。

（二）智能广告投放

1. 用户、内容、场景智能匹配

在本章第二节中我们提到，未来的程序化广告将借助程序化场景营销和程序化创意，进一步实现与用户的"互动"与"共鸣"。在人工智能的驱动下，系统对用户属性和场景数据两大要素的掌握将发生质的改变，在此基础上针对单个用户生成的个性化创意内容也将更具有针对性。用户、内容、场景的多重智能匹配，为营销传播"对谁说"和"说什么"同时提供了更好的答案。

2. 自动化、智能化人群运营

用户、内容、场景的智能匹配不仅能够在单次投放中提升广告效果，也能为实现人群运营的自动化和智能化奠定基础。该模型通过对客户价值评分，对客户旅程和客户生命周期等进行分析，自动向有价值的用户提供相应阶段的刺激，实现潜在客户的培育与转化以及已有客户的寻回。

（三）数据反馈优化

AI技术的引入，让程序化广告投放的结果发挥了更大的价值。一方面，系统不仅能根据投放结果对投放策略进行实时的优化，还能基于大量的反馈数据对模型和规则本身进行自动优化，提升程序化广告的自动化和智能化程度；另一方面，程序化广告投放的结果将重新进入企业的 DMP/CDP，用于对用户洞察和营销策略的优化。

在 AI 驱动下，数据将形成更有效的闭环并不断进行反馈迭代，使企业的营销决策越来越智能。

三 赋能：AI 技术在程序化广告中的具体应用

作为人工智能研究的重要领域，机器学习（Machine Learning）在很多时候已经成为人工智能的代名词，而深度学习（Deep Learning）是人工智能技术在商业化领域中运用最广泛的一种机器学习算法。2006 年，机器学习领域的泰斗 HINTON 及其合作者在《科学》杂志上发表了一篇名为《基于神经网络的数据降维》的文章，[①] 掀起了深度学习研究的热潮。

深度学习的实质，是通过构建具有很多隐层的机器学习模型和海量的训练数据，来学习更有用的特征，从而提升分类或预测的准确性。[②] 在十余年的发展过程中，深度学习克服了过去人工智能中被认为难以解决的一些问题，且随着训练数据集数量的显著增长以及芯片处理能力的剧增，在目标检测和计算机视觉、自然语言处理、语音识别和语义分析等领域成效卓然。[③]

具体到程序化广告领域，以机器学习为代表的人工智能技术主要带来了以下可能。

（一）理解多样化、非结构化的数据

身处数字时代，个人的社交、娱乐、购物、出行、运动等各类行为都以数据的形式被记录。据国际数据公司（IDC）发布的报告《数据时代 2025》预测，2025 年，全世界每个联网的人每天平均有 4909 次数据互动，相当于每 18 秒就会产生一次数据互动。

庞大的用户数据潜藏着海量的用户信息，而程序化广告利用的还只是一

---

① HINTON G, SALAKHUTDINOV R. Reducing the dimensionality of data with neural networks [J]. Science, 2006, 313 (5786)：504–507.

② 余凯，贾磊，陈雨强，等. 深度学习的昨天、今天和明天 [J]. 计算机研究与发展，2013，50 (09)：1799～1804.

③ 周飞燕，金林鹏，董军. 卷积神经网络研究综述 [J]. 计算机学报，2017，40 (06)：1229～1251.

小部分。如前文所述，当下的程序化广告交易主要还是基于用户的历史行为（历史浏览、购买等）、搜索点击、地理位置、人口统计学等信息对其进行标签化处理，对用户的理解和分类较为基础。

人工智能为机器提供了深入了解用户行为的可能。深度学习的成熟使自然语言处理、计算机视觉和语音识别等技术得以运用到广泛的场景之中，在这些技术的帮助下，机器将能更好地理解文字、图片、音频、视频等多种类型的数据，从多样化的、非结构化的数据挖掘价值，使海量的数据得到更加充分的利用。

（二）建立深度用户画像

如果说对多样化、非结构化数据的理解能使系统收集到更多有关用户的信息，那么算法对用户数据的智能关联，则能将这些信息碎片有效地串联起来。移动终端设备号的唯一性为单个用户的多重数据关联提供了便利，广告主通过用户数据跨类别、跨渠道的整合，能够形成深度用户画像，深入洞察用户数据。

人工智能引擎对用户的深度画像既被用于投放前的目标用户洞察，也被用于程序化广告的流量匹配。在目标客户洞察阶段，人工智能能够帮助广告主和营销传播人员挖掘更多的客户共性，为营销传播策略的制定提供基础，为流量匹配提供更为丰富而准确的目标客户标签；在流量匹配过程中，能够瞬时生成更多用户标签，这些标签既能代表用户"当下"的状态，又包含了用户过去的"经历"，为用户、内容、场景的匹配提供依据。

根据业务目标的不同，用户画像的维度导向也不同，常用的有以下三种。

1. 营销传播策略输出

借助大数据和人工智能，客户数据将更好地散发光彩。对企业已有客户进行聚类分析，挖掘企业目标客户兴趣、行为和人口统计特征等方面的共同点，能够为营销传播策略的制定提供有价值的信息。

2. 客户价值评分

即使同为企业的目标客户，也存在创利能力方面的差异。如对食品、饮料等快消品而言，消费频次高的客户具有较高的客户价值，而对汽车、家电这类耐用品而言，既有客户很难在短期内继续为企业创造利润。在程序化营销过程中，客户价值评分模型的建立和应用能使系统根据预算和 KPI 选择客户价值在相应阈值以上的目标客户进行广告投放。

3. 客户旅程分析

在达成最终决策之前，用户与品牌往往已经发生了多次接触。对既有客户的客户旅程的编织和聚类分析有助于广告主理解客户行为的"前因后果"，掌握客户沟通与转化的关键节点；在程序化广告投放过程中，对单个用户客户旅程的判断将有助于分阶段向其传递有针对性的信息，进行更为有效的沟通。

（三）实现创意内容"一人千面"

随着数字时代的到来，企业的线上流量需求不断增长，网民渗透率却已经接近饱和，在此背景下，单一的人群优化或将面临天花板，难以再显著地提升投放效果，而创意内容将重新占据影响广告效果的核心地位。事实上，无论是创意内容的个性化还是人群运营的自动化，都以系统针对不同输入条件智能组合输出内容为技术基础。目前的输入条件主要包括用户数据和场景数据两类，人工智能技术的引入使得程序化创意系统能够处理更多的条件，输出更具针对性的内容，完成人群智能运营这样的复杂任务。

1. 针对更多场景属性输出内容

场景对于品牌和用户的沟通有着重要的影响。从位置、时间，到天气、交通，物联网基础设施的普及将会让越来越多的场景数据得以接入程序化交易过程，而系统将在 AI 技术的帮助下最大限度地还原出用户所处的场景，发掘蕴藏其中的沟通机会，并匹配相应的创意内容。借助内容与场景的智能匹配，广告内容将能更加贴近用户的当下需求。

2. 针对更多用户属性输出内容

目前，程序化创意技术已经能够针对不同用户的差异化特征，实现广告创意的"千人千面"；随着人工智能技术对数据的深入挖掘，单个用户在不同时期的差异化特征也逐渐显现。基于用户的历史数据，系统既可以了解用户此前与品牌的接触情况，避免向其展示完全重复的内容；亦能知悉用户当下所处的客户旅程阶段，并有针对性地给予相应阶段的刺激，让单次投放变成连续沟通的一环，通过品牌与用户不断进行的交互和对话，实现人群自动运营，发挥程序化营销的最大价值。

四 案例：全栈式 AI 决策平台的程序化营销解决方案

为了适应程序化广告全链智能进化的需求，产业链中各环节的企业都开始引入人工智能技术，深化和拓展自身业务。一些实力强大的公司开始搭建全栈式的 AI 决策平台，为广告主提供营销洞察、策略输出、内容创意、媒体投放、效果评估反馈的闭环式全链服务，如百度推出的全链 AI 营销平台 N. E. X. T. 、深演智能｜品友推出的 AI 决策平台 MIP、阿里巴巴推出的 Uni Marketing 等。

　　这里我们以深演智能｜品友的 AI 决策平台为例，结合美素佳儿在品友帮助下实现的数智化营销实践，一窥行业内对 AI 技术的应用现状，以及 AI 技术在实践中如何为企业创造价值。

（一）深演智能｜品友的 AI 决策平台 MIP[①]

　　深演智能｜品友的 AI 决策平台主要由以下三款智能营销产品构成，通过产品间的协同工作帮助企业赋能程序化营销全链，实现价值增长。

1. AlphaData：一站式智能企业数据管理平台

　　AlphaData 兼具 DMP 和 CDP 的功能，能够借助 "ID 智能 +" 产品打通不同 ID 类型，系统地整合和管理第一方用户数据、第二方媒体数据和第三方数据；利用 "福尔摩斯" AI 算法模型实现人群分类、媒体分析、创意分析；构建数据闭环，通过客户旅程分析集成营销触点，根据用户生命周期策划自动化营销。

2. CMP：智能内容引擎

　　智能｜品友 CMP 能够基于自然语言处理技术，进行批量化、智能化的素材管理、创意生成与创意洞察，对广告素材内容进行判断，选择最适合当前广告受众的广告元素。

3. AlphaDesk：一站式智能媒介管理平台

　　AlphaDesk 的智能服务贯穿营销活动的前、中、后全链，能用大数据来进行媒介计划和预测；能在广告投放中激活并使用广告主的第一方数据，自动优化各项流量使用策略；能在投放后进行多维度数据交叉分析，并以由此获得的洞察影响下一轮的人群、内容、媒介策略。[②]

[①]　资料来源：https：//www. ipinyou. com. cn。

[②]　重磅发布！品友推出业内首个一站式智能媒介管理平台 AlphaDesk［EB/OL］.（2019 - 05 - 23）［2020 - 06 - 20］. https：//new. qq. com/omn/20190523/20190523 A0LKK P. html？pc.

（二）美素佳儿的数智化营销实践

1. 目标及挑战

作为国产奶粉领先品牌，美素佳儿希望以数据洞察驱动业务，通过大数据和人工智能技术提升品牌竞争力。然而，美素佳儿数据分散，需要整合数据链路并进行有效管理；对大多数用户而言，奶粉的需求只存在一个周期内，因此美素佳儿的目标用户分散在生命周期的不同阶段，企业对于不同阶段的用户要匹配相应的策略以促进用户转化。

2. 解决方案

整合媒体数据，结合预测模型进行媒体优化建议。收集美素佳儿的媒体投放数据，运用算法进行分析，输出可以指导媒体投放的可视化图表，形成一站式的媒体表现数据分析和报表，实时进行项目把控和优化。结合 PDB 投放等实现"千人千面"智能策略，赋能品牌，自动优化媒体投放。

重新定义用户转化。更深层次的互动只有真正有兴趣的用户才会触及，因此需要对用户的电商、社交和搜索场景数据进行分析，构建多维度用户特征，对用户进行综合评估和分级评分，根据用户行为轨迹和决策旅程阶段进行策略优化，实施"一人千面"策略，促进消费者转化。

五　反思：迈入人工智能时代，我们应该注意些什么？

（一）注意数据使用的合规性

程序化广告自诞生之初的基本逻辑就是依据一定的数据标准向符合条件的用户投放广告。作为人工智能的"血液"，数据在程序化广告乃至智能营销中扮演的角色愈发重要。

然而，用户数据的使用总是伴随着隐私问题，大数据时代的全面到来，更将个人信息安全这一议题推到人们关注的焦点。一方面，监管部门对数据隐私安全日益重视，欧盟于 2018 年 5 月 25 日出台了《通用数据保护条例》，我国的《信息安全技术个人信息安全规范》也自同年 5 月 1 日起正式实施，用户数据的使用开始受到法律层面的约束，企业和营销传播从业人员不得不更加谨慎地考量自身数据使用的合规性，英国航空公司就因违反《通用数据保护条例》而受到了逾 1.8 亿英镑的巨额罚款。另一方面，程序化广告全链中涉及企业与平台、平台与平台间的数据交换，行业内部的数据安全规范尚未成熟，企业之间往往存在对对方数据合规性的担忧，Forrester Consulting 对100 名国内中大型企业负责 DMP 管理、决策和执行的负责人进行的问卷调查结果就曾显示，有72%的企业会安排法务部门参与第一方 DMP 搭建合作平台的整个筛选过程。[①]

企业对个人数据日益增大的依赖性和监管部门对个人数据日益缩紧的保护之间的矛盾，让从业者不得不更加小心地使用数据，对于不同来源、不同授权等级的数据进行分级处理，甚至在程序化营销中引入分布式记账技术来避免用户数据的泄露。

（二）警惕陷入营销唯技术论的误区

必须肯定的是，技术为营销传播带来了巨大能量。在人工智能技术的驱动下，程序化广告实现了从营销洞察、广告投放到反馈利用的全链进化，不仅在提升投放的精准性和内容的个性化方面取得了较大进步，还实现了人群运营的自动化与智能化，为商业决策的制定提出理性的建议。

在激烈的市场竞争中，无论是广告主还是各类程序化广告公司，都不得不对技术采取积极接纳的态度，加快对技术的学习和部署，避免被飞速发展的行业所淘汰。似乎也正因为如此，当人工智能技术初入程序化广告领域时，整个行业都言必谈人工智能，甚至造成了一种技术至上的假象，就连营销传播从业人员也不禁要问：创意工作是否真的会被技术取代？

从表面上来看，技术的确正在逐渐代替营销传播从业人员的一些工作。线上媒介的人工采买工作逐渐被程序化交易所取代，随着物联网基础设施的普及，更多媒介将接入网络实现程序化交易，因而这种取代必然将在更广范围内发生。与人工的市场调查工作相比，基于人工智能和大数据技术的用户行为分析与程序化市场调研耗时短、准确性强；创意人员似乎也不必再苦思哪一个创意是"最好的创意"，因为单个创意无法满足不同的用户在不同的场景甚至不同时期内的需求，而技术却能针对一千组不同的条件组合出无数个"最好的创意"。实际上，与其说技术替代了人，不如说技术将营销传播人员从一些烦琐而缺乏创造力的工作中解放出来，使他们能更好地投入创意

---

① AdExchanger. Forrester 王晓丰：企业怎样成功构建第一方数据管理平台？［EB/OL］.（2019 – 07 – 26）［2020 – 06 – 20］. https：//www. sohu. com/a/329538799_ 117753.

生产和整体性决策制定这样高级的工作中，甚至可以说技术为这些工作的完成提供了理性的洞察和丰富的建议。

在迈入人工智能时代时，我们应该警惕技术与人、技术与创意的二元对立，避免陷入唯技术论的误区。无论是企业还是行业内部，在加快技术部署的同时，都应重视人员的重要作用；对于营销传播从业者而言，一方面应对技术保持积极接纳的态度，让技术更好地辅助个人的工作，另一方面也应重点提升个人在整体策略制定、创意生产等更高级工作中的能力。

第六章

程序化广告的
监测困局

"我知道在广告上的投资有一半是无用的，但问题是我不知道是哪一半。"百货商店之父约翰·沃纳梅克的"苦恼"至今仍未得到有效解决。

2017年年初，宝洁首席品牌官 Marc Pritchard 在一次演讲中炮轰了媒介供应链中的弊端，并宣布将给数字营销费用加以限制条件。他指出，媒介代理机构、广告技术合作伙伴和媒体必须启用第三方可见性测量，以及根除欺诈，并且合同必须具备透明性，否则将收回媒体采购的费用。"因为我们不想在一个糟糕的媒体供应链上浪费时间和金钱。" Marc Pritchard 态度坚决，也显示出他对当前媒介供应链现状的深恶痛绝。

推动宝洁做出这一举措的现实因素在于广告媒介花费巨大，但品牌销售增长很疲软。根据业内人士分析，"过去睁一只眼闭一只眼的行业潜规则终于被公开谈论，真正的原因可能还是源自数字时代广告效果测量的困境"。[①]

这一困境表现在几个方面。第一，广告主通过传统广告媒体进行广告投放时，可以直观地观察到自己的产品、服务真真切切地出现在街头巷尾，出现在电视屏幕上，但是程序化广告的实时竞价，导致广告可见性难以保证。另外，程序化购买中的定向技术，可以使广告主针对不同的人群进行精准地投放，可以根据消费者的浏览记录进行广告调整，但是这也导致广告主没有办法确定广告是否被展示，目标群体是否能看见；相对于传统广告大而全的广告投放，程序化购买是否小而准，是否"千人千面"。第二，互联网广告中存在很多暗箱操作，广告流量欺诈在实时竞价广告中经常出现，这对于广告主也是致命的。广告交易市场中的广告资源很大一部分来自中小媒体的剩余流量及长尾流量，优质广告资源媒体方依然采用传统的方式进行售卖。[②] 因此，有些网站为了提高利润并扩大影响力，采用虚假流量，将网站的剩余流量及长尾流量炒得火

① 朱凯麟. 宝洁高管又来炮轰广告业："不会再为数字媒体法外开恩"［EB/OL］.（2017 - 02 - 08）［2020 - 06 - 20］. http://www.qdaily.com/cooperation/articles/mip/37596.html.
② 李儒俊，卢维林. 程序化购买广告模式研究［J］. 传媒，2017（01）：67~70.

热。企业不是通过提高产品服务、优化内容来吸引用户，而是通过技术手段刷高流量，骗取广告费用，长久下去市场中会出现"劣币驱逐良币"现象，优质内容反而得不到优待和追捧，如果不严加监管，将再无优质内容可看，再无真实信息可读，并可能导致更多企业通过买卖流量自欺欺人。

宝洁作为全球最大的广告主之一，最先行动，改变这种现象。宝洁 2016 年的财务报告显示，其 2016 年的广告费用达 72 亿美元，但流量与转化并不成正比。面对这种情况，宝洁首席品牌官 Marc Pritchard 在 IAB（The Interactive Advertising Bureau，互动广告局）年度领袖会议上宣布未来广告投放将采用 MRC 广告可见性标准，该标准将对所有的媒体适用，并且与之合作的媒体平台必须接受第三方平台的监测和验证，共同推进广告可见性标准的建立，创造透明的数字媒体平台，防止数据欺诈和流量造假。现在越来越多的媒体开始开放数据，越来越多的企业开始认同广告可见性，并对于广告流量数据进行第三方验证，广告可视化以及流量作弊也不断成为网络广告交易、程序化购买市场中备受关注的话题。

在市场竞争非常自由的情况下，一切都是效率导向。可见性，也就是实际曝光情况，成为在投资网络广告时企业更看重的指标。对于关注曝光量的品牌广告而言，广告可见性决定了广告曝光是否有效。①

然而在当今中国，可见性低和流量欺诈是普遍存在的。据研究，6.88 亿的中国网民中有将近 1/4 用户会安装广告拦截软件；另外，广告的流量在往高质量的媒体聚拢，造成了大量低质量的媒体进行流量作弊。广告主所面临的困境是：在广告媒介上花费巨大，品牌销售增长却很疲软。

中国数字广告环境十分复杂，但总的来说透明化的大潮已经不可逆，大量的新媒体库存，正在拥抱可见性标准。通过研究逐步建立的广告可见度指标，我们也许能更清晰地看到未来市场的走向。

2019 年，数字广告体量增长巨大，为广告商创造了更多的机会，也为市场参与者带来了新的挑战。数字供应链的快速发展带来了数据、效率和效果测量方面的诸多机遇，也带来了复杂性和风险性。媒体资源的渗透融合已经是大势所趋，具有先天优势的程序化购买将成为媒体融合的重要推动力。②

① 牛福莲. 运用大数据解决广告可见性痛点［N/OL］. 中国经济时报，（2015 - 08 - 22）［2020 - 06 - 20］. http：//jjsb. cet. com. cn/show_ 461955. html.

② 阳光环球广告. 覆盖、互动、多屏：品牌营销进入程序化购买 + 时代［EB/OL］.（2019 - 10 - 21）［2020 - 06 - 20］. http：//www. bjyyh. cn/dongtai/59668. html.

随着程序化广告市场发展趋于成熟，广告投放中的虚假流量、可见性问题以及生态链中的多方复杂利益的平衡问题越来越受到重视。由于媒介供应链中的暗箱操作不仅严重浪费了广告主的预算，还影响到衡量与评估媒介投放，[①]广告可见性和透明度渐渐成为业界最为关心的议题。要想实现程序化广告的高效，真实、透明和安全是关键，相应的，当前程序化广告行业的监测困局主要体现在数据质量、媒介透明、品牌安全等几个方面。

第一节
数据质量

数据营销时代，大数据作为互联网营销的应用基础和核心点备受关注。如何寻找更真实有效的数据，将营销效果发挥得更加淋漓尽致，是广告主乃至行业最关心的问题。璧合科技品牌营销总裁汪文先生认为："好"数据具备三大要素，即质量高、数据量级大、可被应用。但当下具备这三大要素的数据并不多。随着品牌广告主对优质资源的需求量增大，部分媒体受利益的驱使，以次充好，这使得广告投入的性价比大打折扣。流量作弊扰乱互联网市场的健康发展，更使恪守本分的企业受到恶性竞争的挤压，得不到公平合理的价值评估。[②]

CHEQ 的一项全球经济研究显示，由于广告欺诈，广告主 2019 年的在线广告支出损失 230 亿美元，但间接经济和社会成本可能会使总损失增加到 300 亿美元，这些间接成本包括"信任度下降"、"创新意愿降低"以及"不愿在在线广告上支出更多预算"。[③]群邑集团 2019 年 9 月发布的《品牌安全手册》报告也显示了相近的数据，全球广告欺诈的规模达 224 亿美元，全球超过 80% 的广告欺诈源自中国。随着互联网的不断规范和升级，目前黑产中的"散户"基本被消灭，集团化趋势愈发明显，其上下游分工明确、情报体

---

① JUNI S. 20 年来广告业最重要的讲话，对中国数字营销市场来说意味着什么［EB/OL］.（2017 – 02 – 22）［2020 – 06 – 20］. https：//socialbeta. com/t/100780.

② 王智星. 见招拆招：流量作弊真的无解？［EB/OL］.（2016 – 06 – 30）［2020 – 06 – 20］. https：//www. adquan. com/post – 2 – 34239. html.

③ RTBChina. CHEQ 深度报告：广告欺诈的经济影响［EB/OL］.（2019 – 08 – 08）［2020 – 06 – 20］. https：//www. sohu. com/a/332514006_ 208076.

系发达、软件架构合理的特点，导致刷量等作弊操作变得更加快速。①

一　数据封闭

不仅是程序化购买，实际上在整个数字营销传播行业发展过程中，数据封闭一直是制约行业发展的重要问题。数字营销传播若缺失"数据"这一核心要素，影响的不仅是整个营销过程的逻辑，甚至还有行业的正常秩序和行业生态。对于程序化购买而言，这种情况导致大量的数据没有进入程序化广告市场交易，程序化购买公司很难获取网站的大数据资源，因而也就无法对大数据进行分析。尤其是一些大型的互联网企业如阿里巴巴、腾讯、百度等，这些互联网巨头既是大型经营性企业也是大型互联网媒体，均掌握着高质量且海量的数据资源——如阿里巴巴掌握用户的电商交易数据，腾讯掌握用户（尤其是微信用户）的社交数据，百度则掌握用户的搜索行为数据。②然而，以互联网巨头为代表的企业的数据资源并没有实现共享和利用，一些独立的 DSP 公司无法获取企业的数据资源，这无疑会影响程序化购买产业乃至数字营销传播行业生态的正常发展。③

二　流量作弊下的"虚假盛况"

流量作弊，作为数字营销传播的"行业幽灵"，已经成为困扰全球数字营销产业的顽疾之一。流量的真实性也决定着程序化购买广告效果的优劣。使用流量作弊的动机各不相同，有些是与利益、广告收入相关（如提高融资、增强广告变现或导流能力），有些是需要亮眼的排名，有的则是需要靠较大的数据吸引投资者。④ 通常参与流量作弊的有网站和程序化购买公司。网站的流量作弊主要是为了提升网站的影响力、热度和经济效益，谎报浏览量和到达率，必然直接影响广告主的利益。除外部竞争外，网站中不同部

① 腾讯灯塔，秒针系统 . 2018 广告反欺诈白皮书 ［R/OL］，http：//www. 199it. com/archives/826870. html.

② 廖秉宜 . 中国程序化购买广告产业现状、问题与对策 ［J］. 新闻界，2015（24）：43～46.

③ 廖秉宜 . 中国程序化购买广告产业的发展研究 ［J］. 华中传播研究，2015（02）：107～114.

④ 卢义杰，罗旻，王海萍，李璐 . 互联网流量暗战 ［N/OL］. 中国青年报，2014－11－10 ［2020－06－10］http：//zqb. cyol. com/html/2014－11/10/nw. D110000zgqnb_ 20141110_ 1－07. htm.

门、不同频道之间都会有竞争，依靠流量的排行来激烈角逐。对于程序化购买公司而言，数据流量是核心资源，也是核心竞争力，流量作弊则会导致广告主的投入与产出严重失衡，造成信任危机，这对整个行业的发展是不利的。

（一）常见的流量作弊类型

1. 机器人无效流量

非人类产生的网络流量统称为"机器流量"，或者称为"自动化程序流量"。在最初流量造假1.0时代，在Cookie和IP不变的前提下，反复刷新页面和点击广告能够造成广告曝光和点击的增加。① 在目前2.0时代，通过木马或者恶意程序海量人肉刷机、伪造大量IP与设备信息进行模拟访问，甚至用IP和Cookie、User Agent一起进行轮替的流量造假，是最典型的流量造假方式。

2. 效果类虚假流量

效果类虚假流量主要包括虚假销售线索、多次激活/重复转化和设备刷量等几方面产生的流量。针对近些年效果类客户的诉求，一些特殊的广告欺诈形式出现。例如：汽车类等客户注重网站注册留资等信息，并将采集的信息作为后续销售跟进的重要线索。在有限单量和高额利润的驱动下，虚假销售线索也进入了大众视野。而这些虚假销售线索有时甚至是由真人完成的。此外，现在App类客户为了增加App"日活、月活"需要通过购买大量广告驱动App新用户下载。这种需求催生很多冲榜工作室开始刷App下载。而且这部分虚假流量存在真人刷量现象，甄别难度较高。②

3. 广告可见性引发的低质流量

根据MRC（Media Rating Council，媒体评估委员会）的定义：Banner广告需要至少有50%的像素面积在屏幕上展示1秒钟，才能够被视为"可见"的广告展示。对PC展示广告来说，可视区域内应展现至少50%像素，展现至少1秒钟；对PC视频广告来说，可视区域内应展现至少50%像素，展现至少2秒钟；对较大的PC展示广告，可视区域内应展现至少30%像素，展

---

① 陈传治. 2017年广告反欺诈研究报告［EB/OL］.（2017 – 03 – 16）［2020 – 06 – 20］. https：//dy. 163. com/article/CFL7VS2H0511ARC6. html.

② TopMarketing. 行业权威机构数据揭秘：中国数字广告欺诈乱象［EB/OL］.（2016 – 09 – 02）［2020 – 06 – 20］. http：//www. sohu. com/a/113280983_ 123843.

现至少 1 秒钟。广告可见性主要受发布商可见度状况、页面位置、广告尺寸、首页、内容类型或行业等因素的影响。《2016 年 Sizmek 中国可见性报告》显示，广告总体可见率仅为 19.04%，其中新闻及门户类的平均可见性为 51%，财经类平均可见率为 37.62%，时尚类平均可见率为 12.69%。这就意味着其余部分产生的完全是没有什么价值的低质流量，基本上就等于没有投放，给广告主带来巨大的损失。

4. 视频类虚假流量

视频类虚假流量的主要形式为内容投偏（剧目定向异常）、素材未展示、多次曝光、顺位异常等，其中最为严重的是内容投偏和素材未展示，分别占比 13% 和 8%。首先，视频贴片是按 CPM 售卖的，以第三方公司的代码调用次数为依据，但如果代码被调用，展示的是否为预定素材甚至是否为广告主的素材就不得而知，因此这就从根本上制造了无效流量产生的温床。此外，目前视频媒体在视频前贴片广告售卖时，均支持内容定向、频次控制、地域定向、顺位定向等定投功能，并以此收取一定的溢价，这也成为视频广告流量欺诈的驱动力。

5. 智能电视无效流量

智能电视作为数字营销的新渠道，近年来发展迅速。奥维互娱 2019 中国 OTT 发展预测报告指出，2018 年年底，国内 OTT 终端数量已经达到 2.1 亿，家庭渗透率超过 52%，用户日均使用市场达 4.9 小时。[①] 但目前智能电视的监测规则尚不完善，个别媒体采集字段不够完整，因此流量作弊成本低，主要作弊手段是服务器刷量。另外，由于行业不规范、技术滞后，其他频发的异常流量主要表现在频次异常、智能电视广告中掺杂 PC 端流量或移动端流量等方面。[②]

流量质量问题给进行全球推广的公司带来重创，浪费了数以十亿计的资金，也丧失了许多用户的信任。那么，所谓的"流量作弊"真的无解吗？事实上，在流量作弊的反击战中，充当先锋的 DSP 早已见招拆招。以下为针对不同类型的流量作弊的几大解决方法。

---

① AdExchanger. 2020 年将突破 300 亿，风口下的 OTT 广告如何进阶"高价值"赛道？［EB/OL］.（2019 - 03 - 28）［2020 - 06 - 20］. https：//www. baidu. com/link？ url = t-0eA8AG GRWQ_ MQpHfqZx1YPzMP_ wiFPh9s1aAGaNkbjFyFZBFhgs8YUiKFyC_ q8sbSy1BdF5oM0Qx PQC1Ok_ _ &wd = &eqid = b2ef7ba40000d7ed000000055efa49cd.

② 张漠. 只为源头"清"水来，AdMaster 以技术过滤行业数据——专访 AdMaster 技术副总裁卢亿雷［J］. 广告大观（媒介版），2017（04）：4.

　　针对流量弄虚作假，以伪乱真。这是机器刷量的作弊方式，其中大量机器作弊都比较低级，可以从形式、IP、频度、时间段、后续行为等方面将其过滤。不同手段因为技术特点不同产生的异常流量会有不同的技术性特征。这要求 DSP 熟悉各种异常流量产生的技术原理，从而进行有效识别。

　　针对流量偷梁换柱，以次充好。越来越多的品牌广告主会选择以 PMP、PDB 的方式进行私有程序化购买，直接对接媒体，固定位置、固定价格，通过程序化技术，优化广告投放效果，整个过程高效透明。

　　真人刷量，瞒天过海。作弊技术千变万化，而用户行为规律是相对稳定的，产生异常流量的动机决定了这些流量在数据分布上必定在某一个或多个方面产生异常。这需要通过大体量的数据分析，有意识积累各个维度下日常数据分布的特征，用以作为识别作弊的依据。[①]

三　欺诈的点击

　　数字媒体对于广告效果的衡量，最重要的改变就是在一定程度上用"点击"去刻画用户行为。"点击"的历史可以追溯到 1998 年，一家叫作 Go-to. com 的创业公司开发了一种搜索引擎的付费放置广告，广告主为其搜索结果的每次点击支付费用，通过这种付费方式支付的金额被称为 CPC。

　　随着技术的发展，欺诈方与被欺诈方之间的角逐已经逐渐升级，单纯通过点击量来进行的造假已经非常容易被一些从其他角度去刻画用户行为的参数识破，比如"浏览频次"甚至"响应时间"，但是这并没有真正解决问题。不管是数据欺诈方还是广告主，他们关注的都是用户对于广告的点击。只不过一个在思考如何鉴别真实的消费者点击，一个在思考如何让无效的点击看起来更加有效。

　　就目前而言，欺诈点击的产生主要有以下两种模式。

1. 手动点击

　　即雇用员工进行长时间重复性的点击来欺诈广告主，《第一财经周刊》的报道就指出"使用真人手工服务的安全性更高，但获取一次点击的费用至少是 0.5 元"。[②] 尽管手动点击效率低，但这并不意味着这种欺诈是不可行

①　王智星. 见招拆招：流量作弊真的无解？［EB/OL］. （2016 - 06 - 30）［2020 - 06 - 20］. https：//www. adquan. com/post - 2 - 34239. html.

②　袁斯来，张菁. 你看到的 10W + 有多少是真的？揭开数字化时代营销效果造假的秘密. ［EB/OL］. （2017 - 08 - 07）［2020 - 06 - 20］. https：//www. sohu. com/a/162890909_257199.

的。从经济学的角度来说，只要雇真人点击广告所付的成本低于他们从事这项活动所能赚取的收益，这种点击欺诈的模式就是可行的。

手动点击除了专门雇真人进行欺诈性活动之外，网页中强制或诱骗用户进行无意点击也经常出现，这同样会使广告主的 ROI 变低。

2. 机器点击

也就是使用软件或程序进行点击，从而生成流量。如各类在智能手机中的流量 App，它们大部分是通过向广告主的网页发送 HTTP 请求来点击广告，从而进行点击欺诈。Neil Daswani 教授将其分成 Custom-Built Cliclcbots（定制机器点击）、"For-Sale" Clickbots（售卖机器点击）、"Malware-Type" Clickbots（恶意软件机器点击）、Forced Browser Clickbots（强制浏览器点击）四种类型。第一种是利用脚本代码直接实现机器点击；第二种类似在淘宝进行售卖的流量点击工具；第三种是通过恶意软件感染正常用户的机器机型点击，从而实现多 IP；第四种则是通过攻击修改正常用户的浏览器代码来实现点击。①②

第二节
广告透明

数字营销行业开展的透明度运动是对程序化购买以及"数据围墙花园"（把用户限制在一个特定范围内，只允许用户访问或享受指定的内容、应用或服务）的一种纠偏，并将席卷整个媒介购买行业。③

广告不透明、暗箱操作，在传统广告时代并非没有。只不过，在数字营销的时代，广告业比以往更缺乏规范的约束，这让暗箱操作变得更不易被发现。④ 目前，学界尚未对"广告透明"做出概念上的界定，该词语主要为业

---

① DASWANI N, MYSEN C, RAO V, WEIS S, GHARACHORLOO K, GHOSEMAJUMDER S. Online advertising fraud［M］//Crimeware：Understanding new attacks and defenses. Addison – Wesley Professional（2008）.

② 关于更多广告作弊的形式，参考刘鹏的《互联网广告作弊十八般武艺（上）（下）》. ［EB/OL］.（2017 – 08 – 11）［2020 – 06 – 20］. https：//www. meihuainfo/a/69962.

③ Luke. 2018 年营销界的八种新可能性［EB/OL］.（2018 – 02 – 12）［2020 – 06 – 20］. htps：//www. sohu. com/a/222388992_ 100116573.

④ 徐婧艾. 刚结束的全球最大广告大会上，大家也在讨论"信任"［EB/OL］.（2016 – 10 – 01）［2020 – 06 – 20］. http：//www. qdaily. com/articles/32874. html.

界所用。根据美国互动广告局（IAB）、Forrester、ANA 的一些报告，如 For-
rester 与 ANA 共同发布的《一项关于程序化购买的新调查结果》（Results of a
New Survey on Programmatic Buying）及 ANA 独家发布的《2016 年媒介透明度
指南》（Guide to Media Transparency 2016）将"广告透明"总结为包含以下
三点内容的概念。（1）投放透明：从广告创意的生成，到媒体采买、投放、
展示、点击、转化，整个流程透明；（2）结算透明：创意、媒体、技术、数
据、监测等供应链方成本和收费模式清晰、透明，具备规范的记录，并支持
审计；（3）媒介数据透明：数据来源、使用和回传透明，其中涉及第二方投
放方数据、第三方媒体数据，以及监测方数据。[①]

一　"广告透明"方面存在的问题

随着移动营销的爆发式增长，国内媒体环境愈加复杂，在媒介透明方面
存在非常严重的问题。

（一）合同保护缺失，审计权弱化，交易透明实现受阻

FirmDecisions 分析显示，亚太地区 26% 的广告主并未与媒介代理机构签
署合同。事实上，不签署界定双方合作的条款，明确法律地位，对媒介代理
机构和广告主都有风险。此外，25% 的合同没有给广告主足够的审计权。对
广告商而言，审计就如同一张安全网。从理论上讲，审计应该能够检查整个
媒介代理机构组织的所有交易账单。然而，一些关于审计的条款试图限制审
计的范围。媒介代理机构也创建了独立的实体公司，这些公司的交易并不在
审计范围内。

此外，某些媒介代理机构还试图影响客户对审计师的选择——这其实是
广告主的权利而不是媒介代理机构的权利。

（二）Agency 暗箱获利，审计数据访问权受限

在媒体采买中，Agency 通常的角色是中间人，为服务的广告主购买媒介
资源。而在一些情况下，Agency 则会成为广告主的委托人，负责更加复杂的
媒介采买。委托交易会允许 Agency 使用集团的其他关联平台（例如 ATD，

---

① AdGeek. 大家都在谈的广告透明，到底是怎么回事［EB/OL］. 梅花网，（2016 – 12 – 19）
［2020 – 06 – 10］. https：//www. meihua. info/a/68415.

Agency Trading Desk）去为广告主提供媒介资源。

在这个情况中，Agency 就不再是代表广告主利益从第三方购买媒介资源的中间人，而将 ATD 和代理集团的利益牵扯其中。在这些交易情况中，具体的媒介成本和价格并不会向广告主透露。①

对广告主来说，他们无从知晓实际媒介成本与最终付款是否一致。出版商和媒介代理机构之间还夹杂着各类服务机构，媒介代理机构有可能通过控制这些公司或者与其联手，获得额外的利润或佣金。

对于审计人员，没有完整的数据访问就无法做到全面审计。媒介代理机构通过代理集团下属公司获得免费服务，但仍向广告主收费，这种情况不无可能。

（三）返点未给广告主，"媒体利益"的蛋糕被他人瓜分

在广告代理链条中的"媒体利益"包括返点、获得免费资源及媒介代理投放量奖金等。FirmDecisions 针对亚太地区 2015 年的媒介代理的 121 项审计结果显示，亚太地区 60% 的业务合同包含了不充分或不完整的返点条款。媒介代理机构在这些条款的庇护下有更大操作的空间，制定代理返点最大化的媒体计划，而不保证所有返点都回到他们的客户手中。在 40% 的情况下，返点并未被媒介代理机构完全返给客户。②

返点未提供给广告主的现象有多种形式，例如，代理商倾向于"吞噬"广告主的返点份额，或个别类型的媒体返点并不告知广告主；或者因为媒介代理机构给媒体方付款延迟，被拒绝返点；或者因为与媒体还在进行协调，媒介代理机构扣留返点。

随着媒介版图不断增长和扩张，在透明化大潮下，广告主与媒介代理集团签订的强有力的、详细的合同，已成为广告主确保其利益受到保护的关键。同时，引入第三方的监测服务也十分重要。随着程序化购买的不断升温，程序化交易的控制权重新回到广告主和媒体（买卖双方）手中也成为一大趋势，以 Header Bidding 为技术手段的 PMP 私有化交易形式为交易透明化的实现提供了

---

① AdExchanger. 揭秘！媒体资源交易中的黑盒究竟有哪些？［EB/OL］.（2016 – 06 – 24）［2020 – 06 – 20］. https：//www. sohu. com/a/85709234_ 117753.

② AdExchanger. 40% 的媒介返点未完全返给广告主，亚太媒介代理存在漏洞［EB/OL］.（2016 – 08 – 19）［2020 – 06 – 20］. http：//www. adexchanger. cn/media-agency/14516. html.

重要途径，这种透明不仅是广告位质量和品牌安全的透明，也是费用的透明。①

二　广告媒介数据透明化进程

（一）媒介数据不透明带来的问题

在营销渠道主要还是以报刊、电视为主的年代，简单、初级的营销环境造成了透明的假象。随着互联网的发展和普及，移动营销时代已经到来，数据成为广告主的重要资产，不仅是用来衡量投放效果的依据，更是解决用户人群定位等核心问题的重要支撑。② 但由于对传统媒体的监测和分工面临着转型和重构，大部分媒体平台对数据监测并不积极。媒体不愿意推动自己的数据透明化，广告主只能通过媒体平台内部所提供的数据来获知广告投放的情况，这就使广告需求方普遍质疑媒体数据的真实性或准确性。这种不透明性不可避免地带来了各种问题。

2016 年，据《华尔街日报》报道，Facebook 两年来大幅虚增了其平台上的视频广告平均观看时间。广告代理商阳狮给客户们发信称"用户平均观看视频时间早先被 Facebook 高估了 60% 到 80%"，这意味着许多品牌的广告效果都大打折扣。无独有偶，同样是 2016 年 9 月，日本广告巨擘电通被曝出涉及过度收费、数据欺诈的丑闻。自丰田于 7 月提交首份投诉以来，电通确认了 633 例疑似收费过高的情况，涉及金额高达约 1500 万元人民币，影响 111 家客户。其中有 14 例的广告根本没有投放，其他情况涉及不正确的投放时间和广告效果报告做假。③

种种问题的发生使广告主和营销人员更加迫切希望实现广告数据透明化，他们想看到的是更多公开的实时数据，而不是简单的总结性数据。这意味着媒体平台是时候接受第三方的数据监督了。

（二）广告主的行动

早在 2015 年，可口可乐、宝洁、欧莱雅、宜家等多家企业就曾发起 10 亿

---

① Adsame. Header Bidding："透明度"浪潮下的 PMP 新高度［EB/OL］．（2016 – 07 – 27）
［2020 – 06 – 20］https：//www. adsame. com/focus/detail_ 1055. html.

② 中商产业研究院. 广告圈今日头条：21 位 CEO/VP 齐聚只为数据透明？［EB/OL］.
（2016 – 07 – 06）［2020 – 06 – 20］. https：//www. askci. com/news/hlw/20160706/0940193
8376. shtml.

③ 马柯斯. 日本广告巨擘电通卷入造假丑闻［EB/OL］.（2016 – 10 – 08）［2020 – 06 – 20］.
http：//www. sohu. com/a/115602405_ 375285.

美元级别的媒介比稿（包括传统广告和数字广告），甚至产生了一个词语："Mediapalooza"，英文大意为"The big wave of media reviews called – this year"，中文大意是"前方高能，一大波媒介比稿已经袭来"。① 2017 年，宝洁首席品牌官 Marc Pritchard 在美国互动广告局（IAB）的年度领袖会议上发表了一番演讲，不仅炮轰了媒介供应链中的弊端，更提到了宝洁接下来在数字营销策略上的转变，及其在推进媒介数据透明方面采取的举措。

（1）可见性标准统一化

宝洁将采用媒介收视率评议委员会（MRC）的可见性标准去衡量所有的媒体平台，并希望其所有代理机构、媒体供应商和供应商也这样做。

（2）第三方验证强制化

宝洁表示，过去其曾允许媒体合作伙伴做"非第三方的自我报告"，但现在与宝洁合作的媒体和平台必须采用第三方验证。

（3）代理合同透明化

宝洁将向"透明的代理合同"迈进，仔细研究每一份代理合同，到 2017 年底做到充分透明，包括条款要明确将资金只用于媒体支付，所有的返点都予以披露并返还，所有的交易需受审计监督。②

（4）防止广告欺诈

宝洁要求，任何与宝洁合作的与数字媒体相关的公司必须在 2017 年得到 Trustworthy Accountability Group（即 TAG，一个旨在消除广告欺诈的自我监管机构）认证，以确保其没有欺诈行为。

在一次由今日头条发起的会议上，来自广告主（雷克萨斯、麦当劳、海尔等）、代理商（BBDO、电通安吉斯等）、媒体和第三方机构的 21 位行业重量级人物就"广告数据透明"这一议题进行了讨论。海尔营销总经理王梅艳在会上表示，"没有数据监测，我们坚决不投放。"麦当劳 CMO 须聪也表达了自己看法，认为广告数据的透明关键在于平台和检测方的合作，要祛除痼疾，必须全行业一起努力。③

---

① HOU A. 宜家召集全球媒介业务比稿，价值过 4 亿美刀 ［EB/OL］. （2016 – 03 – 03）［2020 – 06 – 20］. http：//www. madisonboom. com/2016/03/03/ikea-calls-review-of-its-global-media-business/.

② SARAH SLUIS. 宝洁全球：不想在糟糕的媒介供应链中浪费时间和金钱 ［EB/OL］. （2017 – 02 – 07）［2020 – 06 – 20］. https：//www. sohu. com/a/125686775_ 501997.

③ 中商产业研究院. 广告圈今日头条：21 位 CEO/VP 齐聚只为数据透明？［EB/OL］. （2016 – 07 – 06）［2020 – 06 – 20］. https：//www. askci. com/news/hlw/20160706/09401938376. shtml.

　　由于广告主们的强烈要求和相应的行动，媒体平台也逐渐开始转变，愿意接受第三方的数据监督。

　　（三）媒体平台的转变

　　为了重建信任，打消广告主对自身平台数据透明性的疑虑，Facebook 承诺为品牌提供更多视频广告的评估指标，以提高广告投放的透明度，同时允许第三方独立机构 MRC（媒介收视率评议委员会）进行审查。Facebook 表示将为第三方验证机构提供更多 Facebook、Instagram 上广告的细节，也会提供更多购买方式。

　　谷歌也在 2017 年 2 月宣布开放 YouTube 的广告数据，以及其广告购买平台 DBM（Double Click Bid Manager）和 AdWords 的数据，允许 MRC 验证其广告的可见率、视频广告时长等数据。验证的范围还包括谷歌的三家合作伙伴：第三方广告验证公司 DoubleVerify、Integral Ad Science 和 Moat。MRC 将验证第三方是如何收集数据的，同时，MRC 也将邀请安永会计师事务所一同进行审查。谷歌负责产品管理的高级主管 Babak Pahlavan 表示，谷歌的这些努力都是为了让广告数据更加客观和准确。[①]

　　之前，Facebook 和谷歌都在使用自己的软件来检测可视率。Facebook 曾一度拒绝审查，MRC 虽然对谷歌的广告投放和搜索功能进行了多年审查，对 YouTube 的审查却是首次。至此，世界上最大的两个围墙花园都向 MRC 开放了广告数据。Facebook 和谷歌响应媒介透明化做出的调整，使我们可以期待一个新的数字营销环境下广告数据透明的未来。

三　关于实现广告媒介数据透明的建议

　　与国外不同，中国的广告市场环境更为复杂。MRC 是美国一个非营利性的专业机构，对媒介平台实施监管，为此还专门设立了一个有独立资质的公共会计师事务所。其专业性和权威性使宝洁可以采用其制定的可见性标准去衡量所有媒体平台，但在中国，MRC 作为一个尚未注册的美国非营利性组织并不能得到权威的认可，且美国的认证方式也不适用于中国。此外，中国也没有类似 TAG 的组织，且国内媒体不够开放透明的情况相较国

---

　　① Facebook 之后，Google 也向第三方验证机构开放 YouTube 的广告数据［EB/OL］.（2017 –02 –22）［2020 –06 –20］. https：//socialbeta.com/t/100803.

外更为严重。

尽管如此，中国也有如无线营销联盟（Mobile Marketing Association，MMA）这样在业界内受到普遍认可的机构。宝洁、联合利华包括一些媒介代理公司都参考了 MMA 所建立的中国可见性与品牌安全标准。MMA 基于 MRC 的标准推出了结合中国国情的《移动互联网广告可见性验证标准》，加入了连续时间、强用户交互、次秒级互动等标准和定义。

（1）广告主

广告主应当认识到透明、干净的媒体产业链条的真正价值，并意识到只有从合同、技术、监测等方面去实现广告媒介数据透明，才能真正享受数字广告的革命性优势。[①] 广告主应当主动地去推动、维护广告数据透明，对代理商和媒介平台做出要求，以真实、可视化的数据衡量每一次投放。

（2）媒介平台与代理商

主动开放第三方监测，用真实的曝光量、点击量帮助广告主直观了解投放效果以进行决策，让每一笔投放都清晰透明，[②] 以更好地建立与广告主之间的信任，实现长远合作。

（3）第三方监测平台

只有第三方监测机构介入，才能真正平衡广告主与媒介平台之间的信息不对等。而实现广告媒介数据的透明，技术力量是必不可少的。第三方监测平台应当不断提高监测技术，以有效的数据服务广告客户，以公正的姿态做好行业裁判员。

（4）其他

业界权威组织如 MMA 不断结合国外先进经验与中国国情来制定可以广泛运用的标准，并力求在信用机制的设置上有所突破。一旦有伪造数据的丑闻出现，业内要一致对这种媒介平台进行谴责与惩戒。

此外，中国广告协会在促进广告媒介透明方面也做出了许多有益的尝试。2011 年至 2017 年，广告行业在中国广告协会带领下建立健全广告行业标准。由国家工商总局归口、中国广告协会牵头、中国广告协会互动网络分会管理及参与起草的我国第一批广告国家标准——互动广告标准，于 2017 年

---

① AdExchanger. 广告主强势推透明，广告技术行业加速淘汰劣质玩家 [EB/OL]. (2017 - 02 - 20) [2020 - 06 - 20]. http://www.adexchanger.cn/top_news/16342.html.

② 广告圈今日头条：21 位 CEO/VP 齐聚只为数据透明？ [EB/OL]. (2016 - 07 - 06) [2020 - 06 - 20]. https://www.askci.com/news/hlw/20160706/09401938376.shtml.

7 月 31 日通过国家质检总局、国家标准委联合批准的《中华人民共和国国家标准公告（2017 年第 20 号）》正式颁布，该标准成为国家互动广告的规范。本次公告共通过三项互动广告标准：第 144 项，GB/T 34090. 1 – 2017，互动广告第 1 部分——术语概述；第 145 项，GB/T 34090. 2 – 2017，互动广告第 2 部分——投放验证要求；第 146 项，GB/T 34090. 3 – 2017，互动广告第 3 部分——效果测量要求。此份标准规定了互联网广告投放监测的一系列重要规则，包括：广告监测指标项及其计算要求（广告曝光量、广告独立访问者数、广告点击量、广告独立点击者数、触达次数、互联网毛点评、点击率）和广告验证（广告无效流量、广告可见性、广告品牌安全）相关标准内容。[①]中国广告协会还发布了"中国数字媒体价值评估标准框架"，并启动广告监测和验证统一 SDK。该 SDK 将被纳入中国数字媒体价值评估标准体系，作为衡量媒体透明度这一考核指标的重要工具。[②]

　　"公开透明是医治工业社会疾病的良药，正如阳光是最好的防腐剂，灯光是最好的警察。"美国最高法院大法官布兰代斯在 1914 年《蓝天法》刚刚公布的时候这样说。流量的公开透明也能成为促进中国数字广告行业健康发展的良药。[③] 实现广告媒介数据透明还有很长一段路要走，但随着法律的完善、技术的进步、商业道德的提高，这个趋势将不可阻挡。真正有价值的媒体会在这一过程中得到发现与重视，而那些试图浑水摸鱼的媒体终将被驱逐出市场。

第三节
品牌安全

　　程序化购买广告改变了传统的广告购买方式，广告主转向购买"受众"。在大数据时代，程序化购买广告可以精准锁定目标受众。通过搜集用户的浏

---

①　我国第一批广告标准正式诞生，该标准将成为互动广告发展的准则［EB/OL］. （2017 – 08 – 07）［2020 – 06 – 20］. https：//www. sohu. com/a/162958489_ 742234.

②　友盟＋. 友盟＋参与"中国数字媒体价值评估标准框架"并获中广协及 MMA 中国 SDK 测试认证机构［EB/OL］. （2018 – 10 – 18） ［2020 – 06 – 20］. https：//blog. csdn. net/umengplus/article/details/105686106.

③　秒针营销科学院. 营销科学观："流量透明度"是数字广告反作弊的前提［EB/OL］. （2018 – 10 – 31）［2020 – 06 – 20］. https：//zhuanlan. zhihu. com/p/48135609.

览记录、购物习惯、社交动态以及其他有关于用户的上网痕迹，加上行之有效的加工和处理方式，广告主能够对每一个用户进行标签化，进而能够判断出该用户的行为属性、产品爱好、社交属性等。广告主在投放广告的过程中，在 DSP 平台预先设置好自己的广告信息、目标受众、竞价的价格等，然后经由 Ad Exchange 平台进行交易。SSP 平台方如果有符合该条件的媒体时，系统会自动达成协议，当用户点击鼠标的一刹那，广告主的广告就出现在用户的面前。同时广告主也可以根据投放的效果，对投放的广告进行修改和优化，以此更加有效地与目标受众进行接触。① 但是由于程序化购买投放广告整个过程不可见，所以程序化购买投放广告的整个过程中某一个环节一旦出现问题，将会对广告主品牌产生不可预估的影响。

2017 年 3 月，部分广告主因为其广告反复出现在不当的极端内容旁而撤出 YouTube，其中就包括英国政府和《卫报》等大牌机构和企业，例如英国政府的广告就被展示在前 3K 党头目大卫·杜克（David Duke）的视频旁。此外，在使用程序化广告技术的过程中，日产汽车、全英房屋贷款协会以及联合利华旗下护肤品牌多芬（Dove）等广告，被自动放置在那些冒犯性图片与视频内容旁边，导致民间团体直接起诉广告主，15 个品牌主动撤下广告。②

对国内很多企业来说，由于我国监管严格，广告投放到宣扬恐怖主义的网站的可能性很低，但是投放到色情网站，尤其是投放到行业负面新闻页的可能性还是有的。例如，如果某一电动车品牌在报道关于电动车的负面新闻页面投放了广告，目标用户很容易将自身对这条新闻中的电动车安全性的顾虑转移到该电动车品牌商上，这并非品牌主所期望发生的，然而这种类似的新闻并不少见。③

品牌安全的本质与广告透明相关，原因在于广告主不知道广告投在哪里了，因此难以把控品牌广告是否会被投放到不当的位置。品牌安全对品牌而言一直至关重要，特别是对大品牌来说。品牌广告周边不能出现与品牌调性不符，或者不合时宜的内容是行业的共识。④ WFA（世界广告主联合会）首

① 贺磊. 大数据时代下程序化购买广告中的伦理问题研究［D］. 硕士学位论文，暨南大学，2016.

② 廖秉宜. 中国程序化购买广告产业现状、问题与对策［J］. 新闻界，2015（24）：43～46.

③ 广告技术流. 如何规避程序化广告投放的品牌安全问题［EB/OL］.（2018 - 11 - 09）［2020 - 06 - 20］. http：//kuaibao. qq. com/s/20181109A1I5YH00.

④ 奔驰、路虎等大品牌的数字广告受"恐怖袭击"［J］. 广告大观（理论版），2017（01）：107～107.

席执行官 Stephan Loerke 表明，WFA 组织及其会员都对程序化营销生态系统中透明度的缺乏越来越担心，无论是非人类流量，还是严重危害品牌安全的内容，都不会影响媒介投放生态系统中其他参与方的利益，而一般只有品牌广告主会遭受损失。

很多广告主在程序化广告或者数字营销传播媒介购买中，并不知道广告到底出现在什么环境中，以及被放在什么内容的旁边。如果广告出现在不好的内容旁边，是有危害的。广告主想避免广告不安全的问题，这就催生了品牌安全产业，品牌安全也成为广告数字化购买的前提条件。① 广告主希望确保品牌安全，广告投放真正获得了想要的结果，且它们充分获得了数字领域本该有的效率。品牌安全也成为广告主最基本、最急迫的营销诉求之一。

一　程序化广告危害品牌安全的表现

（一）品牌广告受到"恐怖主义"威胁

英国《泰晤士报》的一篇报道称，一些国际大品牌正无意中通过程序化广告"资助"极端主义和恐怖主义，以及色情方面的内容。包括奔驰、Waitrose、Marie Curie、Thomson Reuters 和 Halifax 在内的品牌的广告出现在YouTube 和其他一些网站中宣扬极端主义的视频旁，还不经意间为这些恐怖分子和极端主义者带来了不少收入。据了解，YouTube 上发布的视频每千次点击可以为发布者带来 7.6 美元的收入，而目前出现在这些视频旁边的品牌广告已经获得了超百万的点击量，其中，出现在一个关于恐怖主义的视频旁的奔驰的最新 E 级轿车广告，已被观看超过 11 万次。②

《泰晤士报》的调查让不少品牌如临大敌，奔驰第一时间发布声明，它与一切形式的歧视和极端主义分离，并已经要求重新审查其所有的广告和媒介代理商；为了降低广告再次被错放的风险，奔驰公司也会考虑更新代理商名单。捷豹路虎在官方网站表示：这一事件是由视频网站的算法技术导致的令人意想不到的后果。为此，捷豹路虎决定在当下环境趋于安全之前，先暂停播放该品牌在英国的所有程序化广告。

---

① Adbug 创始人张迪：品牌安全与可见性验证将成为 2017 年必谈［EB/OL］.（2016 - 12 - 12）［2020 - 06 - 20］. http://www.adbugtech.com/en/company-blog/437.

② 奔驰、路虎等大品牌的数字广告受"恐怖袭击"［J］. 广告大观（理论版），2017（1）：107.

（二）品牌广告让人感觉不适

当广告和一些不适合的内容放在一起时，很容易让人感觉不舒服。更有甚者，这些负面内容会在朋友间传播，最后被编得面目全非。它可能会演变成一个新闻故事，十分受关注并快速传播，对品牌造成极大的危害。

程序化购买广告的基本操作是通过大数据的挖掘、获取、分析对用户进行画像，从而达到精准定位广告主的目标消费群体，并进行精准的广告投放。然而程序化购买广告虽然能够精准定位消费群，却忽视了广告呈现的媒体环境，以致直接影响到广告产品的品牌安全。

（三）品牌广告出现"图文不符"

有的时候，尽管品牌广告出现的媒体比较合适，但页面和上下文出现的内容与品牌传达的信息观点明显冲突，导致品牌传播的效果大打折扣，甚至出现负面影响。例如耐克在一个体育新闻 App 上投放活动时，该 App 中却出现了一条关于 Mo Farrah 服用兴奋剂的消息，这就与耐克本身要打造的品牌形象十分不符。① 还有一个例子是倍耐力轮胎公司，它的广告用了一系列看起来合理的关键词，包括"汽车"和"轮胎"，结果倍耐力发现它的广告出现在一条关于致命车祸事故的新闻中。

对于品牌安全得到如此高的关注度，国双科技高级技术总监吴充认为有两方面的原因。第一，广告主内部的营销压力。因为在全球经济增速放缓的大背景下，不少行业的整体销量处在下滑阶段。市场营销部门在重压之下需要在数字营销版块中找到更好的营销方式，或者采用优质的流量来提升、支持销售业绩。因此，他们需要保护品牌安全，增加品牌资产。第二，这一诉求也是数字广告日趋成熟的自然表达。广告主提升品牌的认知、增强品牌美誉度的需求一直存在，不过，在此之前，大多数品牌要求相对粗放，并不十分清楚其在线广告投放在什么地方。"大家更关注如何使得曝光更广，流量覆盖面更广，触达更多的受众，而不会特别在意广告出现在什么位置，或者跟广告位所处展示环境是否有什么不和谐、不一致的地方。"而现在，随着基础数据的监测得到了普遍满足，进一步精细化的分析需求被提出，这一情

---

① Morketing. 深度：品牌安全探讨，程序化更容易带来品牌安全问题［EB/OL］. （2015 – 08 – 19）［2020 – 06 – 20］. http://www. adexchanger. cn/tech-company/12050. html.

况正在改变。①

　　同时，在我国的程序化优选广告空间也存在这样一种不争的事实：如果优选库存通过某 DSP 被购买，那么该 DSP 就获得了广告主第一方数据的访问权，该数据可用于通过该 DSP 的公开交易市场购买的竞争对手的广告活动。那么，在这个过程中广告主投放的广告数据可能会被竞争对手所利用，做出有损品牌的事。虽然在业界人士看来，这些问题都将会随着程序化购买技术的不断完善而解决，但是技术的不可控性在一定程度上也决定了风险的存在。②

二　品牌安全维护

（一）广告主和平台要主动屏蔽"危险"

　　一方面，广告主要坚守原则，加强对于品牌程序化投放的审核。例如宝洁要求用 MRC 创建的可视性标准去统一衡量媒体、广告技术平台，以及围墙花园，要求合作的媒体和平台必须采用第三方验证等。③ 美国银行（Bank of America）还任命了"品牌安全官"，其职责是确保公司的广告不会与网络上有争议的内容出现在一起，从而确保品牌线上的声誉，同时给消费者带来积极良好的体验。这一举措是该公司对日益增长的广告安全问题担忧的应对，也是对行业要求"品牌安全"的呼应。

　　另一方面，DSP 平台和提供流量的媒体也要主动屏蔽"危险"，即要主动防御和拦截不良网站以及影响品牌形象的相关内容。在程序化购买的平台上，可以采用严格的广告服务器标签架构，以屏蔽不良的网站、渠道、区域和内容类别等。④

（二）广告验证服务商进行验证

　　为解决广告主面临的品牌安全问题，已经出现专业化的广告验证服务

---

① Fmarketing. 中国市场，品牌安全之路该怎么走［EB/OL］.（2017 – 09 – 27）［2020 – 06 – 20］. https：//m. sohu. com/a/194870091_ 123742.

② 贺磊. 大数据时代下程序化购买广告中的伦理问题研究［D］. 硕士学位论文，暨南大学，2016

③ 宝洁：启用第三方可见性测量，规范媒介透明度［J］. 广告大观（理论版），2017（1）：108 ~ 108.

④ 和讯网. 程序化购买能否保证品牌安全，盘石网盟以技术取胜［EB/OL］.（2015 – 07 – 01）［2020 – 06 – 20］. https：//www. sohu. com/a/20853932_ 115052.

商。这些验证服务商通过实时关键词或域名进行拦截,提供强大的探测机制,同时能够灵活界定敏感词。验证服务的好处体现在三个方面:第一,明确广告的投放地点;第二,明确实际获得的可见以及不可见广告展示的次数;第三,提高透明度,能够进行相应的优化并与媒体进行协商。

(三) 广告代理商要精准投放

实际上,品牌安全问题的突出是代理商投放不精准的体现,即代理商没有在正确时间、正确场合把广告送达正确的接收对象。代理商应该利用大数据挖掘分析技术,经过数据清洗、挖掘分析,保留有效数据,引入层级标签管理体系,将这些相对全面、完整的数据进行有效管理,结合其社交数据、购物数据、个人基本数据构建用户画像,精准锁定目标受众,并依据其消费路径,预测消费行为。①

第四节
破局的举措

本章前三节围绕着程序化广告的监测困局(包括数据质量、广告透明和品牌安全等)进行分析,本节将结合当前程序化广告行业的产业链各方(例如广告主、广告媒介、DSP 公司和第三方监测公司等)当前的相关举措探讨破局的可能性。

一 广告主的诉求与举措

数字广告的复杂多元性违背了广告主投放广告的初衷。在点击作弊横行的市场上,DSP 市场存在大量黑箱行为,由此广告主对可见性和透明度提出了更多维度的要求。正如秒针商务总经理孙方超所说的,任何一个品牌主都不喜欢黑盒子,只是大家觉得还未到必须改变现状的阶段。不论大小媒体,都有可能在数据真实性上与广告主的预期有出入。因此,从趋势上来讲,越来越多的广告主想要改变现状。当数据变成营销的一种必然元素,广告主也

---

① AdTime 洞察:营销传播中的品牌安全 [EB/OL]. (2017 - 07 - 26) [2020 - 06 - 20]. https://www.sohu.com/a/160157552_ 498848.

在完成自身的适应与蜕变。

（一）面临的危机

1. 自身数据处理能力的匮乏

在数字化时代，企业需要一定规模的管理大数据。存在于企业内部、外部的海量的数据和不断的技术创新，要求广告主自身有足够的应变能力和硬件设施去消化数字时代的巨大能量。

2. 复杂多变的市场环境

难以保证品牌安全的投放环境、无效流量的横行、快速变化的作弊方式和滞后的监测手段、广告商与验证方勾结使数据难以被信任、DMP 内大量不透明的黑箱操作……这一切都在削弱着数字广告完成其使命的能力。

3. 不完善的法律法规

数据表明，在缺乏有效监管的新兴领域中，互联网广告欺诈的势头正在迅速蔓延，不法分子利用漏洞大量牟利。尽管 2017 年两会上就有代表提出《关于中国发展第三方互联网广告安全验证机制的建议》的提案，但相关法律法规与真正落地还有很长一段距离。

（二）应对举措

1. 行业内统一的可见性标准的建立

面对程序化购买的日渐深入，Facebook、Instagram、Twitter、Snapchat、Pinterest、Pandora、YouTube 等平台都提出了关于可见性的不同标准。作为全球最大的广告主，宝洁建设性地提出"采纳统一的可见性标准、实施可信任的第三方评估核查、要求签署透明的代理合同、避免广告欺诈、保护品牌安全"。根据 MRC 数字媒体可见性标准，展示广告需要至少 50% 的广告创意面积连续露出 1 秒钟，而视频广告至少要有 50% 广告创意面积连续露出 2 秒钟。宝洁与众多企业携手推动实施以上五项行动，已完成既定目标的 2/3。尽管 MRC 的标准仍备受争议，但不可否认，到 2017 年底这是建立统一可见性标准的历史性的一步。

2. 自建 DMP，去代理商化

世界第三大广告主欧莱雅全球精准广告和数字分析总监 Khoi Truong 表示，"通过与一手数据的集合，我们可以看到数字展示广告怎样对消费者产生影响、怎样和消费者产生互动，和最终实现购买的全过程"。① 据报道，欧莱雅正搭建自己的 Trading Desk，并尝试直接与一些 DSP 实现对接。美国保险业巨头 Allstate 也在积极自建 DMP，其 CMO Sanjay Gupta 表示："我们内部团队在掌控整个过程，因为我们有一手数据，这也会让我们更好地优化营销策略。"他还说："我们仍然和一些媒介购买代理机构保持良好关系，但我们的内部团队也取得了不错的成果。"② 数据的重要性日益凸显，驱使越来越多广告主自己搭建 DMP 系统，主动掌握数据，以实现数字营销中的自主性。

3. 以更严苛的标准选择合作伙伴

全球最大的旅游服务及综合性财务、金融投资及信息处理公司 American Express（美国运通公司）擅长通过数据驱动的方式来投放广告，并试图优化数字广告生态系统。2015 年初，它就已经开始推动媒介供应链的透明化。负责 American Express 数字采集和消费者市场营销的 Amy Leung 表示："我们看到生态系统中有许多参与者由于收取广告技术费，使整个生态系统变得越来越复杂。"③ 因此，American Express 也开始仔细审查所有的合作伙伴。它向广告供应商发出了 RFI（信息邀请书），询问细节，并要求访问竞价流数据。舜飞科技高级副总裁兼 CMO 贾涛也指出：建设人才队伍，不仅仅意味着建设自己的团队，还包括选择靠谱的供应商或合作伙伴，通过扎实的合作，进一步提升团队的能力。④

（三）案例：宝洁的尝试

宝洁作为世界上最大的广告主，既是从广告投放中获利最大的一方，也是从虚假流量广告中受害最大的一方。为此，在推进数字营销广告透明化的过程中，宝洁做出了以下努力。

分析广告市场环境，做出表态。宝洁首席品牌官 Marc Pritchard 在 2017

---

① 舜飞科技. 盘点：全球程序化广告十大品牌广告主［EB/OL］.（2017 – 03 – 27）［2020 – 06 – 20］. https：//www. sohu. com/a/130519122_ 249304.
② 舜飞科技. 盘点：全球程序化广告十大品牌广告主［EB/OL］.（2017 – 03 – 27）［2020 – 06 – 20］. https：//www. sohu. com/a/130519122_ 249304.
③ 舜飞科技. 盘点：全球程序化广告十大品牌广告主［EB/OL］.（2017 – 03 – 27）［2020 – 06 – 20］. https：//www. sohu. com/a/130519122_ 249304.
④ 舜飞科技. 品牌如何进行程序化能力建设？看舜飞在 G-media 峰会上说了什么［EB/OL］.［2020 – 06 – 20］. https：//www. sunteng. com/1879. html.

年曾说："我们只会跟愿意遵守规则的公司合作、购买媒体……一个复杂、不透明、低效而具欺诈性的媒体供应链是不可持续的。"尽管宝洁花了大量时间试图去分析、解释 Facebook、Instagram、Twitter、Snapchat、Pinterest、Pandora、YouTube 等媒体的可视性标准，但是由于缺乏行业统一标准，各家媒体都宣称自己平台的可见性标准是合理的。像 Facebook 公司就被曝光在视频广告数据上造假，其中就涉及宝洁公司，宝洁的一款产品在 Facebook 进行了两年的精准投放，最后发现产品滞销。

减少广告投放，规避风险，达到震慑效果。在 2017 年 7 月的电话会议上，宝洁的 CFO 宣布，未来 5 年将至少削减 15 亿美元的营销预算，其中一半属于媒体投放预算。在市场营销领域，宝洁将减少 10 亿美元或以上的媒介渠道购买预算，以及 5000 万美元或以上的广告代理公司费用。① 宝洁大刀阔斧地精简代理商数量，并且以实际行动向广告行业的"暗黑势力"宣战。然而像 Audience Science 这类的公司把大部分的精力花在为宝洁服务上，一旦停止合作，对于企业来说无疑是致命性打击。由此可见，随着巨头营销策略的精细化、专业化，传统广告企业整合产品打包给客户的服务模式可能将失去竞争力。相比之下，能提供数据分析、人工智能分析的技术型公司将会在数字营销领域获得发展机遇。

提出媒介透明的举措。①可见性标准统一化；②与其合作的媒体、平台、代理机构强制采用第三方验证；③代理合同透明化；④防止广告欺诈。宝洁的这四个举措相当于给广告行业设立了一个框架，同时更是给大大小小的广告主提供了一次发声的机会，表达对于广告数据真实的诉求。

采用统一效果评估标准。其中值得一提的是宝洁统一采用 MRC 的标准，根据 MRC 的标准，一则定义为有效的图片或视频广告必须符合：至少 50% 的广告像素在屏幕上呈现超过 1 秒，或至少 50% 的播放器出现在屏幕中，并播放超过 2 秒。② 这项要求制定了广告展示形式的标准，有利于提高广告投放效果。

二　中外媒介平台（Publisher）的应对

宝洁公司的 CMO Marc Pritchard 认为，数字营销造假主要体现在"媒介

---

① 牙韩翔. 宝洁未来 5 年将砍掉 20 亿营销预算　其中一半涉及媒体投放［EB/OL］.（2017/04/27）［2020–06–20］. https：//www.jiemian.com/article/1281377.html.

② 市场营销智库. 宝洁全球 CMO 炮轰数字营销造假、不透明潜规则都是被逼的！［EB/OL］.（2017–02–26）［2020–06–20］. https：//www.sohu.com/a/127294008_160576.

供应链"和"广告效果衡量和透明度"问题上，前者针对的是服务于宝洁的第三方媒介采购代理公司，后者主要针对媒体平台。[①] 在宝洁等广告金主们陆续爆发不满之后，Google 与 Facebook 相继宣布接受 MRC 的监督。

（一）Google

2017 年 3 月，因为 YouTube 和谷歌展示广告网络中的品牌安全丑闻，谷歌遭遇了广告主的联合"暴击"。大量品牌，包括英国政府、第四频道，以及 Havas 英国都收回了在谷歌上的广告预算。一些跨国品牌，如麦当劳也紧随其后收回广告预算。品牌安全问题绝非首次提及，但《泰晤士报》的一篇文章把这一话题直接带入公共领域，再加上西方广告主对恐怖主义、极端主义的敏感度增强，最终整个广告业不满情绪发酵，呈雪崩之势爆发。

这一次英国市场的抵制已经推动谷歌有了更迅速的行动反应。谷歌的首席商务官 Philipp Schindler 在一篇博客文章中写道："在未来数天或数月中，我们会引入新的工具，让广告主可以更容易并持续性地对他们在 YouTube 和其他网站上的广告加以管理。"在某种意义上，问题貌似解决了。英国广告主协会 ISBA 总干事 Phil Smith 表示，谷歌的声明和相关的措施是受欢迎的，但广告主要看到确实的证据，确保他们的品牌不会出现在不安全的内容旁边。

（二）Facebook

1. 修正错误指标，制定新的计算指标

Facebook 明显高估了其平台上的视频广告平均观看时间，虚高程度可能达 60%～80%。Facebook 在其"广告主帮助中心"发布的帖子透露其用户观看视频的平均时间被人为虚增，原因是该公司只计算了视频观看时长超过 3 秒的观看量。[②] 由于数据错误，营销人员可能已经错误地判断了他们过去两年从 Facebook 上购买视频广告的流量。同时，这也有可能影响他们的投资决策，比如在各个视频平台上分配资金和投放广告的比重，比如更重视 Facebook、YouTube、Twitter 和各大电视台中的哪个平台。除此之外，媒体公司和

---

① 市场营销智库. 宝洁全球 CMO 炮轰数字营销造假、不透明潜规则都是被逼的！［EB/OL］.（2017－02－26）［2020－06－20］. https：//www.sohu.com/a/127294008_160576.

② 卢晓明. Facebook 这两年将视频平均观看时长夸大 80%？广告公司表示不能忍［EB/OL］.（2016－09－23）［2020－06－20］. https：//36kr.com/p/5053459.

出版商也会受影响，因为在社交网络视频内容的统计数据方面，他们拿到的是不准确的数据，有很多人使用这些数据来决定要发布什么内容。

针对此情况，Facebook 宣布设定新的计算指标，修正错误指标。不过法国最大的广告与传播集团阳狮集团认为，Facebook 所谓的"新指标"不过是在推卸责任、偷换概念："为了让自己跟这个错误的指标脱离关系，Facebook（对旧指标）不以为然，并在 9 月推出了'新'指标。从本质上讲，他们只是从一开始就应该推出的指标加了一个新名字。"①

2. Facebook 同意引入独立机构审查监督

为了缓解部分广告主对相关指标的疑虑，Facebook 同意将广告数据提交给媒体行业指标监管机构 MRC 进行审查。因为在披露合作伙伴和广告主的相关数据时犯了一系列错误而遭到批评，Facebook 开展了内部评估，并承诺今后将提高透明度。Facebook 以后会发布更加详细的信息，包括用户观看一则广告的时长，以及广告在屏幕上的可见度。

3. Facebook 发布广告控制新工具，第三方品牌安全验证仍缺席

Facebook 为了进一步提升开放性，为广告主开发了几款掌控广告的新工具，让广告主更便捷地知道他们的广告出现在哪里，以及广告出现在 Facebook 的流媒体视频、即时文章以及 Audience Network（Facebook 受众网络）中是呈现怎样的具体形态。

Pre-campaign（营销活动前）透明度工具让广告主能够审查他们通过 Facebook 广告平台投放的广告。广告主如果不喜欢他们所看到广告呈现的状态，可以选择不投放某些媒体。Pre-campaign 透明度工具为"Facebook 不能显示广告出现的确切位置"这一问题提供了解决方案。

不过在营销活动后，广告主还是不能查阅到广告最终投放位置的相关报表，尽管 Protti 表示 Facebook"随着产品不断推陈出新，会着力持续改进"。

（三）今日头条

作为一款基于数据挖掘的个性化推荐引擎产品，今日头条的功能相当于媒体，但是其数据挖掘属性意味着它对于数据的挖掘、监测又走在了许多媒体公司的前面。

---

① Facebook 被曝虚增视频播放时长［EB/OL］.（2016 - 09 - 23）［2020 - 06 - 20］. https：//www. sohu. com/a/114952106_ 125484.

第三方监测报销机制。为帮助广告主维护权益，让广告效果更可靠，今日头条开展"你监测、我付费"的第三方免费检测包活动。这个活动主要目的是为有"数据透明化"需求的广告主设立一个监测费用报销机制。符合条件的广告主可以找到任何一家第三方监测机构进行曝光量和点击量的投放效果监测，今日头条将会按规定支付监测费用。

拓展监测渠道、方式。今日头条已经全面支持第三方监测，除了秒针、AdMaster、DoubleClick 这三家第三方公司外，其他数据机构和广告主提供的检测代码也都将提供支持，[①] 检测范围涵盖了曝光量、点击量等。

开放用户画像数据。今日头条支持和客户的 DMP 系统进行对接，整合 DMP 的大数据分析能力和程序化购买能力；同时向广告主开放用户的大数据画像，借助这些数据，广告主可以快速了解潜在用户的关注点，帮助广告主完成精准营销，有利于把媒体平台上的用户转变为企业的潜在用户。

三　DSP 公司：搭建开放的数字广告管理平台

行业的迅猛发展伴随一系列的问题：各类营销平台不断涌现，鱼龙混杂，如何选择成为广告主最大的困惑，甚至一部分广告主因选错平台，或者投放效果与数据不符合，对程序化购买逐渐失去了信心。DSP 公司中的代表深演智能公司（原来的品友互动）做出了相应的举措。

在经过市场调研、客户需求洞察之后，品友互动推出了数字广告管理云平台——"擎天柱"。广告主在这个平台上可以自己或者委托自己的广告公司自助炒股般地管理公司的数字广告投放预算。该系统可以直接检测收费模式、流量资源、人群数据、定向技术、第三方数据源、第三方流量及第三方监测和验证情况等。该平台实现了六个方面的"透明"：一是收费模式透明，向广告主呈现一个清晰、合理的账单；二是人群数据全透明，向广告主还原消费者的画像和数据，便于广告主使用第三方数据进行投放分析；三是流量全透明，帮助广告主管理 100% 的流量，不论是自采，还是实时竞价，每一个细颗粒度的数据尽收眼底；四是定向全透明，可进行二百多个定向条件筛选，实现对象精准化投放；五是第三方功能全透明，云开放平台集成各种实用功能；六是投放数据全透明，提供 70 个维度的报表系统，让广告主实时获

---

①　中商产业研究院.广告圈今日头条：21 位 CEO/VP 齐聚只为数据透明？［EB/OL］.（2016 – 07 – 06）［2020 – 06 – 20］. https：//www. askci. com/news/hlw/20160706/09401938376. shtml.

得多维数据反馈。[①]

四　第三方效果监测公司：提高监测技术，实现广告交易公正

随着广告商不断增加对数字媒体的投入，它们逐渐认识到自身对广告验证的需求，以确保它们的广告能传播到人类（而非机器）面前，验证提供商由此兴起。

（一）行业结构

1. 监测方

目前主要有以下几类：传统的第三方监测公司，包括秒针、AdMaster等；新兴的广告环境验证公司，包括 Sizmek、RTBAsia 等；免费在线网站分析工具，包括百度统计、谷歌统计（Google Analytics）等；专注移动监测的公司，包括 TalkingData、友盟等。

"除非来自独立方，否则验证数字不被信任。"这听起来是正确的，但事实是微妙的。第三方验证有其存在的意义，但它绝不是客户唯一的选择。随着市场的成熟，广告服务器实际上也可以满足广告客户大部分的验证需求。这就不得不提验证的另一方：数据方。

2. 数据方

在发现"程序化购买"的工具属性后，数据的重要性便得以体现：只有有效的数据才能精准地触达目标受众，广告主才能及时根据数据反馈调整营销计划。一般我们会将数据分为三类。第一方数据：到达广告主官网或者线下店的用户浏览及购买等行为数据；第二方数据：同广告主广告投放相关的，用户在线上媒体或线下渠道中同广告主广告互动的相关数据；第三方数据：同广告主没有任何关系的第三方的数据。

对于第一方数据、第二方数据，就需要广告主自己搭建 DMP 系统或使用免费的第三方统计分析工具；第一方 DMP 的供应商也特别多，上述具备大数据处理能力的公司（监测公司、DSP 公司、纯 DMP 技术服务公司、第三方统计分析工具提供商等）都有类似的能力输出服务。[②] 得益于广告主自建 DMP 的增多，程序化广告可用的第一方数据和第二方数据增长情况显著。

---

① 品友擎天柱荣获第 8 届金鼠标年度最佳数字营销平台［EB/OL］.（2017 - 05 - 04）［2020 - 06 - 20］. https：//www. sohu. com/a/138186781_ 122838.

② LING J. 程序化广告实战分享系列——程序化广告的前世今生及趋势［EB/OL］.（2017 - 03 - 10）［2020 - 06 - 20］. https：//blog. csdn. net/Jogger_ Ling/article/details/612 10203.

目前主要问题是 Data Onboarding 是否能规模化、是否准确。至于第三方数据，首先是 BAT 拥有的数据：达摩盘（阿里巴巴）的电商数据、腾讯的社交数据、百度的搜索数据；然后是一些公司手握的大量宝贵线下数据（毕竟在真实世界里，线上的行为并不一定能体现人的真实意图）。

第三方监测因其业务特点而拥有大量广告投放数据，例如：秒针、AdMaster；移动端的主要有 TalkingData、友盟等。但这些数据由于都是广告主监测的数据，所以在某些场合出于广告主数据保护的要求，合作时对数据肯定是要做一些模糊处理的。拥有大量数据的就是媒体了，例如：爱奇艺也在提供与人口属性相关的数据服务，不过单一媒体毕竟覆盖的人群规模有一定的局限性。还有传统上一直在做 CRM 的技术服务公司，例如：百分点、安客诚等，但 CRM 数据如何打通线上一直是困扰行业的问题。

当然 DSP 公司也都号称自己有数据，其数据主要来源于广告流量。广告交易平台为了让 DSP 更好地根据用户行为决策出价，大多会提供用户当前广告的所在媒体、位置、IP 等用户及媒体信息。但这些数据由于是广告流量中携带的，具有一定的碎片性，难以体现用户全部的线上行为，广告主很难基于此连续精准地分析用户的行为并给用户打上标签。

（二）提高监测准确率的举措

其一，监测方与数据方进行数据对接，通过打通多数主流媒体的账号体系而得到一个相对完整的媒体受众结构。阿里巴巴在这方面就与 AdMaster 进行了对接，大量使用了 AdMaster 的广告效果监测服务，同时也为 AdMaster 提供了海量的数据样本。大样本数据将大大提高监测结果的可靠性。

其二，提高数据识别技术，减少技术上的误测。在国内，由于策略路由的原因，不同机房看到同一个用户的 IP 是不一样的，媒体识别的用户来源地域与第三方识别到的用户来源地域也会不一致。IP 不稳定造成的误差率超过 30%，极端情况误差甚至能够达到 90%。国内技术型第三方往往会使用同源机房的方式来降低误差，提升数据的可靠性。另外，为提升监测的安全性，行业普遍认可 SDK 监测方式。监测方通过 SDK，可以采集到更加准确的广告曝光时间、硬件设备 ID 等，帮助客户进行数据的反作弊。[1]

---

① Morketing. 数字广告监测的 5 点冷思考 ［EB/OL］.（2016 - 05 - 23）［2020 - 06 - 20］. https：//www.sohu.com/a/76818494_ 252634.

其三，监测方与大型品牌广告主合作，共同提出可靠的监测指标，推动行业环境的改善。

其四，跨平台、跨设备的测量广告触达，开发融合多终端数据的产品，顺应融媒体的浪潮。eMarketer 报告指出，在全球移动营销领域，仅有不足三成的广告主有能力在移动营销活动中实现用户跨屏追踪（即将同一用户使用的 PC 和多种移动设备进行有效关联）。由于跨屏追踪能力不足，营销人员通常难以全面了解移动端消费者的行为轨迹。尼尔森携手腾讯等推出了数字广告收视率（Digital Ad Ratings，DAR）监测服务，提供基于跨平台/设备去重的数字广告触达目标受众效果的衡量标准。

需要指出的是，除了技术方面的举措，保持独立性在数字广告监测中至关重要，因为独立性是根本的顶层设计，只有做到独立公正才能避免利益冲突，保证监测结果的准确真实，保证广告预算的价值，从而更好地促进行业的发展。

（三）案例

1. AdMaster

现在越来越多的广告主把营销投放在程序化购买上，而营销市场也正逐步拥有前所未有的可测量性。因此这也催生了像 AdMaster 这类第三方公司，筑起公正的"数据枢纽"以保证数据正常流通，其工作重点在于帮助广告主和媒体双方，实现双方结算有据可依，让广告效果评估能够量化，让广告主和媒体实现公平交易。

前期预判。AdMaster 为了破解流量造假，先后推出了 BlueAir、定投识别、监播实录等技术。AdMaster 对数据进行多层过滤后，建立黑名单和白名单机制；一旦发现 IP、Cookie 有异常，就会检测其产生了多少流量，然后在系统中还原真实的流量。为了防微杜渐，在程序化购买前期，AdMaster 进行投放前期预判（Pre-bid），也就是实行事前广告反欺诈。

排查技术和解决方案。针对通用性的广告虚假流量，AdMaster 通过虚假流量行为算法构建了虚假流量数据库，用以实时对虚假流量进行标记；针对视频广告虚假流量中的剧目偏投现象，AdMaster 通过 Referrer/剧目 ID 等方式解析广告曝光时所播放剧目名称，并将其与广告主定投的剧目内容进行匹配；针对曝光代码调用、素材未正确展示的广告欺诈现象，AdMaster 采用神秘访客的方法进行大样本抽样，将视频内容播放前的所有贴片内容录制，通过图片识别与真实的素材进行对比并做出判断。①

2. 秒针系统

人工智能时代，异常流量的制造也迈向了智能化。刷量机器人可实现真机模拟用户行为，甚至可通过特定软件程序控制真实用户、真实设备，制造虚假广告行为。单一规则下广告主已无法全面有效识别异常流量。为高效识别异常流量，使广告主资产免受侵害，秒针系统对旗下异常流量排查产品SmartVerify 进行重大升级：算法升级——引入图灵识别引擎，全面应用 AI 算法；规则升级——图灵识别引擎下，上线全新异常流量排查规则，从设备 ID和行为集合两大维度高效锁定异常流量；数据升级——以更大的数据量为依托，有效识别并过滤异常流量，提升排查效果。

在图灵识别引擎下，秒针系统 SmartVerify 上线全新异常流量排查规则，从设备 ID 和行为集合两大维度出发，延伸出更为全面、细化、精准的排查规则，高效锁定异常流量，守护广告主的每一次曝光。②

五 行业组织：服务行业自律，规范行业行为

要提升数字广告市场的真实流量比例，促进媒体增加透明度测量，保证品牌安全，呈现媒体真实价值，除了产业链中各方的举措之外，行业组织也应该发挥服务行业自律、规范行业行为的职责，推动实现数字媒体价值衡量的真实、有效性。中国广告协会在这方面进行了诸多有意义且行之有效的探索。③

其一，于 2016 年组织互联网媒体平台、互联网广告技术公司、广告代理商、广告主等机构成立了专项工作组织媒体评估委员会，并与国际媒体测量标准制定和审计认证方 MRC 在数字广告标准化工作领域展开深度合作，共同制定行业及国家标准（互动广告国家标准——GB/T34090 通过《中华人民共和国国家标准公告（2017 年第 20 号）》正式颁布，并于 2018 年 2 月正式生效），提高中国数字广告标准国际化水平；同时，参考 MRC 的科学审计方法，对中国数字广告测量产品和第三方监测服务标准合规性进行审计验证，

---

① AdMaster 广告反欺诈赛题亮相 CCF 大赛［EB/OL］.（2016 - 10 - 13）［2020 - 06 - 20］. https：//tech. china. com/article/20161013/20161013763. html.
② 秒针系统. 秒针系统发布《2019 年度中国异常流量报告》［EB/OL］.（2020 - 03 - 13）［2020 - 06 - 20］. http：//www. digital-times. com. cn/10285. html.
③ 中国广告协会. 中国广告协会倡议：严格依据标准，科学、规范抵制互联网广告流量造假行为［EB/OL］.（2019 - 05 - 15）［2020 - 06 - 20］. https：//www. sohu. com/a/314195 796_ 208076.

以保证其媒体测量工作的真实、客观、可信。

其二，推出了数字媒体价值评估体系，包括数字媒体价值评估标准、自媒体营销价值评估标准、代言人营销价值评估标准、OTT 媒体价值评估标准、户外广告相关标准等一系列行业标准。

其三，联合 MMA 中国推出行业开源 SDK；借助区块链等新兴技术手段推出 DIF 联盟链，正式启动"一般无效流量数据"（GIVT 数据）服务，成为中广协数据服务平台第一个落地项目。目前已有 27 家行业企业投入力量参与 DIF 联盟链，该服务创新运用新技术，打造了基于区块链的黑名单机制与体系，能极大地提升反异常流量的准确性和效率，这不仅是国内首次，在全球也是首创，体现了以新技术、新思路解决顽固问题的探索精神。①

最后需要指出的是，广告媒介的监测困局存在已久，传统媒介时代早已存在流量造假的痼疾。同样，"虚假流量""广告不可见""品牌安全危机"等诸多问题在中国数字营销界亦存在已久，其背后的深层原因也远不在于技术层面无法突破，而在于产业链中的商业利益博弈，这种博弈导致反作弊找不到坚决的执行主体。正如刘鹏所分析的，媒介是数据造假最直接的利益所得者，其作弊的动机显而易见；代理商为了更高的 KPI，对这些问题睁一只眼闭一只眼亦不足为奇；部分第三方公司作为裁判却立场模糊，以销售为导向，在媒介测量中纵容"踢假球"的行为，沦为媒介帮买、帮卖的工具。②然而这样的利益博弈终究是一场"零和游戏"，打造健康程序化广告生态链的关键最终要看有没有用正直、公正的技术供应商，有没有选择透明、没有返点的广告代理公司，有没有切实执行媒体审计。

第五节
区块链技术：程序化广告发展的机遇与挑战

区块链技术作为一种新的技术范式，拥有去中心化、开放自治、不可篡改、匿名等特点，为人类社会提供了一种去中心化的概念与发展思路。广告

---

① 协力同心，让互联网数据造假无处遁形［EB/OL］.（2019 - 03 - 15）［2020 - 06 - 20］. http：//www. xinhuanet. com/tech/2019 - 03/15/c_ 1124240862. htm.

② 北冥乘海生. 真的有人想反作弊吗？［EB/OL］.（2019 - 12 - 11）［2020 - 06 - 20］. https：//zhuanlan. zhihu. com/p/96832047.

从业人员开始考虑将区块链技术与程序化广告相结合，开发新的应用场景。从理论上看，区块链有助于发展去中介化的程序化购买模式，进而重构数字营销行业的生态格局。本章探讨的程序化广告发展过程中的诸多顽疾，有望借此得以疗治。区块链为程序化广告描绘了一幅全新的公开、透明、高效的运作蓝图，但其能否达到期望的目的与效果，还有待观察。

一　区块链的特点及应用

区块链技术的出现为程序化广告行业存在的问题提供了解决的思路。区块链技术本质上是一种分布式存储的数据库，即记录参与者之间执行和共享的所有交易或数字事件的公共账本，账本中每笔交易由系统中大多数参与者共同验证，其记录是特定的，且不可删除与篡改。

（一）区块链应用的特点

1. 去中心化

区块链作为分布式数据库，不存在中心化的控制，在链上的每一方都能够访问完整的数据记录，并在没有中介和中心节点的情况下与另一方进行点对点的交易与传输。

2. 安全透明

任何访问区块链系统的对象都可以看到区块链记录的数据。每个节点的用户都具有独一无二的数字身份证明，用户可以选择是否向他人提供这一证明。区块链提供了一种开放性的交易环境，能够有效地保证每一笔交易的安全和透明。

3. 高可信度

在区块链中记录的数据是不可逆的，一旦数据库更新记录，记录便不可篡改或撤销，它们按严格的时间顺序永久性地排列，供他人查询与追溯。①这种不可逆性从算法层面赋予了区块链高可信度。

区块链技术的应用需求已经从最初的数字货币扩展到社会领域的各个方面，对于解决中心平台垄断、信息不对称等难题具有重要意义。区块链的底层技术像互联网一样可以有非常多的应用场景，程序化广告正是其中之一。

---

① LAKHANI K R, IANSITIM. The truth about blockchain［J］. Harvard Business Review, 2017, 95：118-127.

（二）区块链在程序化广告中的应用

1. 公开透明的交易机制

区块链技术是一种分布式记账技术，采用协商一致的规范和协议进行数据交易，区块链系统上的交易数据一旦经过确认，会进入全节点监督，不支持单个节点的数据修改，[①] 理论上能够使程序化广告的交易机制更加公开透明。广告主在进行程序化广告购买时，可以避开广告公司，直接通过区块链与媒体及用户对接。即使是通过广告公司进行购买，每一笔交易也均记录在区块链上，广告的内容、时段以及受众圈层更能够得到保证。此外，通过区块链及附加技术的应用，广告主可以识别和追溯网站或应用程序的历史作弊记录，这些记录不可篡改与撤销，能够有效避免广告作弊行为，保证流量与数据的真实性。区块链技术并不意味着清除广告欺诈行为，而是以最低成本解决广告传播中各方的信任问题。[②] 区块链技术在个人信任和制度信任之外，提供了机器信任的解决方案。无论是从可信度还是可靠性上看，区块链技术都可以帮助程序化广告创建整个行业的网络信任共识机制。

2. 减少广告欺诈

区块链利用数据追溯透明的技术特性，使批量生产、篡改虚假 IP 地址变得艰难，广告主可通过观看者和点击者的数字身份来验证广告的真实投放效果，降低因广告作弊损失的成本。[③] 这不仅解决了广告欺诈问题，也降低了第三方数据监控的复杂性，简化了投放流程。在增强广告主和媒体资源交易双方信任的同时，实现了广告效果监测，杜绝了数据造假的可能性。

3. 提高投放精准度

由于区块链加密和不可篡改的技术特性，每一位链上用户都有自己精确描述的配置文件，广告主可以直接从用户处构建用户画像，并使用用户愿意分享的信息，从而使画像更加精准，试错成本降低。此外，通过区块链智能交易平台，广告主可以购买用户授权等级，定位消费意愿最强烈的用户群体，精准进行广告投放。对具有用户激励性质的广告而言，由于投放的精准

---

① RTBChina. 区块链技术将如何重构广告平台营销"逻辑" [EB/OL]. （2018 – 06 – 13）[2020 – 06 – 11]. https：//www.sohu.com/a/235636820_ 208076.

② 李海华. 区块链技术在广告传播中的应用 [J]. 青年记者，2019，622（02）：101～102.

③ 沂蒙阿力耶. 区块链离程序化购买数字广告还有多远 [EB/OL]. （2019 – 02 – 26）[2020 – 06 – 11]. https：//www.jinse.com/blockchain/321018.html.

度高，基于区块链技术的安全授权作用显著，能很好地提升用户转化效果，最终提高 ROI。

4. 智能合约竞价

在程序化广告应用场景中，区块链能够基于动态变化的条件和预先设置的用户配置文件、权限和竞价功能，自动处理统一打包的数据资源。[①] 区块链的智能合约与程序化广告的竞价模式相结合，可以提升交易过程的流畅性、可靠性与高效性。广告主即程序化买家通过区块链广告平台与媒介或流量方直接对接出价，而预先设置的智能合约能在竞价完成后自动进行确认，并依据预先指定的时段、点位和用户圈层自动进行广告的精准投放。智能合约安全与可靠能够优化程序化广告的竞价与采买流程，并为交易双方提供信任保障机制，在没有第三方监控和参与的情况下，可智能完成广告交易和流量购买，提升交易平台的完善性。

5. 自动化的数据预测

作为分布式存储的数据结构和数据接口，区块链有效地打破了数据孤岛现象，在这一基础上，区块链技术能够与大数据协同运作，实现程序化广告的数据预测过程自动化。大数据能够处理和分析庞大的用户数据，在营销环节中发挥个性化定制和精准投放的作用。但如何在保护个人隐私的情况下开放数据，是其应用的一个难点。区块链的数据加密算法则有助于实现在不访问原始数据的情况下对数据进行运算，从而有效地为这一问题提供解决方案。通过将大数据的收集、分析及预测与智能合约的自动执行相结合，形成自动化的数据处理与预测机制，在技术融合的基础上共建新的体系架构，能够减轻营销人员数据收集和处理的负担，同时形成更为可靠的用户沟通服务体系。

6. 行业生态的转型升级

区块链技术对程序化广告带来的最核心的影响，是其去中心化的共识机制为整个行业带来的全新的概念与思路。在安全、透明和高效的优势之下，整个程序化广告行业将迎来行业生态的重构与转型。

（1）行业协作及优势共享

在去中心化的交易模式下，安全、透明的交易机制和更加对等的角色地

---

① SWAN M. Blockchain: Blueprint for a new economy [M]. Sebastopol: O'Reilly Media, 2015: 25 – 26, 66 – 67.

位能够帮助企业更好地进行协作与优势共享。行业协作一方面体现在数据维度，区块链应用环境下，数据泄露、数据孤岛现象得以消减，参与方能够在彼此信任的基础上，合法共享更为全面的数据信息；另一方面体现在资源维度，不同企业能够通过点与点的对接实现资源能力的优势互补，使程序化广告行业朝着真正的万物互联的方向发展。

（2）利益分配模式的重塑

技术基础模式的转变，改变了行业内部的配置，也将重塑现有的利益分配模式。在原有程序化广告产业中，中心化的广告公司和广告平台持有用户数据优势资源，能够获取大量的利益。而在区块链范式下，企业能够直接通过链条与用户进行点对点的接入，形成了去中间化的两端对接模式，这使广告主、用户、媒体、技术与互联网公司都能够获得更高效的利益分配。广告主通过去中间化模式，降低广告成本，优化营销效率；用户可以自由选择是否接收广告信息，并能通过接收与阅读广告获取利益分成，得到更好的用户体验与用户激励；区块链广告平台企业则通过平台的搭建，从交易中获取利益回报。

区块链在程序化广告中的应用，也是在技术高速发展时代程序化广告及整个数字营销领域技术发展的一步新的探索。要实现行业生态的转型升级，需要多方努力，协同共建。

二　区块链营销面临的变革与挑战

与区块链技术在其他应用领域相比，其在程序化广告领域的发展速度要落后许多。这关乎技术本身，也与区块链给程序化广告行业的基础结构层面带来的巨大变革与挑战有着密切的关联。

（一）技术的挑战

区块链技术在为程序化广告行业带来巨大的技术变迁的同时，也带来了蓬勃的技术发展前景。技术的挑战，是区块链广告在底层设计方面所面临的最基础的问题。

1. 有待发展的技术水平

区块链发展目前仍处于2.0模式初期，相对成熟的应用主要在加密货币与金融市场领域，而程序化广告的技术开发仍处于基础阶段，有待升级。从在比特币领域的应用中，人们也能看到区块链自身存在的一些技术性问题，如算法选择、带宽控制、冗余和数据延迟等，这些问题在建立区块链广告应用时，都需要考虑如何通过技术方案来解决，以适应行业需求。此外，资本与人才的匮乏也是技术发展不得不考虑的问题。一方面区块链广告技术的开发应用需要大量的资金和资源支持；另一方面企业急需真正理解区块链技术原理与应用，并具有预见性思想的复合型人才，以适应技术发展的要求。

2. 技术体系的生态融合

未来，区块链可以与云服务、大数据、5G、人工智能等前沿技术融合，共建新的技术架构和体系，实现技术的生态融合。任何技术上形成的核心竞争力都需要系统性的新组织体系支撑，技术体系的融合也将伴随行业之间的融合与合作，区块链技术公司虽然拥有技术研发与创新能力，但在对广告行业和营销应用的发展趋势的理解上可能存在不足。在进行技术开发时，也要考虑广告营销的目标，有的放矢。

（二）价值重构——企业定位的重新探索

从宏观来看，区块链给程序化广告以及整个数字营销领域带来的最大变革在于去中心化体系带来的价值重构。企业需要形成全新的共识机制，制定并遵循新的市场规则。不论是从企业能力、价值定位角度，还是从利益分配、行业分工角度来看，这些都是对程序化广告行业现有生态体系的冲击与挑战。

1. 企业定位的探索转型

为应对这一技术结构变革带来的行业变化，企业需要及时调整与转变自身定位，在新的行业生态中挖掘价值痛点，在技术变革的浪潮中抢夺先机。

一方面，企业需要重视自身的技术适配能力，及时接入并适应区块链体系，并积极发掘新的应用。互联网公司、技术公司等技术优势企业将可能替代传统广告公司的中介地位，成为区块链交易平台的构建者；资本雄厚的行业巨头则可能依托自身持有的大量用户数据资源优势，以吞并、收购技术公司等方式开拓区块链营销市场。未来，技术的可持续发展与创新能力将越来越成为程序化广告企业制胜的关键。

另一方面，技术薄弱的传统广告代理公司与媒介代理公司需要重新评估自身能力和优势，向内容和社交生态等方向转型，找到能够立足于市场的新的价值定位。无法适应变革的企业则将被竞争和市场无情淘汰。

2. 利益链条的重置

区块链营销推进的另一个难点在于产业链的自我保护。行业价值重构打破了已有的市场规则，触动了原有程序化广告产业链的利益分配。无论是从去中间化的结构变动来看还是从反作弊的机制来看，短期都会触犯传统数字营销优势企业的利益和地位。与所有新技术、新应用出现初期一样，区块链也面对着不少行业内外反对的声音。对企业来说，需要跳出旧思维与眼前利益的桎梏，从更高的视角出发，以发展的眼光看待整个行业的生态变革与发展趋势。区块链的应用意味着新的利益分配机制的设定，如何打破营销圈的"自我保护"，① 有效连接不同的企业？谁来制定以及如何设计新的利益分配规则？这些是需要思考的关键问题。这些问题若处理不好，可能会对行业造成巨大冲击。

（三）实际执行的障碍

区块链作为技术架构，只是从技术层面上为程序化广告提出了新的思路，其概念目标的实现程度与实际执行效果，还有待于时间和实践来检验。

1. 投放质量与流量间的冲突

区块链的数字身份提高了用户提供数据及接收广告的自主权，有效地保护了用户隐私，也提升了用户的广告体验以及用户在广告中投入的注意力。但从另一方面来看，自主选择权在一定程度上限制了流量的自由流动，这与数字营销行业流量经营的目的相悖。企业在采取营销策略与制定营销目标时，需要在投放的质量与流量之间进行权衡。

2. 中心化与去中心化的博弈

虽然区块链技术的优势和意义在于去中心化，在程序化广告行业的实际实践中，仍然存在中心化与去中心化之间的对抗。一方面，在程序化广告区块链平台的构建方面，仍可能出现企业集中占有区块链技术资源优势、在区块链条中仍处于中心化地位的情况；另一方面，在用户数据的挖掘与处理方面，拥有用户数据资源优势的企业也将具有更高的中心化地位。现有中心化的市场规则难以在短期内打破，在很长一段时间内，中心化与去中心化共存的局面将持续。通过中心化实现的经济效率和通过去中心化实现的无信任交易之间将如何达成平衡，还有待观察。② 此外，去中心化实质上是用巨大的

---

① 栗建. 迟到的区块链营销［J］. 企业家信息，2018（06）：63~64.

② SWAN M. Blockchain：Blueprint for a new economy［M］. Sebastopol：O'Reilly Media, 2015：25~26, 66~67.

冗余换取风险的降低，那么在风险本来不大的领域利用去中心化方法则可能导致效率的降低。

3. 难辨真伪的数据源

虽然区块链技术能够保障信息的记账不可篡改与伪造，但不能确保信息源的真伪，因为交易的记账真实和交易本身的标的真实是两回事。[①] 如果数据源造假，即便记账再准确安全、交易或数据传递及使用过程再无法篡改都无济于事。从这个角度来讲，用区块链解决作弊问题其实没有理论上设想得那么完美。

（四）制度生态——行业规范的制定与监管

目前，国内的区块链产业仍处于发展初期，行业内部并不规范。不少企业并不是真心实意在做区块链广告应用，而只是打着"区块链"的名号，其实际业务却与区块链毫无关联，甚至涉及传销诈骗行为。这不仅破坏了区块链广告行业的稳定，也影响了区块链在未完全普及阶段的声誉。区块链的制度体系还十分欠缺。一方面，行业规范与行业标准体系尚未完善；另一方面，去中心化的分布机制与匿名化特征也为政府机构的监管带来了巨大的困难。规范区块链程序化广告市场，需要从政府和行业两方面制定内外标准，建立专门的监管机构，促进行业制度生态的建立。

当人类进入一项未知的领域时，对未来的憧憬与创造历史的兴奋感，总是伴随着困难与犹豫一同出现。区块链作为一项新兴技术，作为信任和价值交换的载体，确实为程序化广告提供了一种打破既有思路的契机。这项技术能否朝着万物互联的方向，引领数字营销领域健康发展，还需要大量的探索与实践来检验与证明。

---

① 宋星．利用区块链做互联网营销？——真有价值还是故意忽悠［EB/OL］．（2018－02－01）［2020－06－11］．https：//zhuanlan．zhihu．com/p/33494317．

第七章

程序化定向广告
与个人信息保护

科学技术日新月异，物联网、云计算、车联网不断发展，数据以裂变式的方式不断向我们涌来。大数据时代的到来标志着数据不再仅仅是数据层面的意义，更多的是一种资源，一种能够给社会带来巨大利益和商业价值的资源。越来越多的企业和国家纷纷利用大数据去创新产品，去驱动社会的发展。大数据改变了我们的生活和思维方式，给我们带来了巨大的变化。但是数据公开、数据共享以及对大数据的不当利用亦带来不小的负面影响，其中之一就是个人信息安全与保护所受到的影响。[①]

基于大数据应用而产生的程序化广告也在一定程度上带来隐私安全的挑战。大数据技术的发展使程序化广告的市场愈益广阔，程序化广告通过对个人信息的收集、处理、加工制作实现了广告内容的个性化、投放的精准化和成本的最小化。程序化广告为广告商带来巨额利润，为商家降低营销成本。但从用户的角度来看，本来平静的网络空间被纷纷扰扰的网络广告所侵占，用户自身的互联网体验受到严重影响；用户网络账号和空间被泄露导致电子邮箱中会经常收到企业的广告邮件。更有甚者，一些数据公司为了自身利益将搜集到的用户个人信息转手卖给不法分子，广告受众的个人信息也正面临着更大的威胁，因此保护用户网络隐私和个人信息安全迫在眉睫。

本章通过对程序化广告和个人信息的研究，探索程序化广告投放与个人信息利用与保护之间的平衡，并对个人信息保护的实现路径进行思考。

第一节
程序化定向广告对个人信息安全的侵害

互联网技术的普及给广告业带来了翻天覆地的变化。广告投放模式和广

---

① 贺磊. 大数据时代下程序化购买广告中的伦理问题研究 [D]. 硕士学位论文，暨南大学，2016.

告投放技术日新月异，程序化广告以及精准投放技术取得长足发展，集合精准化、分众化、个性化和可预测性等多种特性，广告及传媒领域享受着大数据技术带来的红利。

与数据红利相伴的互联网用户个人信息安全问题不容忽视，相关的广告法规的补充和完善也应受到普遍关注和高度重视。在程序化广告精准传播与投放和保护消费者隐私和个人信息安全之间找到平衡点，以求在合理收集、利用数据的过程中，实现对用户的信息保护，已成为当前研究的一个重要议题。

一 大数据时代的程序化定向广告与个人信息概述

大数据技术与互联网技术密不可分，基于互联网技术的发展，社会中所有的行为、状态、关系都可被数据化。大数据是指那些无法在一定时间内用常规软件工具进行抓取、管理和处理的数据集合。[①] 大数据技术拥有可以快速获取有价值信息的能力。大数据技术在运作中包括对数据的采集、存储及分析等内容。

在大数据时代，大规模的信息使用得以实现。信息可以被有选择地使用和分享，在此过程中，信息价值不断增加。人们通过对海量数据的收集、存储、分析与管理，能够快速并最大限度地获取数据中有价值的信息，从而更好地为社会生产和发展服务。

（一）程序化定向广告的特征

广告是由特定的出资人通过各种媒介进行的有关商品、服务和观念的，通常是有组织的、综合的和劝服性的信息传播过程。而定向广告是指"通过收集一段时间内特定计算机或互联网移动设备在互联网上的相关行为信息，例如浏览网页、使用在线服务或应用的行为信息等，预测用户的偏好或兴趣，再基于此种预测，通过互联网对特定计算机或移动设备投放广告的行为"。[②] 程序化定向广告作为互联网时代的新型定向广告模式，具有自动化、

---

① 杨秀. 大数据时代定向广告中的个人信息保护——《中国互联网定向广告用户信息保护行业框架标准》分析 [J]. 国际新闻界, 2015, 37 (05)：138~154.

② 中国广告协会互动网络分会. 中国互联网定向广告用户信息保护框架标准释义和基本指引 [EB/OL]. (2014-03-13) [2020-06-20] http：//www. maad. com. cn/index. php? anu = news/detail&id = 4407.

精准化、个性化和可预测化的特点。

程序化定向广告依据一定标准选择特定的广告受众，针对特定受众群体制作特定的广告内容，对信息进行精确传播，是一种"窄广告"。所谓的定向，实质是对广告受众的筛选，[①]即根据受众的行业、地域、性别、年龄、社会身份等信息筛选特定的广告受众。

程序化定向广告以满足顾客需求为目的，针对特定受众进行广告信息的投放、传播，通过对受众的信息进行分析，制定出符合受众需求、审美等具有针对性的广告内容。定向广告用最恰当的传播媒介，用最准确、最经济的方式把产品或服务信息传播给目标受众，最大限度地降低运营成本，最快速地传播信息，以使广告运营更加精确和高效。

随着科技和经济的发展，信息技术水平的不断提高，网络的普及和大数据技术的运用，个人信息的大规模收集和处理成为现实。与此相伴，定向广告的精确度也不断提高，由"以前的精度较低的类型化受众的广告投放转变为精度更高的一对一的独特受众的广告投放"。[②]

由于程序化定向广告在信息传播上的精确和高效，其应用变得日益广泛。在当前的我国广告业，以窄播、分众化、精确化为主要特征的程序化定向广告时代已经到来，广告的定向化传播是现代广告发展的大趋势。

（二）个人信息的定义及特征

"个人信息"指与个人有关的信息资料。在现代社会中，几乎所有与个人相关的信息和数据资料都可被视为个人信息，包括经济、社会、文化、心理、人际关系等各方面。个人信息涵盖的范围广泛，直接和间接与个体相关的信息都属于个人信息。

因文化的差异、社会背景和学科侧重的不同，不同国家、不同学科对个人信息的定义也各有不同。我国个人信息保护法草案将个人信息界定为"以电子或者其他方式记录的能够单独或者与其他信息结合识别自然人个人身份的各种信息，包括但不限于自然人的姓名、出生日期、身份证件号码、个人生物识别信息、住址、电话号码等"。大数据技术与互联网技术并行的背景

---

①　唐冰寒．网络广告定向传播研究［D］．硕士学位论文，电子科技大学，2007.

②　黄伟．定向广告中个人信息利用的法律问题研究［D］．硕士学位论文，兰州大学，2012.

下，个人信息范围更为广泛。个人信息是由多种信息组成的，具有复合性。

个人信息基于个体存在，涵盖范围广泛，涉及政治、经济、生活等各方各面。社会中的个体具有差异性和独特性，表现为生理、心理、行为方式、个人习惯等方面信息的差异性，这些信息的复合使个人具有了可识别性，对个人信息的侵害会对个体产生不良影响。

个人信息亦具有经济价值。在商品的制造、流通、销售环节中，个人信息的收集和利用十分重要，并成为商业活动的重要环节。此外，个人信息和普通信息一样具有共享性。个人信息的可分享性极大地拓展了个人信息价值的发挥空间，同时也相应地增大了个人信息的保护难度。

（三）个人信息与定向广告的关系

定向广告是广告商营销活动的一个重要环节，为实现营销的最终目的，广告生产者必须充分了解目标消费者群体的个人信息，从而制作出真正符合消费者需求、满足消费者意愿的广告信息。生产制作可以精确反映消费需求的广告内容也是定向广告的目标之一。① 由此可见，定向广告内容的制定依赖个人信息，是在对个人信息收集和分析处理的基础上进行的。

定向广告通过对产品或服务的传播得以实现，其传播效果基于信息的生产和接收两个过程。定向广告所传播的信息要想被目标受众高效地接收，必须将产品或服务信息在适当的时间和地点投放给适当的群体，并且广告信息要以可被消费者理解的形式呈现。

定向广告的目标之一是实现对广告的精准投放，精确的广告传播可使无效广告投放率得以降低，在实现营销目的情况下节约成本。广告的精确投放必须解决"什么时间投放、什么地点投放、投放给谁"等问题，必须对消费者个体的年龄、性别、消费习惯、兴趣爱好、人际关系、收入状况等信息加以分析。只有通过对消费者的个人信息的系统分析，投放方才能辨别该消费者是否需要、是否适合投放广告信息，才能做到广告的精确投放。

程序化广告通过 PC 端和移动端（手机、平板电脑等）来搜集用户信息，包括个人购物习惯、产品使用习惯、个人兴趣爱好、个人私密信息和账号等，网络环境中留下的痕迹都能够被后台识别。PC 端的信息搜集主要是基

---

① 黄伟. 定向广告中个人信息利用的法律问题研究［D］. 硕士学位论文，兰州大学，2012.

于 Cookies、用户 IP 地址，还可以利用网站统计工具去识别用户的浏览记录。Cookies 可以被用来检测用户访问指定网站的访问历史及访问情况（如 Cookies 会记录用户访问指定网站的时间、访问的页面、点击的图片或者商品等）。尽管很多人认为这些信息并不包含用户的个人隐私，而且 Cookies 只能被创建它的域存取，并且 Cookies 中的信息是经过加密处理的，只有拥有访问权限的服务器才能正确解密，因此不会泄露个人隐私。但是，这些记录以及行为习惯的识别并没有经过用户的允许，而且在使用网络工具的时候，用户并不一定能够及时清除浏览记录。因此久而久之，用户的行为习惯就被后台所识别进而在某种程度上侵犯了用户的隐私。手机端的数据和信息搜集主要是基于手机唯一设备标识（IDFA/Android ID）的移动端监测，用户使用手机的频率、购买习惯、个人账号等隐私信息都会被后台自动获取。①

　　广告信息的高效传播不仅要求信息的精准投放，还要求信息在表达内容和表达形式上能够被受众更好地接受。广告的信息生产和信息接收、理解是两个独立的过程。定向广告在制作中通过收集和处理个人信息，充分考虑其广告受众的理解能力、经验、偏好等，可使广告信息的传递更加高效。② 综上所述，定向广告的高效传播也依赖对个人信息的收集、处理和分析。

二　程序化定向广告投放给个人信息保护带来的挑战

　　互联网大数据技术的介入，为广告业的发展注入新的活力。大数据技术以一种强有力的模式改变了广告的运作策略和方式，引发广告在前期调研、内容设计、投放渠道和事后评估等各方面的变动，但归根结底，广告的最终指向还是消费者本身。大数据使消费者个体的认知行为和态度更加明晰和具象。③

　　程序化定向广告的精准化、分众化和规模化，使广告的投入产出比得到大幅提高。目前，越来越多的广告商青睐程序化广告，程序化广告作为新生广告主力军，越来越多地出现在各种媒介中。然而，程序化广告的快速发展给个人信息的保护带来了不少问题与挑战，主要表现在个人信息的泄露、个人信息的过度收集、个人信息的二次开发以及个人信息的商业交易等四个方面。

---

① 贺磊. 大数据时代下程序化购买广告中的伦理问题研究［D］. 硕士学位论文，暨南大学，2016.
② 黄伟. 定向广告中个人信息利用的法律问题研究［D］. 硕士学位论文，兰州大学，2012.
③ 奚路阳，程明. 大数据营销视角下广告运作体系的嬗变［J］. 编辑之友，2016（03）：87.

（一）个人信息的泄漏

当前，我国社会发展中个人信息的泄露问题严重。《中国网民权益保护调查报告（2016）》显示，54% 的网民认为个人信息泄露情况严重，84% 的网民曾亲身感受到个人信息泄露带来的不良影响。从 2015 年下半年到 2016 上半年，我国网民因垃圾信息、诈骗信息、个人信息泄露等遭受的经济损失高达 915 亿元。① 报告显示，冒充公安、社保等部门进行诈骗和利用社交软件进行诈骗的情况有增长趋势，37% 的网民因网络诈骗而遭受经济损失。

调查结果显示，72% 的网民认为"个人身份信息"泄露情况最为严重，这些信息包括网民姓名、手机号、电子邮件、学历、住址、身份证号等。网民认为最重要的个人信息是网络账号和密码、身份证号、银行卡号和手机号码。②

随着移动互联网的发展，网民的网购记录、位置信息、IP 地址、网站注册记录、网站浏览痕迹、软件使用痕迹也是很重要的个人信息，应引起网民重视。个人信息的泄露一方面是由于数据保护技术不够发达，另一方面是由于存在恶意攻击网站获取个人信息的违法行为。

（二）个人信息的过度收集

网络运营商、服务商以及广告商等对网络用户的个人信息往往会出现过度收集的现象。

传统 Web 网站技术通过 Cookies 将用户登录网站、浏览网站和搜索信息等互联网使用痕迹进行记录，以此得到用户较为完整的个人喜好和使用习惯信息。Cookies 所带来的最大问题，是在用户完全不知情的状态下（除非预先在浏览器选项中手动将 Cookies 设为禁用模式），对用户进行跟踪和记录，并可能引入第三方。③

---

① 电子商务研究中心. 2016 中国网民权益保护调查报告（摘要）［EB/OL］.（2017 - 09 - 30）［2020 - 06 - 20］. http：//b2b. toocle. com/detail - 6418179. html.

② 法制网. 超半数网民称个人信息泄露严重［EB/OL］.（2016 - 06 - 24）［2020 - 06 - 20］. http：//law. southcn. com/c/2016 - 06/24/content_ 150057814. htm？ COLLCC = 1880381313&.

③ 石佳友. 网络环境下的个人信息保护立法［J］. 苏州大学学报（哲学社会科学版），2012，33（06）：85 ~ 96.

　　多数传送定向广告的追踪技术都采用客户端处理的形式，利用来自用户终端设备和浏览器的文本信息进行用户识别。新推出的网络浏览器也为用户提供了是否保留浏览记录和管理的机制。但一些广告联盟改进了追踪技术，其中使用最多的是本地共享对象技术，在此技术下，用户无法将Cookies从浏览器上删除。① 众多网站用此技术来收集那些拒绝或删除传统Cookies的数据对象，而这些技术应用已经超越了收集服务范围内的个人数据信息。

　　移动互联网技术出现后，服务商能够通过手机客户端将用户的实时地理位置、社交关系等更为隐私的信息记录下来。人类逐渐形成了对手机的重度依赖，手机用户任何操作所涉及的信息都会被移动终端设备收集、存储。所以，通过法律法规约束信息搜集者的行为，规定何种信息可以搜集、哪些人可以搜集、采用何种方式搜集，是当前广告法规修订中不可回避的问题。

（三）个人信息的二次开发

　　个人信息数据的流转主要有两种形式：一种是商家相互交换各自收集的信息，或是与合作伙伴共享信息；另一种是将个人数据作为信息商品销售给他人使用。② 第一种信息共享形式使个人数据有可能被更多商家知晓和利用，是一种对个人隐私的变相侵害。在现实应用中，对具体个人的消费者信息进行识别的技术，很受信贷、保险等机构的青睐，对于这类机构来说，由此带来的数据红利不可估量。而定向广告的不透明操作使消费者难以获知个人信息是否被挪为他用。

　　个人信息的二次开发过程目前来看处于缺乏监管的状态。大数据将人类社会构造成一个巨大的关系网，万事万物都处在相关联系中。互联网技术使个人信息的收集和存储更为方便，加上人们对信息的利用能力提高，个人信息被赋予巨大的商业价值并日益受到各方关注。③ 广告商无法抵抗具有附加值的数据带来的诱惑，尤其是无法抵抗对数据的二次使用可能带来的不可估量的红利。

---

① 朱松林. 论行为定向广告中的网络隐私保护［J］. 国际新闻界，2013（4）：96～104.
② 朱松林. 论行为定向广告中的网络隐私保护［J］. 国际新闻界，2013（4）：94～102.
③ 程明，赵静宜. 论大数据时代的定向广告与个人信息保护——兼论美国、欧盟、日本的国家广告监管模式［J］. 浙江传媒学院学报，2017（02）：97～104.

由于程序化广告中定向技术的复杂性，以及消费者和商家之间信息的不对称，多数情形下网络用户并不知道自己的何种信息会被收集和存储，也不知道会有哪些人会获知这些信息，更不知道这些信息将会如何被用于营销工具来建构消费者的形象。在这种情况下，消费者的个人信息被不合理搜集、存储和传播的风险日益增加。① 如何使用这些涉及个人信息的数据，能否将其用于和搜集目的完全不同的领域，使用后是否应该立即彻底删除等，也是程序化广告在使用个人信息时值得注意的问题。

（四）个人信息的商业交易

当前市场上，个人信息的商业交易乱象频发。利益驱使下，有些不法企业恶意开发免费应用软件，盗取用户基本信息，转卖给第三方从中赚取收益。

不仅如此，互联网用户在网络使用过程中无法控制运营商或其他互联网公司等对个人信息的收集行为，无法控制被收集的个人信息的类型，也无法预知个人信息被收集后的使用范围，所以无法预知信息泄露可能造成的影响与后果。用户个人信息如果遭到泄露，就有可能带来难以预料的危害性后果。在程序化定向广告中，多种因素可能导致个人信息泄露，如消费者自己的疏忽、商家的越权使用、黑客攻击，个人信息泄露带来的负面后果有消费者身份被盗用来恶意建立消费者数据档案等。② 商家对数据档案的商业交易往往是各种恶性后果之源。

由此可见，大数据时代的定向广告给个人信息保护带来的影响与挑战主要体现在对数据的搜集、保存和使用等方面。大数据技术的使用与普及使消费者对个人信息逐渐失去掌握控制的能力，个人信息泄露带来的不安全问题日益凸显。此外，我国当前的广告监管体制的发展具有滞后性，给互联网广告中的个人信息保护带来了不少的挑战。个人信息的使用乱象如果不加以重视，甚至会导致侵犯个人隐私、影响经济安全和社会稳定等严重后果。

---

① 朱芸阳. 定向广告中个人信息的法律保护研究——兼评"Cookie 隐私第一案"两审判决［J］. 社会科学，2016，425（01）：103～110.

② 朱松林. 论行为定向广告中的网络隐私保护［J］. 国际新闻界，2013，35（04）：94～102.

第二节
欧美关于定向广告中个人信息保护的相关规制

美国、欧盟等广告产业发达的国家关于定向广告监管与个人信息保护的方法不尽相同，但都是以立法为前提，以完备的管理机构和技术为保障。在此基础上，结合国家实情，有的侧重于技术革新与行业自律，有的侧重于统一立法保护。前者以美国为代表，后者以欧盟为代表。就立法模式来看，美国采取的是部门性的立法模式；欧盟采取统一和集中的立法模式。就管理机构来看，美国注重积极应对、提前预防的"事先审查"模式；欧盟则主要是消极的惩处和禁止模式。可见美国奉行自由主义精神，充分信任市场的自我调节能力；而欧盟则将保护隐私作为重要的人权，主要依赖政府和法律进行监管和保护。美式监管在市场繁荣与个人保护之间做到了较好的平衡，欧式监管则起到了很好的执行效果。①

一　欧盟对互联网定向广告中个人信息安全的风险防范

自德国 1970 年制定了世界上第一部个人信息保护法以来，全球已有近 90 个国家制定了专门的个人信息保护法。通过统一、集中的立法方式来实现对互联网定向广告的监管与个人信息保护的典型代表是欧盟。

欧盟于 1995 年颁布的《数据保护指令》为欧盟各国个人数据的流通和监管提供了法律参考。2002 年欧盟委员会的《电子隐私指令》则对互联网定向广告等电子商业领域个人信息予以集中、具体规范，较为详细地规定 Cookies 等技术的相关使用问题，对"明示同意"、"默认同意"和"选择退出"等"告知—同意"机制予以解释，也被称为欧盟 Cookie 法（Cookie Directive）。欧盟委员会还专门建立互动广告局和数据保护办公室，共同协助指令的实施。为了确保作为公民基本权利的个人信息保护权能够在数字时代持续有效，欧盟委员会于 2012 年正式开启数据保护法令的改革，发布了《通用数据保护条例》（The General Data Protection Regulation，以下简称 GDPR）

---

① 程明，赵静宜. 论大数据时代的定向广告与个人信息保护——兼论美国、欧盟、日本的国家广告监管模式［J］. 浙江传媒学院学报，2017（02）：97～104.

草案，采取"条例"的最高立法形式，旨在制定比指令更强效的保护法律。该条例于 2016 年 5 月 25 日正式施行，并于 2018 年 5 月 25 日完全取代欧盟各成员国根据 1995 年指令施行的单独立法，成为欧盟所有国家必须执行的通用条例。条例作为欧盟的最高立法形式，具有高于指令的法律效力，其不必转化为国内法，即可完整、直接地适用于所有成员国。GDPR 因此取代之前各成员国根据《指令》所制定的相关立法，成为欧盟成员国唯一、统一的个人信息保护立法。GDPR 适用于所有收集、处理、储存、管理欧盟公民个人数据的行为，对企业收集与处理个人信息的权限予以限制，旨在将个人信息的最终控制权交还给用户本人。① 欧盟对个人信息的统一、集中立法和政府主导监管，在互联网定向广告的个人信息保护方面取得了良好的执行效果。

GDPR 取代了欧盟原先实施的《数据保护指令》，其最大的特点在于摒弃了单一的告知同意的规制手段，对个人信息采取了更为灵活且全面的保护方式。相比而言，GDPR 在原有的信息主体同意权外增设了数据可携权、删除权等其他权利，并对同意的适用条件进行严格限定以强化数据主体对自身信息的控制力。更具开创性的是，GDPR 对数据企业增设了大量个人信息保护方面的义务，凸显出欧盟立法机构加强数据企业责任的个人信息保护体系改革思路。② GDPR 大致赋予数据主体七项数据权利，主要是知情权、访问权、修正权、删除权（被遗忘权）、限制处理权（反对权）、可携带权和拒绝权。

GDPR 在用户数据的权益方面明确了以下三点。第一，用户数据是真正的财富，保护用户数据刻不容缓。第二，消费者是否要受到跟踪，这应该由消费者来决定。GDPR 施行后，消费者有选择权，其可以拒绝被跟踪，拒绝自己的行为数据被使用。如果消费者选择拒绝，那么，数据控制者就不能再使用其数据。第三，数据控制者在获得用户数据之后，对于如何使用数据，消费者有知情权。数据控制者不能随意售卖和传输用户数据。③

整体来看，GDPR 主要突出数据私权至上的原则，极大地扩充数据主体

---

① 闫海，韩旭. 互联网定向广告中个人信息安全风险及其法律防范 [J]. 科技与法律，2019，137（01）：55～60.

② 戴正. 数据企业的个人信息保护责任：从 GDPR 到中国 [J]. 经济研究导刊，2018，386（36）：23～25.

③ GDPR 来了：用户数据保护越来越严，数字广告将何去何从？[EB/OL].（2018－02－01）[2020－06－20]. https://www.sohu.com/a/220235789_117753.

的数据权利范围和保护机制，对数据控制者和处理者使用个人数据进行了严格的限制，加大了数据控制者和处理者对个人数据管理的法律责任，并对违反 GDPR 的行为，尤其是违反监管机构发布的命令的行为，规定了极其严厉的惩罚措施。①

对于广告主而言，这一被视为欧盟里程碑式的个人隐私保护法案的实施，意味着诸多不确定性，也限制了以数据为基础的程序化广告购买的发展。GDPR 对数据使用的限制让自动化购买的效果大打折扣，并且更加昂贵。诸多欧洲大型广告主在 GDPR 生效后削减了程序化广告预算。根据外媒 Digiday 提供的数据，新规生效之后，欧洲市场的广告需求量骤降了 25% 至 40%。

在新规生效的当天，谷歌和 Facebook 等科技巨头纷纷遭到起诉，被指控强迫用户同意共享个人数据。2019 年 1 月 21 日，法国的数据保护监管机构——国家信息与自由委员会（CNIL）向谷歌开出 5000 万欧元（约合 5680 万美元）的罚单，原因是谷歌没能遵守欧洲 GDPR 的要求，在数据同意政策上没能向用户提供足够信息，也没有给予用户自己信息使用的足够控制权。谷歌因此成为第一个因违反 GDPR 被判罚的大型科技公司，这也是 GDPR 自 2018 年 5 月生效以来欧洲监管机构判处的最大一笔罚款。②

随着与数据保护相关的案例及数据安全事件数量的攀升，全球多个国家或地区也以 GDPR 为参考，制定或补充了不同的数据保护细则，全球隐私数据保护领域迎来了较大发展。全球其他国家或地区先后加强数据保护立法：美国加州制定的《加州消费者保护法案》于 2020 年生效；印度制定了与 GDPR 性质类似的本地数据保护法草案；新加坡成立公共机构数据安全检讨委员会，以加强对公民数据的保护；中国的《数据安全管理办法（征求意见稿）》发布……③很明显，GDPR 带来了全球隐私保护立法的热潮，并成功提升了社会各领域对于数据保护的重视程度。在全球范围内，数据保护法规都将变得越来越严格，企业也依旧面临着挑战。对企业而言，GDPR 看似是一

---

① GDPR 来了：用户数据保护越来越严，数字广告将何去何从？［EB/OL］.（2018 - 02 - 01）［2020 - 06 - 20］. https：//www. sohu. com/a/220235789_ 117753.

② 谷歌违反通用数据保护条例，法国监管机构判罚 5000 万欧元［EB/OL］.（2019 - 01 - 22）［2020 - 06 - 20］. https：//baijiahao. baidu. com/s？id = 1623348293240474701&wfr = spider&for = pc.

③ 黑客与极客. GDPR 实施一周年：下个周年，会是什么样？［EB/OL］.（2019 - 05 - 29）［2020 - 06 - 20］. https：//www. sohu. com/a/317309451_ 354899.

种负担，但随着消费者信任的重建，GDPR 将成为促进创新和强化责任的一种可持续的途径。

我国未来在对个人信息保护的实践和在立法工作中，可以考虑在以下几个方面借鉴欧盟经验。（1）明确对个人信息权的保护。立法可以明确对个人信息权利的保护，确立其作为公民个人权利的属性。在强化对公民个人信息权利保护的同时，也强调不是绝对保护而是相对的保护。根据实践的需求，为个人信息权设定相应的例外规定，保证个人信息权科学、有效地实现。（2）明确个人信息权的权利内容。GDPR 目前主要确定了六项数据主体权利，并对各项权利的内容进行了具体阐释。我国未来立法中也可考虑，除了确定个人信息权的地位外，还要对权利的具体内容进行详细阐释。① （3）明确被强化的同意/许可。GDPR 强调，必须经过个人的明确许可方能获得、处理、使用这些数据。这样的许可不仅必须是清晰、明确、简明的，必须不能引起用户的误解、忽视，或是因为觉得麻烦而略过，还必须清楚地表明数据使用的目的、范围、产生的后果等，② 以帮助用户进行判断是否应该授权。

此外，关于 GDPR 在中国的适用性，不少专家也提出了保留意见。例如宋星认为，虽然部分红线已经非常明确，例如，明示同意的原则，数据出境情况的规定，窃取公民实名信息用于推销和骚扰等，这些没有争议，但关于个人信息的定义和范围问题仍有争议。GDPR 目前的做法是，将个人相关的信息分为三类：实名信息（PII）、假名信息（Pseudonymous）、匿名信息（Anonymous）。这三种信息的保护要求均不相同，规定很细致。但国内的立法远没有 GDPR 那么严格和细致。如果将假名信息也作为实名信息的一部分统一进行规范管理，可能会带来很多后续的问题。尽管从立法的角度看，"一刀切"是最容易实现的方式，例如将 IDFA 和 IMEI 同等对待，但从数据保护的角度看，二者所代表的意义和可能产生的个人信息保护的风险是完全不同的。如果直接把它们同等对待，IDFA 本身所能够带来的创新与价值也将被一并抹除。③

① 赵淑玉.《通用数据保护条例》中 "数据主体权利" 例外规定及其价值考量［J］. 信息通信技术与政策，2018（6）：34～37.

② 宋星. 迄今为止最清晰明了的解读 GDPR——为什么让全世界都颤抖？以及我该怎么办［EB/OL］.（2018－07－02）［2020－06－20］. http：//www. icdo. com. cn/4848. html.

③ 纷析智库. 始料未及的灾难性后果！欧洲的个人信息保护法实施一周年的反思［EB/OL］.（2019－07－09）［2020－06－20］. https：//www. sohu. com/a/325657137_ 100167247.

二　美国对互联网定向广告中个人信息安全的风险防范

美国是精准广告产业的创始地，是这个产业最为发达的国家，同时也在消费者个人信息保护方面有着相对成熟的法规保障。美国采取广义的隐私概念，未出台一部适用于个人信息保护的全领域法律，隐私保护有关规定散见于不同领域的单行法令之中，例如《家庭教育权和隐私法》《电子通讯隐私法》《视频隐私保护法》《电话购物消费者保护法》《驾驶员隐私保护法》《儿童网上隐私保护法》《金融服务现代化法》等。同时，美国较为信任市场的自我调节能力，侧重于通过技术手段与行业自律治理互联网领域的个人信息保护问题。

美国目前针对大数据背景下精准广告与消费者个人信息安全的矛盾和问题，仍然坚持行业自律为主、行政监管为辅的管理模式，由联邦贸易委员会（FTC）在保证公平交易和反对欺诈行为框架内，通过行政管理和行政处罚进行约束联邦贸易委员会要求互联网定向广告中个人信息使用应当遵循透明、安全、信息保留等原则，要求互联网经营者设置"请勿追踪"（Donot Track）系统，用户可以通过该系统拒绝 Cookies 等技术对其个人信息的收集，从而在技术上突破了"告知—同意"机制的弊端。包括建议性行业指引、第三方认证制度、互联网技术保护和安全港协议在内的行业自律模式可以较好地平衡互联网定向广告与个人信息保护之间的矛盾。[①]

2018 年 6 月 28 日，美国加利福尼亚州（"加州"）颁布了《2018 年加州消费者隐私法案》（California Consumer Privacy Act，CCPA），旨在加强消费者隐私权和数据安全保护。CCPA 被认为是美国国内最严格的隐私立法，已于 2020 年 1 月 1 日生效。这项新隐私保护法包含一系列强有力的保护措施，以防止消费者在不知情的情况下个人隐私信息被用于商业行为。该法律的一些重要条款包括：企业必须披露收集的信息、商业目的以及共享这些信息的所有第三方；企业必须依据消费者提出的正式要求删除相关信息；消费者可选择出售他们的信息，而企业则不能随意改变价格或服务水平；对于允许收集个人信息的消费者，企业可提供"财务激励"；加州政府有权对违法企业进行罚款，而每次违法行为将被处以 7500 美元的罚款。CCPA 的核心内容是

---

① 闫海，韩旭. 互联网定向广告中个人信息安全风险及其法律防范［J］. 科技与法律，2019，137（01）：55～60.

尊重消费者的权利,这些权利的实质意涵包括:消费者有权了解哪些有关他们的个人信息将被收集;消费者有权了解其个人信息是否将被出售或披露,以及向谁出售或披露;消费者有权拒绝出售个人信息;消费者有权访问自己的个人信息;消费者有权享受平等的服务和价格,即使他们行使其隐私权。①

CCPA 虽然整体的框架结构和逻辑性与 GDPR 存在不同,但其中的很多概念、权利制度等内容深受 GDPR 的影响,并在此基础上发展了许多颇富特色的细节设计。二者在根本上非常相似,皆旨在赋予消费者权利,让消费者得以控制、了解其个人数据如何被收集,而数据又会与谁分享。另外,二者皆就企业或服务提供商对个人数据之处理方式做了规范。如果服务提供商为企业收集数据并将数据出售给其他客户,则违反 CCPA。

CCPA 与 GDPR 之间的最大区别在于获得用户的同意——具体来说,GDPR 采取"选择加入"的方式,企业需主动获取个人同意;② CCPA 对此则没有明文规定,而是采取选择退出的方式,消费者有权指示企业停止向第三方出售其个人信息。

鉴于加州作为全球第五大经济体对全球经济的影响(仅次于美国整体、中国、日本和德国),大多数跨国公司将不得不继续在加州开展业务,因此,CCPA 对全球企业的数据合规性也会产生较大的影响。

第三节
中国对个人信息保护的现状及建议

一 中国现有法律法规与个人信息保护

权威数据表明,截至 2017 年 11 月,在我国现行的法律法规中,含有个人信息保护相关描述的有 110 部,行政法规有 177 部,地方法规规章有 7191 部,部委规章及文件有 940 部,司法解释及文件有 112 部。其中,刑法、民法、网络安全法、消费者权益保护法、邮政法、统计法等多项法律涉及个人

---

① 吴沈括.《2018 年加州消费者隐私法案》中的个人信息保护 [J]. 信息安全与通信保密,2018 (12):83~100.

② 2020 年 CCPA 生效在即,Adjust 准备好了! [EB/OL]. (2019 - 07 - 09) [2020 - 06 - 20]. https://tech.ifeng.com/c/7rtQ7adlGH7.

信息及隐私的保密和保护内容。在行政管理方面，国家出台了《个人信用信息基础数据库管理暂行办法》《电信和互联网用户个人信息保护规定》等行业行政规范。在标准建立方面，国家于 2013 年发布了《信息安全技术、公共及商用服务信息系统个人信息保护指南》等相关标准。

广告与消费者个人信息紧密相关，广告运作的各个环节都离不开对消费者个人信息的搜集、处理和分析。对程序化定向广告而言，消费者的个人信息掌握得越全面、具体，意味着广告投放的精准度更高，取得的效果更好。

（一）现有广告法规与个人信息保护

到目前为止，我国已经形成了以《广告法》为核心和主干，以《广告管理条例》为必要补充，以国家市场监督管理总局制定的行政规章和规范性文件为具体操作依据，以地方行政规定为实际针对性措施，以行业自律规则为司法行政措施的多层次广告监管体系。[①] 广告业发展日新月异，因而广告法规自实施之日起就不可避免地具有滞后性。2015 年 9 月 1 日，我国正式施行新修订的《广告法》，将互联网广告纳入法律监管范围，规定"利用互联网从事广告活动，适用本法的各项规定"。[②]

2016 年 7 月国家工商行政管理总局颁布《互联网广告管理暂行办法》，标志着我国对互联网广告的监管迈入法治阶段。

大数据时代的到来，个人信息的大规模收集和利用日益普遍，相伴而来的对个人信息的滥用更普遍，危害也日益加重。在此背景下，制定保护个人信息的法律具有现实必要性。目前，我国尚未对个人信息的运用和保护制定专门系统的法律，备受关注的个人信息保护 2020 年正式进入立法进程，目前针对个人信息保护的相关规定分散在一些法律文件中。现有广告法规对个人信息的保护虽然体现在《广告法》《互联网广告管理暂行办法》《消费者权益保护法》和其他行业标准中，但缺乏针对性和可操作性。

现有的广告法规和法律条例体现了国家和相关部门对个人信息保护的高度重视。《消费者权益保护法》规定信息收集者对消费者的个人信息必须严格保密，不得泄露、出售或者非法向他人提供；经营者应当采取技术措施和

---

① 张龙德，姜智彬，王琴琴．中外广告法规研究［M］．上海：上海交通大学出版社，2008：35.

② 中华人民共和国消费者权益保护法（实用版）［M］．北京：中国法制出版社，2013：26.

其他必要措施，防止消费者个人信息泄露和丢失；在发生信息泄露的情况时，还应采取补救措施。① 此外，工业和信息化部 2013 年颁布的《电信和互联网用户个人信息保护规定》指出，电信业务经营者、互联网信息服务提供者及其工作人员对在提供服务过程中收集、使用的用户个人信息应当严格保密，不得泄露、篡改或者毁损，不得出售或者非法向他人提供。②

总之，现有的广告法规和条例从国家立法、技术创新、消费者保护、广告商行为规约等各方面对个人信息的保护制定了规则，但从中我们也能看出，现有广告法规都是关于个人信息保护的原则性表述，指导意义强，实际执行和操作难，且对个人信息的具体保存主体、保存期限和保存原则并未进行细化说明。诸如"个人信息应由谁来保存？""保存信息的期限为多长？""应遵循何种原则？"等问题若不详细说明，极易造成个人信息泄露和被非法收集、利用。

《广告法》明文规定："任何单位或者个人未经当事人同意或者请求，不得向其住宅、交通工具等发送广告，也不得以电子信息方式向其发送广告。以电子信息方式发送广告的，应当明示发送者的真实身份和联系方式，并向接受者提供拒绝继续接受的方式。"③ 这种针对消费者信息保护的规定，在实际操作中几乎无法实现，不仅对执法者来说监管难度较大，对广告商来说成本也过高。现有广告法规有关收集个人信息的规制执行力不强，效果同样不理想。

值得注意的是，现有广告法规对涉及个人信息保护的问责机制与程序化定向广告的特殊性不相适配。《广告法》虽然明确了广告的监管主体和违法行为的法律责任，但是未针对个人信息保护问题有明确规定，且重视程度不够。《广告法》将违法行为的处罚主体统统归责为传统广告主体（广告主、广告经营者和广告发布者），也不能适应互联网广告特别是程序化定向广告主体模糊、归责难的特点。《广告法》在广告内容准则和广告行为规范中尽量适应了互联网广告的发展新常态，但是监督管理和法律责任阐释明显滞

---

① 中华人民共和国消费者权益保护法（实用版）[M]. 北京：中国法制出版社，2013：26.

② 中华人民共和国工业和信息化部. 电信和互联网用户个人信息保护规定（工业和信息化部令第 24 号）[A/OL]. (2016 – 04 – 07) [2020 – 06 – 14]. http://www.miit.gov.cn/n1146295/n1146557/c7149954/content.html.

③ 中华人民共和国广告法（案例注释版）[M]. 北京：中国法制出版社，2016：1.

后，亟待完善。①

（二）其他对个人信息保护的相关规定

2014 年 3 月，我国第一部规范互联网定向广告用户信息行为的行业标准《中国互联网定向广告用户信息保护行业框架标准》发布，对不同级别的信息予以不同级别的安全保护，与身份相关联的信息须"明示同意"，"若用户并未主动做出选择，则视为用户不同意"。在数据的转移和分享环节，规定采用"去身份化"的搜集形式以及禁止"恢复为身份关联信息"。② 新的法规从技术规约和行业自律方面，一方面推动了各单位加强自身合规和商誉建设；另一方面也加强了用户主体特别是互联网用户对自身信息的控制权。③但是，我国的行业自律规范仍然多属于道德层面的规约，现有广告法规对个人信息保护的法律约束力不强，执行效果也必然大打折扣。

当前与个人信息保护相关的规定还有以下几个。

1.《信息安全技术个人信息安全规范》

2020 年 3 月 6 日，国家市场监督管理总局、国家标准化管理委员会正式发布国家标准《信息安全技术个人信息安全规范》，并定于 2020 年 10 月 1 日起实施。此前，自 2018 年 5 月 1 日开始实施的《信息安全技术个人信息安全规范》，从收集、保存、使用、共享、转让、公开披露等个人信息处理活动方面，填补了国内个人信息保护具体实践标准的空白，具有开拓性的意义。此次修订时隔两年多，历经两次公开向社会征求意见，新增了"不得强迫收集个人信息的要求""个性化展示及退出""第三方接入点管理"等内容，对个性化广告展示将产生重要影响。

（1）不得强迫收集个人信息的要求

规范明确了"个人信息"的定义，并提出"当产品或服务提供多项需收集个人信息的业务功能时，个人信息控制者不得违背个人信息主体的自主意愿，强迫个人信息主体接受产品或服务所提供的业务功能及相应的个人信息

---

① 程明，赵静宜. 论大数据时代的定向广告与个人信息保护——兼论美国、欧盟、日本的国家广告监管模式［J］. 浙江传媒学院学报，2017（02）：97～104.

② 中国广告协会互动网络分会. 中国互联网定向广告用户信息保护行业框架标准［A/OL］.（2014－03－13）［2020－06－20］ http://www. maad. com. cn/in-dex. php? anu = news/ detail&id =4406.

③ 王智. 互联网广告精准化营销中个人信息保护的路径构建［J］. 信息安全研究，2018，35（08）：86～94.

收集请求"。

（2）用户可拒绝基于个人信息的个性化推送

规范新增了"个性化展示"的定义，并在"个人信息使用"章节明确了相关要求。其中第一条规定，个人信息控制者推送新闻或信息服务时，应以显著方式标明"个性化展示"等字样，并且要为个人信息主体提供简单直观的退出个性化展示模式的选项。对于个性化展示所依赖的个人信息（如标签、画像维度等），平台应为用户提供自主控制机制，保障个人信息主体调控个性化展示相关性程度的能力。特别是当用户选择退出个性化展示模式时，应向个人信息主体提供删除或匿名化定向推送活动所基于的个人信息的选项。①

2.《互联网个人信息安全保护指南》

2019 年 4 月中旬，公安部网络安全保卫局等联合发布了《互联网个人信息安全保护指南》（下称《保护指南》）。与推荐性国标《个人信息安全规范》（下称《规范》）不同，《保护指南》是公安机关在总结大量真实执法案例的基础之上制定的、作为未来侦办侵犯公民个人信息网络犯罪案件和执法监督管理实践的指导性文件，代表具有更强执法权的公安机关对法律的理解和执法尺度，具有更强的规范效力和指导意义。

3.《数据安全管理办法（征求意见稿）》

国家互联网信息办公室 2019 年 5 月 28 日就《数据安全管理办法（征求意见稿）》向社会公开征求意见。该征求意见稿提出，网络运营者不得以改善服务质量、提升用户体验、定向推送信息、研发新产品等为由，以默认授权、功能捆绑等形式强迫、误导个人信息主体同意其收集个人信息。征求意见稿针对新闻、广告中的定向推送机制提出较为严格的要求：网络运营者利用用户数据和算法推送新闻信息、商业广告等（以下简称"定向推送"），应当以明显方式标明"定推"字样，并为用户提供停止接收定向推送信息的功能。

相比前述的《规范》和《保护指南》，该征求意见稿不但把商业广告纳入了管理范围，而且进一步提出新的要求：用户选择停止接收定向推送信息时，网络运营者应当停止推送，并删除已经收集的设备识别码等用户数据和

---

① AdExchanger. 个人信息安全规范修订草案公布：用户有权拒绝个性化广告［EB/OL］. ［2020 – 06 – 20］. http://www.adexchanger.cn/top_ news/31731. html.

个人信息。①

有从业者将该办法解读为中国版的 GDPR，其甚至比 GDPR 还要严格。宋星认为其中关于个人信息的定义太宽泛，该意见稿沿用了《中华人民共和国网络安全法》中关于个人信息的定义，只要该信息能够对应到个体的 ID 并描述这个个体的属性，就属于个人信息。他担心如果按照这个定义执行，整个行业不是被影响而是可能完全被颠覆。"按照现在的定义，如果 Cookies 被作为个人信息加以管控，那么，网站端广告的投放效果可能永远也无法知道了。如果效果不可精确计算，那么所有基于 CPM、CPA、CPM 之类计价的广告，都不可能存在，都必须退回到 CPD 时代。移动端被限制更令人胆寒，因为在移动端，几乎所有的互联网广告业务都需要依靠某种移动端 ID，没有 ID 标记的广告会变得更加不精确，会变得更加利用各种耸人听闻的创意来吸引普通人的注意，从而极大降低普通人的互联网体验。不仅仅是广告行业受到极大冲击，各种新零售、线下数字化革命、IoT（物联网）、人工智能等等，都将面临极大的阻碍。这一倾向将使真正本应该可以安全应用的数据，变得更加稀缺，也将使那些更需要通过数据创新获得生存和发展的中小创业创新企业，变得更加'生产资料'匮乏。"②

4.《App 违法违规收集使用个人信息行为认定方法》

2019 年 12 月 30 日，国家互联网信息办公室、工信部、公安部和国家市场监督管理总局四部门联合印发了《App 违法违规收集使用个人信息行为认定方法》（下称《认定法》），界定了 App 违法违规收集使用个人信息行为的六大类方法，并提出，征得用户同意前就开始收集个人信息，或打开可收集个人信息的权限、实际收集的个人信息或打开的可收集个人信息权限超出用户授权范围等行为可被认定为"未经用户同意收集使用个人信息"。App 对用户的个人信息不能再随意收集和使用，对于依赖大数据和技术的程序化广告行业来说，这将会带来较大影响。

不过大数据分析专家宋星认为该办法所忽略的最关键问题是如何界定"个人信息"。按照目前国家已经生效的法律法规来看，IMEI、OpenID、Cookies 等设备 ID 及其他数字化的 ID，都还不能明确被认定为个人信息。而

---

① 蒋琳. 基于用户数据和算法推送新闻、广告需标明"定推"[EB/OL].（2019 – 05 – 29）[2020 – 06 – 20].http：//www.oeeee.com/html/201905/29/775062.html.

② 纷析智库. 保护个人信息没问题，但一刀切太可怕 [EB/OL].（2019 – 07 – 02）[2020 – 06 – 20].https：//www.sohu.com/a/324263082_100167247.

根据国标 GB/T 35273 - 2017 (《信息安全技术个人信息安全规范》),上面的
这些 ID 都算个人信息。他表示,广告主和 App 开发者们最要谨慎的,还是
手机号码和身份证这类很实名的信息。至于各种 ID 的问题,则没有答案,
"保持一定的灰色,既不完全禁止,也不完全放开"。上述《认定方法》到底
会对广告行业带来哪些具体的影响,关键还取决于执行力度。[①]

二　个人信息保护的实现路径思考

　　程序化定向广告对个人信息的合理运用和保护,有利于个人维护自身权
益,同时可以稳定社会经济的运行。随着大数据技术的发展,个人信息被越
来越广泛地收集和存储,进而被商业化利用。在此过程中,不乏企业滥用个
人信息,严重侵害了个人权益,个人的隐私也受到极大的威胁。在程序化定
向广告的精准投放与个人信息的收集、处理过程中,只有在个人信息得以合
理利用、个人的信息权益得以维护时,个人与个人之间、个人与社会之间的
利益才能得以平衡。

　　随着电子商务的发展,我国不仅出现了专业的程序化定向广告公司,而
且很多网站也通过各种手段收集用户数据用于商业用途。尽管百度、网易等
商业网站也都制定了关于用户的隐私权政策,但其内容简单,在涉及对个人
资料的使用方面说明不够详细,亦无相关安全保证。个人网上隐私权受侵害
的现象越来越多。如何对程序化定向广告进行有效监管,保护消费者的个人
信息,也受到越来越多的关注。[②]

　　程序化定向广告中个人信息的合理化利用和保护问题其实就是个人信息
的保护与经济高效运行的平衡问题。程序化定向广告中个人信息的合理运用
不仅有利于个人权益的维护,更有利于广告业的自身发展。程序化定向广告
只有在法律许可的范围内运行,才可能健康发展。[③] 我国在规范程序化定向
广告对用户的个人信息数据进行商业应用方面,应该立足国情,借鉴国外的
治理经验,从法律保障、行业自律以及技术控制等方面实现对个人信息的保

　　① 马越. App 违法违规收集使用个人信息有了认定方法,数字广告没法做了? [EB/OL].
　　　　(2020 - 01 - 08) [2020 - 06 - 20]. https://tech.sina.com.cn/roll/2020 - 01 - 08/doc-iih-
　　　　nzahk2708275. shtml.
　　② 朱松林. 论行为定向广告中的网络隐私保护 [J]. 国际新闻界, 2013, 35 (04): 94 ~
　　　　102.
　　③ 黄伟. 定向广告中个人信息利用的法律问题研究 [D]. 硕士学位论文, 兰州大学,
　　　　2012.

护。世界范围内已经有了诸如 GDPR、CCPA 的个人信息保护法律，这为我国个人信息立法提供了可以充分借鉴的范式。在借鉴时，我们应该注意配套制度的及时匹配与体系的严密性，对数据处理过程中的各种参与主体（国家、政府、企业、个人）设置多元化的选择路径。

（一）法律保障

法律保障由国家和政府主导。从立法、执法两方面入手，同时加强法律监管，是实现个人信息保护的重要途径。

立法方面，应加强个人信息保护方面的专门立法，构建完善的个人信息保护法律体系。立法越完善，越有利于规范和约束对个人信息的收集、存储和处理等行为，有利于减少网络中程序化定向广告对个人信息侵害事件的发生。个人信息保护法纳入 2020 年立法进程正反映了时代发展的趋势。

同时，完善网络立法，使网络中程序化定向广告投放行为的监督与管理有法可依。法律是规范行为的最佳约束，完善网络立法是对个人信息保护的强有力保障。针对网络购物广告、网络投资广告等新兴程序化定向广告的投放领域，应尽快出台有关法律规范，明确行为主体的权利和义务，实现各领域网络行为的规范化。

有必要在涉及隐私的个人信息保护领域，加强隐私权保护条款的设置。针对网络侵权危害程度的不同，应强调行为与责任对应的原则，根据隐私侵权危害程度的不同确定民事责任、行政责任和刑事责任。

在执法方面，要明确执法主体，加大执法力度。在网络执法规范尚不健全的前提下，需要将分散的网络执法力量整合起来，构建覆盖全领域的网络执法系统。同时壮大网络执法队伍，提升网络执法人员的技术水平。为此，有必要设立专门的网络执法机构，培养专业的网络执法人员，提升执法人员的技术水平和专业素养。[①]

（二）行业自律

目前我国互联网最主要的一个自律性组织是于 2001 年 5 月 25 日成立的中国互联网协会，该组织于 2002 年 3 月 26 日公布《中国互联网行业自律公

---

① 王静然．以隐私权保护为视角的网络法制建设问题研究［J］．法制与经济，2014（14）：23～26.

约》，而针对隐私保护设立的行业自律组织尚未出现。①

行业自律组织在制定隐私政策时应该包括三个层次。首先，要将隐私政策显著地呈现给受众，使其明晰公司会收集哪些数据，知晓数据将被用于何种目的。其次，公司在向其他网站或组织出售所收集的可识别的个人数据之前必须获得个人允许。最后，消费者应当有权检查和更正敏感数据。②

行业自律机制是一种基于市场机制和市民社会内部的自觉自发、自下而上的机制，具有专业性、经济性、相对灵活性等特性。然而需要指出的是，自律管理机制本身存在参与度低、执行力差、缺乏有效的监督与处罚机制等问题。面对大数据、云计算等新兴技术带来的冲击，自律机制仅仅是个人信息保护的必要条件而非充分条件，政府适度介入与行业自律的有机结合才是破解当前困局的有效路径。我国目前个人信息保护领域的行业自律管理尚处于初创阶段，理应在立法先行基础上进一步扩展行业协会发挥自律作用的空间。③

（三）技术控制

如果把技术应用比作科技创新的"下半场"，那么在下半场竞争中，脱颖而出的关键或许更取决于治理智慧的高下。也就是说，如何在程序化广告技术的便捷性和消费者个人信息的安全性之间取得平衡，将在很大程度上决定程序化广告技术能否真正落脚于惠民、利民、便民的方向。④ 互联网所拥有的开放式的结构和逻辑，很适合基于技术的自下而上的自我管理。这种技术控制同时兼具自律性和强制性，用技术校正技术更为有效。⑤

互联网技术具有流通、自由和开放的特性，用技术对抗技术，通过编写增强对个人信息保护的新代码，把对个人信息保护的理解编码到既有网站系统是完全可行的。P3P（Platform for Privacy Preferences Project）就是这种技术

---

① 王菲. 互联网精准营销的隐私权保护：法律、市场、技术 [J]. 国际新闻界，2011，33 （12）：90～95.
② 〔美〕理查德·斯皮内洛. 铁笼，还是乌托邦——网络空间的道德与法律 [M]. 李伦 等，译. 北京：北京大学出版社，2007：148.
③ 张继红. 大数据时代个人信息保护行业自律的困境与出路 [J]. 财经法学，2018，24 （06）：57.
④ 毛梓铭. 个人信息保护应与技术进步同向同行 [N/OL]. 2019－04－18 [2020－06－30]. http：//opinion. people. com. cn/n1/2019/0418/c1003－31036610. html.
⑤ 王菲. 互联网精准营销的隐私权保护：法律、市场、技术 [J]. 国际新闻界，2011，33 （12）：90～95.

架构的前景呈现，它提供了一种明确简单的机制，使用户能够做出是否允许利用其数据的决定。P3P 即隐私偏好平台项目，其构想是 Web 站点的隐私策略应告诉访问者该站点所收集的信息类型、信息将提供给哪些人、信息将被保留多少时间以及信息使用的方式。访问支持 P3P 网站的用户有权查看站点隐私报告，以决定是否接受 Cookie 或使用该网站。

此外，以下技术手段也可以用以保护个人信息①。

数据防泄露技术：使用深度内容识别技术对使用中、传输中以及存储中的数据进行内容识别，定义敏感信息，制定安全策略；对敏感信息进行阻断、审计、加密等，从而达到保护敏感信息的目的。

数据脱敏技术：对敏感信息通过脱敏规则进行数据变形处理，可实现敏感隐私数据的可靠保护；与原始数据相比，脱敏后的数据同样具备数据特征和可访问性，同样可以被外部自由使用。

防拖库、撞库技术：加强对数据库结构的防拖库设计，加强对数据库的访问控制识别和安全运维；降低黑客用拖库技术获得的用户名和密码在其他网站批量尝试登录，进而盗取个人信息的风险。

数据安全交换技术：数据交换类产品为数据共享和数据利用提供了便利，但也为个人信息泄露和病毒传播提供了通道，因此数据交换过程中需增加对病毒及敏感数据的检测，可采用多重审核、多重加密等技术手段。

针对个人信息保护技术的瓶颈，或许去中心化的区块链技术能够实现突破。区块链技术基于防丢失、防篡改、可追溯、可扩展性强、成本低等特性，为用户的个人信息提供更为高效的保护方案，同时云计算取证技术为预防信息的违法利用提供了进一步的技术保障。②

要强化个人信息的保护效果，需要个人、企业、法律标准、技术支持等因素互相融合。在未来健全的法律保障体系和成熟的技术支持下，程序化定向广告必定能够为消费者带来更加安全、便捷、高效的广告信息与服务。

---

① 天融信科技集团. 大数据时代下的个人信息安全风险与保护［EB/OL］.（2018 – 10 – 12）［2020 – 06 – 30］. https：//www. sohu. com/a/259141938_ 290304.
② 李维奉，羌卫中，李伟明，等. 云环境隐私侵犯取证研究［J］. 网络与信息安全学报，2018，1（4）：26 ~35.

第八章

移动程序化广告
与信息茧房效应

信息技术的发展，为人们精确搜索、快速获取信息提供了便利，同时也使个人行为被转化为数据，随时随地被记录下来。移动程序化技术将数据转换为不同的用户画像，根据用户的个性化需求精准匹配广告信息，在信息过载的新媒体时代极大地提高了用户的信息消费效率，同时也为企业大幅度降低了广告费用。然而，依赖大数据分析的广告营销方式，也使消费者能够获取的广告内容与类型同质化，用户的消费习惯和消费观念在无意识的情况下被信息技术引导，这对广告行业的长久发展和品牌传播效果产生了负面影响。本章试图从信息技术与传播关系的角度，阐述移动程序化技术在广告信息的传播中产生的信息茧房现象及筑茧过程，对其带来的负面效应进行理论性思考，通过对大数据分析技术与人的主体性之间关系的思辨，提出消费者的主体性和连接性依然是广告营销的主要内容，营销人员的感性价值与大数据的理性价值共同协作才能促进良性发展。本章还尝试提出破除茧房效应的策略，以期为移动程序化广告的良性发展提供帮助。

第一节
信息茧房

　　信息技术的发展使信息的传播突破了时空的限制，受众所能获取的信息量呈现爆炸式增长。原有的线性传播模式发生转变，新的传播模式"以简短、杂乱而且经常是爆炸性的方式收发信息，其遵循的原则是越快越好"①，个体的注意力被不断扰乱，湮没在海量的信息之中。移动程序化技术通过算法分析深入挖掘海量数据的价值，使企业可以利用程序化推送等数字营销手段将品牌信息精准传达给目标受众，同时使个体在信息中快速提取最具相关

---

① 肖峰. 哲学视域中的信息技术［M］. 北京：科学出版社，2017：81.

性的信息。然而程序化技术带来的信息控制也逐渐对个体的理性思维与自由选择产生影响，使其在被动的情况下陷入程序化技术构筑的"信息茧房"。

一 移动程序化技术的助推

信息爆炸时代，消费者的注意力成为广告主争夺的关键性资源，对广告信息精准传播的需求日增。近年来，大数据、云计算、物联网、程序化等新技术快速涌现，数据的获取成本降低，数据来源由小范围的样本扩展至整体数据，算法被用来深度挖掘数据库的价值，满足消费者个性化的要求，大众传播开始向大规模定制传播转型。移动程序化购买成为广告主青睐的营销传播手段。IAB 调查显示 2018 年代理机构以程序化方式购买的移动广告由 18% 上涨到 39%，同 2017 年相比上涨近一倍。[①] 用户消费模式逐渐从 PC 端转移，由移动设备引领的数字媒体占比不断升高。根据 InMobi 的统计，2019 年中国程序化移动视频广告的增长达到惊人的 500%，超过北美 223% 的增长，规模达到 500 亿元人民币。[②] 移动程序化技术已成为中国程序化广告购买进一步发展的重要助推器。

随着移动互联网技术的不断发展，根据大数据进行精准营销的移动程序化技术也不断更新，满足受众的个性化需求。然而，在智能化的广告信息传播中，消费者被大数据分析出的"用户画像"所代替，失去选择和预测行为的能力，警惕性减弱，沉迷于技术带来的个性化和便捷的服务之中，广告信息局限于数据分析结果，出现信息传播"自我封闭"等问题。本章试图将"信息茧房"概念引入移动程序化技术，分析消费者与移动程序化技术之间的关系，探讨移动程序化技术的筑茧效应，反思其发展的局限性，并提出相应的规避策略。

二 信息茧房的相关研究

随着移动互联网的发展，移动程序化广告购买逐渐受到关注，但相关研究相对较少，知网收录不足 20 篇。总体来说，人们对移动程序化技术的研究

---

① IAB Europe. IAB Europe Report：Attitudes to Programmatic Advertising ［R］. IAB Europe，2018.

② InMobi. 中国程序化移动广告趋势报告 2019 ［R/OL］. ［2020 - 06 - 20］. https：//www. inmobi. cn/insights/download/whitepapers/inmobi-releases-china-programmatic-mobile-advertising-trend-report - 2019.

普遍持积极的态度，希望该技术能够更好地服务于营销传播①②。

薛万庆和王慧灵从产业链和广告主角度，对移动程序化技术运行模式不完善、用户隐私保护与数据挖掘之间存在矛盾等问题进行反思并提出相关对策。③ 移动程序化技术带来的负面效应开始阻碍其发展，相关的研究逐渐增多，但是多集中于用户隐私和信息保护等方面。本章将"信息茧房"效应作为探讨的主要方向，着重对移动程序化技术的负面问题进行分析。

2006 年凯斯·R. 桑斯坦在其著作《信息乌托邦：众人如何生产知识》中首次提术"信息茧房"一词。桑斯坦指出："在网络信息传播中，公众自身的信息需求是相对片面、单一的，因而习惯性地被自身感兴趣的内容所引导，将自己禁锢在'茧房'中。"④ 由于"信息茧房"的概念诞生仅十余年，国内外相关研究都处于起步阶段。国外学者的研究更多关注其对政治和民主的影响。国内的相关研究分别从成因、公共领域、网络新媒体等角度切入，近年来对社交媒介和个性化推荐技术的关注逐渐增多。杨慧对微博的信息茧房效应做了深入研究，认为微博用户会因为自身感兴趣的话题的限制，忽略公共媒体，形成信息壁垒，最终导致理解和沟通障碍。⑤ 晏齐宏⑥、李佳音⑦等将个性化算法推荐与信息茧房结合进行研究，认为兴趣推荐会降低对其他信息的消费，使个体之间出现"信息孤岛"。

目前对于"信息茧房"的研究多集中于传播媒介，微博、微信等社交媒体成为高频率的研究对象。近年来，关于个性化算法推荐的研究也逐渐增多，主要针对的是新闻客户端。对于移动程序化技术使广告信息可以基于个体进行推送，相关的反思性研究较少；对于广告信息推送中的"信息茧房"

① 王江. 中国移动广告程序化购买时代即将来临［J］. 广告大观（综合版），2014（09）：43～44.
② 崔文花，韩溢，史航，等. 程序化购买"钱"景大爆发［J］. 成功营销，2015（05）：24～47.
③ 薛万庆，王慧灵. 大数据背景下移动程序化购买广告研究［J］. 东南传播，2016（03）：94～96.
④ 〔美〕凯斯·R. 桑斯坦. 信息乌托邦：众人如何生产知识［M］. 毕竟悦，译. 北京：法律出版社，2008.
⑤ 杨慧. 微博的"信息茧房"效应研究［D］. 硕士学位论文，湖南师范大学，2004.
⑥ 晏齐宏. 技术控制担忧之争议及其价值冲突——算法新闻推荐与信息茧房关系的多元群体再阐释［J］. 现代传播，2020（03）：59～65.
⑦ 李佳音. 基于个性化推荐系统新闻客户端的"信息茧房"效应研究——以"今日头条"为例［D］. 硕士学位论文，中央民族大学，2017.

暂无人涉猎。

本章首先对移动程序化技术的运作模式进行梳理，分析其对消费者产生的传播效应，并进行理论反思；结合具体案例分析"信息茧房"现象在移动程序化广告中的体现，探讨"信息茧房"效应带来的负面问题，以及对消费者、企业产生的影响。最终进行相关策略的探讨：企业如何利用程序化技术进行可持续的营销传播，从而缓解"信息茧房"带来的技术与消费者之间的矛盾？

总的来说，我国对移动程序化技术的现有研究多集中于相关概念阐释、营销发展模式等领域，以及用户隐私、信息保护等方面，对于传播效应的思考较少。关于大数据等新技术所带来的"信息茧房"效应的研究，多集中在新闻信息传播的算法推荐技术上。因此，本章将"信息茧房"的概念引入移动程序化技术中进行探讨，着眼于消费者使用移动端时被广告信息"缚茧"的现象，反思移动程序化技术对消费者所产生负面效应，这可在一定程度上丰富"信息茧房"的理论研究，并为新技术引导下的营销传播效应提供新的研究视角。

第二节
移动程序化技术与广告信息传播

一 移动程序化广告

移动程序化广告是指在移动端的广告资源的自动购买方式，其通过处理和分析海量用户数据，发现和预测受众行为，为广告信息精准匹配目标受众，实现在特定的场景下针对特定的人群通过特定的广告策略进行广告投放。"互联网+"浪潮带动了大数据、云计算等新技术的出现，推动着更广泛意义上的产业融合，从根本上改变着人们获取和传播信息的方式，每一个被接入网络的节点都具备生产、承载、传播、转发和反馈信息的能力。[①] 依据大数据对受众进行个性化的分析，可以及时地改变广告信息的传播，满足消费者的需要，实行个性化的推送和按需投放，传播信息可以直接提交到指

[①] 刘庆振. 计算广告学：大数据时代的广告传播变革——以"互联网+"技术经济范式的视角 [J]. 现代经济探讨，2016（02）：87~91.

定的受众，实现"零浪费"的广告投放，从而避免广告投放的流量浪费。

二　移动程序化技术对广告传播的影响

（一）移动程序化技术与人的互动关系

1. 信息技术与人的主体性争论

广告营销传播无论以怎样的内容或形式出现，都以传达给目标受众为最终目的。移动程序化技术的出现，从根本上改变了广告信息的传播方式，其精准匹配的核心特点是获得众多广告主青睐的原因，其对广告信息传播内容的重视反而减弱了。广告主依赖大数据分析目标受众，利用移动程序化技术进行广告推送；消费者接受的广告信息是基于技术算法的符合自己用户画像的信息。

早期学者在关于人与技术关系的反思中，已经注意到个体在实用技术中的被动性，海德格尔的存在主义哲学、马尔库塞的"单向度的人"和媒介环境学派的"技术决定论"等，都在讨论技术和人的主体性竞争。麦克卢汉以非常积极的态度看待信息技术对传播的作用，他认为，媒介传播的内容并不比媒介的技术形式更重要，一种新的传播媒介一旦出现，无论其传递什么样的具体内容，这种媒介本身就会给人类社会带来某种信息，对人的生存方式产生影响。[1] 如同尼葛洛庞帝所归结的："所有的智慧都集中在信息的传播起点上，信息的传播决定着一切。"[2] 麦克卢汉等人的论述一方面肯定了信息技术对传播的重要意义，另一方面却忽略了"人"的作用，陷入一种技术决定论。人的社会性在这里变成了一种技术依赖的社会性，也就是人被信息技术环境而改变，成为只被动接收信息、被网络观念摆布的对象。

莱文森的媒介进化理论从达尔文的自然进化论中得到灵感，认为技术发展的趋势越来越人性化，人可以对技术进行理性的选择，能够主动去选择和改进媒介，最终的结果是使媒介遵循着人性的需求来发展和进步。而任何一种后继的媒介都是对过去某一种媒介或其某一先天不足的功能的补救和补偿，以适应人的需求。[3] 这就强调了"人"在社会活动中的能动性，即人对于媒介、对于信息技术传播手段是有所选择的，同样，人对传递到面前的传

①　肖峰. 哲学视域中的信息技术［M］. 北京：科学出版社，2017：123～124
②　〔美〕尼葛洛庞帝. 数字化生存［M］. 胡泳，范海燕，译. 海口：海南出版社，1997：30
③　夏德元. 电子媒介人的崛起［M］. 上海：复旦大学出版社，2011.

播内容也是有所选择的。固然，信息技术时代，对受众的信息传播是基于大数据分析的结果并按照"受众需求和兴趣"进行传播的，但这样的传播的实质是使受众被动地接受信息技术所判断的"个性化需求"。至于受众是否真正接受该媒介的信息，受众真正需求是否与推送的一致，甚至在准确投放后，受众的注意力是否能最终转换为购买力，这些归根到底取决于"人"的主动性参与。

2. 被动产生的"主动"选择

生活在互联网时代的人对个性化的需求日益增长，技术的发展使人们掌握一定的信息主动权。桑斯坦开始注意到信息技术对主体的自主选择，他认为信息社会中"我们只听我们选择的东西和愉悦我们的东西"，[①] "协同过滤"形成了"一个个人化设计的传播包裹，里面的配件都是事先配好的"。[②] 我们进入真正的"信息社会"，用户注意力资源的争夺日渐激烈，大量来自移动端的用户数据被记录下来，移动程序化技术通过对用户主动点击、搜索行为的监测和数据分析，判断用户兴趣并对其加以利用，进行广告推送。数据来源于用户的主动行为，以此为依据判断用户兴趣，进行广告推送。大数据的分析使人类的行为被精准预测，用户只能接触到分析结果中显示的用户需求，从而被动接受机器为其做出的"最适合"的判断，并可能长期停留在高度同质化的信息之中，用户自身的理性思考和自由选择能力在移动程序化技术之下变得不再那么重要。

（二）移动程序化技术与信息传播的关系

1. 挖掘数据中相关关系的价值

舍恩伯格和库克耶在《大数据时代：生活、工作与思维的大变革》一书中提出了三个关于大数据时代思维变革的观点。其一，大数据带来海量的数据规模，对所有数据进行分析成为可能，人们不再需要抽样等小数据方法，更多地采用"全数据"模式，"样本＝全体"得以实现。其二，大数据的绝对数量优势压倒了其带来的纷杂错误，要使用这些大数据，必须接受不精确性，接受数据的混杂，但这并不意味着放弃准确，而是通过对更多数据的使

---

① 〔美〕凯斯·R. 桑斯坦. 信息乌托邦：众人如何生产知识 [M]. 毕竟悦，译. 北京：法律出版社，2008：8～9.
② 〔美〕凯斯·R. 桑斯坦. 网络共和国：网络社会中的民主问题 [M]. 黄维明，译. 上海：上海人民出版社，2003：24～35.

用来获取更有说服力的结果。其三，大数据的核心是建立在相关关系分析法基础上的预测，相关关系为研究提供了新的视角，人们不再把因果关系作为意义来源的基础。大数据时代，越来越多的事物被数据化，数据的掌握变得容易且成本低廉，精准营销也要求更深入地了解细分领域的情况，这使原本最为常用的随机采样失势。大数据的核心就是挖掘出庞大的数据库独有的价值，数据的价值不再是局限于单一的营销计划等特定的用途，而能够被多次利用。大数据的优势就在于可以更快地发现问题，大数据利用的简单算法可以比小样本的复杂算法带来更多价值。① 因此，维克托认为，在大数据时代，知道"是什么"比知道"为什么"更加重要，人们关注焦点已经发生转变，应当放弃对于因果关系的追求，而将注意力放在相关关系的发现和使用上。

为提升用户定向的精准度，移动程序化购买通常会采取重定向和 Looka-like 等技术来分析大量来自移动端的用户数据，以定位目标用户。这一数据思维便是对相关关系的发现和使用，数据分析不再局限于小范围用户信息和广告传播的因果逻辑，而是能够从整个用户数据库中，快速提炼用户画像，完成广告精准投放。

2. 大数据分析中因果逻辑的缺失

移动程序化购买利用大数据技术媒体流量实现快速变现，广告信息更快匹配目标受众，迅速提升了广告信息的传播效率。大数据快速实现的价值转换，使人们失去深入挖掘数据背后逻辑的动力。维克托表示，大数据思维的关键在于对相关关系的探讨，而无须再对因果逻辑进行深入思考。但实际上大数据技术使数据成为这一时代广告信息传播的决策者，人类相对于计算机的智力优势被忽略。

我们只注意到大数据分析带来的对事物整体的理解，而忽略小数据背后深层的逻辑价值，恰恰成为"茧房"效应产生的重要原因，只关注相关关系可能会使我们受限于分析结果，但数据可能会质量差、不客观或存在误导性，移动程序化技术一旦在对用户精准定位上出现错误，就会以错误的用户数据为种子标签不断扩散至更多用户画像的分析中，进而引起消费者的负面情绪。

---

① 〔英〕维克托·迈尔－舍恩伯格，肯尼恩·库克耶. 大数据时代：生活、工作与思维的大变革 [M]. 盛杨燕，周涛，译. 杭州：浙江人民出版社，2013：55.

第三节
移动程序化广告技术下的"信息茧房"效应

一　移动程序化广告的"信息茧房"现象概述

（一）概念

"信息茧房"的概念最初由美国学者凯斯·R.桑斯坦在2006年出版的著作《信息乌托邦：众人如何生产知识》中提出。通过对互联网的考察，他提出"在网络信息传播中，因公众自身的信息需求并非全方位的，公众只注意自己选择的东西和使自己愉悦的通信领域，久而久之，会将自身桎梏在'茧房'中"。[①]用户长期处于同质化信息的包裹中，自身的观念因与外界隔离而逐渐固化。

结合移动程序化技术的特点，本书认为移动程序化广告中的信息茧房现象指的是移动程序化技术根据用户的行为偏好和使用习惯等数据向消费者推送广告信息，使其在一段时间内被众多产品类型相似的广告信息包裹，或长时间接收受众形象固化的产品推送，久而久之，消费者被局限在数据设定的消费形象中，自身消费观念固化并不断极化，逐渐失去自由选择和理性思考的能力。

（二）移动程序化技术的筑茧过程

移动互联网的发展，使人生活的方方面面都离不开对移动端的使用，人们为了在虚拟的空间里获得个性化的定制性服务，就需要将自身信息化，以便于技术对自身的识别。大多数网站、App等普遍要求用户以用户名、密码的形式进行访问，以进入用户独属的个人网络空间。移动端为了使用方便，会推荐较为统一的用户ID，例如手机号、邮箱、微信或微博账号等越来越多地成为各类App可以统一使用的账号，这也使更多的用户数据被手机掌握，且在不同的平台共享，最终形成立体的"数据人"。互联网技术赋予人与媒介的互动性，在人类自身和信息技术两方面的共同作用下，移动程序化技术下信息茧房效应产生。

---

① 〔美〕凯斯·R.桑斯坦.信息乌托邦：众人如何生产知识〔M〕.毕竟悦，译.北京：法律出版社，2008：8~9.

1. 主动缚茧过程

信息冗杂是互联网时代的特点，移动端众多的功能以及各种细分领域的内容平台的出现，使用户的选择无限增多。使用与满足理论从媒介受众的角度出发，对受众的媒介接触动机和满足程度进行分析。① 用户主动搜索、点击的行为通过手机内部数据的记录和共享，成为广告信息推送的重要依据。各种不同类型的内容平台产生，功能不断细化，用户出于选择性接触心理，会对符合自身兴趣爱好的内容平台进行更多关注，会倾向于信任和点击展示在自身喜欢的内容平台中的广告信息，而对于不经常使用或不热衷的内容平台所展示的广告信息持负面态度，或者完全忽视之。用户将自身局限于狭窄的信息接收渠道，不断接受同质化的信息推送，从而被束缚在相对固化的风格和类型的广告信息中。

2. 外在筑茧过程

移动程序化技术弥补了传统的"单渠道"的推送方式，通过大数据计算，依据移动用户的搜索、浏览行为，提炼高频率标签，并与相关用户画像进行匹配，将广告信息精准推送给符合需求的消费者。这一形式看似在与用户的互动中捕捉消费者的需求，本质上却是机器引导着人类的消费习惯和消费观念，逐渐使消费者在无意识的情况下局限于数据库的某一"用户画像"。另外，移动程序化技术也可通过线下与线上结合的形式，通过用户的活动范围、生活路线等数据对用户进行匹配并推送广告，消费者获取广告信息的范围被技术圈定在一定范围之内。

二　移动程序化广告中"信息茧房"效应的影响

（一）信息茧房对个体的影响

1. 选择及预测能力的丧失

移动程序化技术使广告的投放脱离了传播渠道和受众群体的限制，能够成功地定位个体。如果大数据的分析足够精确，那么消费者的需求就会被精准预测，消费者按照信息推送进行消费，不再需要主动的搜索和理性的思考。信息技术有利于那些原本就处于支配地位的社会权力集团；给人们带来

---

① 付利雅. 个性化推荐系统下的"信息茧房"传播效应研究［D］. 硕士学位论文，辽宁大学，2018.

便利的同时使人们失去自由。① 这也将意味着，技术脱离人类的控制而逐渐
成为决策者，人们的消费习惯与消费观念在无意识中进入移动程序化技术塑
造的"茧房"，消费者只需跟随大数据的精准判断，而失去了自由选择的能
力、客观认知自身的能力和提升品质的主动性。

2. 局限于数据分析结果

移动程序化技术使广告信息的推送依赖于大数据的分析，数据的来源、
质量可能会出现不客观、误差和错误等情况。消费者可能由于近期的搜索、
特殊情况下的浏览、错误的点击等行为，接收到完全不符合需求的广告信
息，并被有所偏差或同质化的广告信息包围，进入数据错误的信息茧房之
中，对移动端的使用产生负面影响。

（二）信息茧房效应对企业的影响

1. 技术崇拜使创意缺失

移动程序化技术改变了广告信息的传播路径，大量媒体流量实现了快速
变现，精准匹配大幅度提升了广告消费的效率，使产业链中的各方利益获得
了极大满足。许多大数据的拥护者开始叫嚣"理论已死"，移动程序化技术
的新算法、新形式成为重点研究，人们的关注重点转向定位的精准性、用户
画像的匹配程度、广告链接的落地页等技术问题。目标受众的广告信息推送
依赖于算法分析，广告成为一种寻找用户需求的手段，而不再创造新的用户
需求，产品受众固化在茧房内的特定群体。企业为迅速实现广告效果，只关
注用技术铸造"茧房"以锁定目标受众，而对广告本身的质量、创意表达的
关注不断减弱，品牌的持续性影响力下降。

2. 同质化品牌竞争激烈

IAB 2018 年的调查显示②，来自广告主的直接投入增速在减小。90% 的
从业者表示在未来 12 个月内会加大在程序化广告中的投入，其中，程序化
In-house 模式发展迅猛，并成为广告主的首选模式。将外部代理机构与企业
内部的独有的数据重组起来将挖掘更多的价值，并更好地保证数据的安全和
透明。在 In-house 模式下，企业营销人员在企业内部获得更大的主动权，不

① 肖峰. 哲学视域中的信息技术 [M]. 北京：科学出版社，2017：8.
② IAB Europe. IAB Europe Report：Attitudes to Programmatic Advertising [R]. IAB Europe，2018.

同企业推广同类型的产品时，往往具有相似的目标受众画像，会在移动程序化购买阶段产生激烈的竞价，消费者由于固化的用户标签，可能会像处于"茧房"之中那样，频繁接收到类型高度重合、存在竞争关系的不同的品牌信息，这不断分散和浪费了用户的注意力资源，使品牌长期的良性发展和影响力的塑造无法得到保障。

<h2 style="text-align:center">第四节
移动程序化广告的"破茧"方案</h2>

信息技术每一次发展的动力都来自"发现问题——解决问题——新问题出现"的辩证运动关系，移动程序化技术在经历爆发式的发展的同时，也不断暴露出数据安全、社会伦理、消费者负面情绪等多方面的问题。大数据分析技术为营销传播领域带来的价值毋庸置疑，从营销人员的角度出发，要使移动程序化技术能够更为长远地发挥作用，需要通过反思性的思辨，及时解决出现的问题。

一 激活"个人"与"链接"要素

（一）掌控技术，发挥人的价值

大数据时代，数据中蕴含的价值使人类越来越多的想法变成现实，移动程序化技术基于交互性的传播平台，以及数据库的管理应用，用户的形象根据兴趣与需求被标签化，在虚拟的空间内，以数据构建出无数个精确且立体的"人"。预测用户将采取何种行为，最好的办法是了解其意愿，也就是其头脑既有的对于事物及自身的认知和准则。[1] 谷歌和 Facebook 对人的定义是社会关系、网上互动和内容搜索的加和。[2] 移动程序化技术不断升级，用户数据的分析技术不断发生新的变化，对于个体需求与潜在行为的发现和预测能力不断更新和升级。有学者认为，互联网的最大的变革就是激活了"个

---

[1] 喻国明，王斌，李彪，等. 传播学研究：大数据时代的新范式 [J]. 新闻记者，2013 (06)：22~27.

[2] 〔英〕维克托·迈尔－舍恩伯格，肯尼思·库克耶. 大数据时代：生活、工作与思维的大变革 [M]. 盛杨燕，周涛，译. 杭州：浙江人民出版社，2013：201.

人"这一要素，使人与人空前紧密地链接在一起。①

人之所以能够创造技术且无法被替代，是因为其自身所带有的不确定性，计算所能做到的就是帮助人完成数据化的工作。破除移动程序化技术下信息茧房效应，就要从警惕人们对大数据的过度依赖和重新关注"人"的创造性开始。人的判断力和经验式行为可以通过信息技术实现，我们可以借助移动程序化技术实现精准匹配和对目标消费者的数据分析，而更高维度的创意性生产依然需要营销人员不断发挥价值，对用户的使用行为和算法推荐进行更符合人性的改造，感性和理性的共谋正是营销3.0时代以价值为中心的营销的基础。

（二）链接：算法加法与数据交互

"链接"是有了互联网后的一个新概念，互联网是一个普遍链接的时代，人与人通过信息链接的速度不断提升。一个人可以通过链接与世界各地的人产生对话，库恩认为"人类对世界的认识是在一个个具体场景下的无数对话中建构起来的"。② 微信版本更新，公众号的"点赞"被新增的"好看"所替代，朋友圈内好友点击"好看"的文章可以通过链接的形式呈现给个人。微信的这一改变就是基于个体之间的链接形成的，通过"好看"这一标签，用户可以突破自身视野，从熟悉的人中获得新的关注点。移动程序化购买可以从中获得启发，在对用户进行精准分析时，激活"链接"这一要素，将相关关系的应用扩展到更广泛意义的"链接"关系中，充分利用数据价值，在更多聚类点中形成新的用户需求和用户群体。近几年，发展人工智能的呼声高涨，AlphaGo在围棋上的巨大成功，似乎也证实了人工智能高度发展的可行性。国外的新闻网站如Quartz、Politibot已经开始尝试推出新闻聊天机器人，百度也在随后加入。③尽管整个业态目前仍处于初级阶段，相关技术仍然不够完善，但人工智能良好的发展前景促使人们对交互式的新形式进行了更多尝试，也使我们可以对移动程序化技术下一步更加人性化和智能化的发展有所期待。

二　数据使用向服务性转变

随着数据的剧增，移动程序化技术逐渐普及，同时也带来了数据风险。

---

① 曲慧，喻国明. 媒介谱系的重构：价值维度与商业模式的四象限法则［J］. 山东社会科学，2017（08）：119~123，130.

② 肖峰. 哲学视域中的信息技术. 北京：科学出版社，2017：190.

③ 孙禹泽. 信息茧房与"破茧"策略［D］. 硕士学位论文，北京交通大学，2018.

尽管个人与企业在信息的精准匹配中获得了实际的利益，但来自用户的数据如何获取、怎样使用、由谁负责成为摆在人们面前的全新的问题。维克托提出了关于数据获取与使用的思考，认为我们需要全新的制度规范，应当注重数据使用者为其行为承担责任，而不是将重心放在收集数据之初取得个人同意上。① 大数据的算法技术本身是中立的，但技术的价值并不中立，它体现了技术使用者所追求的利益。移动程序化技术对用户数据的二次利用实际上背后是牟利的商业逻辑，程序化广告以用户的兴趣爱好为投放标准，忽视了个体的社会存在性，通过对消费习惯和消费观念的筑茧过程，强化了既有阶层的偏见。② 因此企业应当克制对数据的采集，把范围锁定于产品和服务所需的数据上，推动数据最大化主义向数据极简主义转变。

移动程序化广告要想实现可持续的发展，并破除数据收集带来的茧房效应，可以借鉴发展广告学的概念。根据发展广告学的理论，中国的广告业在金融资本、技术资本、人力资本驱动的过程中引发了许多后续问题，而解决这些问题将会推动广告业从资本时代进入一个新的时代：公众时代。中国的媒体广告将会弱化媒体广告经营的商业性，向公共服务型广告转型。移动程序化广告技术在进行精准营销的同时亦应承担数据使用的责任，在对广告信息的推送中结合公共服务功能，以新的方式对数据进行利用，破解个体性的信息茧房效应。

---

① 〔英〕维克托·迈尔－舍恩伯格，肯尼思·库克耶. 大数据时代：生活、工作与思维的大变革［M］. 盛杨燕，周涛，译. 浙江：浙江人民出版社，2013：221.
② 赵双阁，岳梦怡. 新闻的"量化转型"：算法推荐对媒介伦理的挑战与应对［J］. 当代传播，2018（04）：52～56.

结语

Mad Man or
Math Man?

广告是一个左脑工种还是右脑工种？广告是艺术还是科学？这一争论了上百年的话题至今未有答案，而且在大数据盛行的时代语境下更加凸显。2011年，Google 启动程序化广告业务，国内程序化广告也随之起步。大量广告公司的业务被互联网行业抢夺，程序化技术公司也开始切入品牌服务市场。面对激烈的竞争环境，广告公司也在进行数字化转型或整合数字化的公司。

技术与创意的界限正在模糊，当 Big data 取代 Big idea 后，对用户更精准的洞察显得愈发重要。广告作为一种商业行为早已和数据难舍难分，数据贯穿广告调研、创作、投放、评估等全部环节。广告在调研和洞察阶段用数据锁定目标消费者，充分挖掘第一方数据和第三方数据，进行用户洞察。随着 AI 和大数据技术的发展，数据驱动的机器人创作和辅助创作广告也出现萌芽，百度、新浪微博的广告团队都在探索使用机器人来创作或者辅助创作广告，其中海量的训练数据起了重要作用。在投放阶段，程序化广告从竞价体系和投放精准性两个方面重构了传统的广告规则，它打破了传统的广告主、代理公司以及媒体之间的媒介采购方式，数据让投放变得精准，广告从投放媒体定向变成了用户定向、行为定向、精细化特征定向。评估阶段同样离不开数据，和传统广告相比，现在广告评估数据主要体现在数据维度的多样性、准确性和实时性。

不得不说广告确实发展到了一个媒介技术占据话语权的时代，程序化广告具备许多让广告主感到兴奋的优势，比如跨平台多媒体采买、基于大数据的人群洞察、随时可调整可监测的投放流程、多维度人群定向、基于广告效果的正反馈优化……媒介技术给了广告更多的可能性。那么对于广告从业者来说，创意与技术，哪一个是自己未来的立身之本？是做一个天马行空的创意人（Mad Man），还是做一个在数据与转化之间周旋的数据人（Math Man）？

笔者大概从 2013 年开始关注程序化广告行业的发展，也致力于将行业内最新的知识带给学生。他们既要接受传统广告人的创意训练，也要学习数字时代的新营销技能，程序化广告投放就是其中一课。当临近毕业，面对求职岗位的选择，他们会比没有接触这一领域的人更加困惑，应该选择做创意还是跟数据打交道做投放优化呢？《广告狂人》（*Mad Man*）中20世纪60年代的麦迪逊大道创造了无数经典。当时做广告、钻研消费者心理、做大量市场调研是基本功，需要想办法创造、诱导客户需求。定下核心概念创意后，需要寻找合适的渠道和媒体，最终塑造品牌，甚至影响流行文化。自从有了互联网和PS等设计软件，广告人的想象力有了更好的表达，可以更方便地了解受众的需求，甚至获取精准的消费者信息，并及时收到他们的使用反馈。

技术的确为广告行业插上了飞速前进的翅膀，使广告主在很多方面摆脱了对广告公司的依赖，比如不少企业搭建了程序化In-house平台。这并不意味着技术取代了创意、创意不再重要。技术使消费者旅程中添加了很多触点；但是，品牌与顾客发生连接还是需要依靠创意，创意仍然是广告行业的核心竞争力。尤其是在大数据时代下的快节奏社会，人们被海量信息所淹没。广告信息的精准展示能够节约成本，但人们只会对击中自己痛点的内容停留，而互动、转化的成本就更高了。此外，当人们的主要购物场景由线下转移到线上，电商的比拼不能只是造节与低价大促，细致入微的洞察与走心的内容才是让消费者买单的大招。只为技术而技术是行不通的，数据和技术只有为创意提供有价值的洞察、表达方式和科学衡量方法时，技术才能真正实现为创意服务的目的，创意和广告效果自然也就水到渠成，任何把技术与创意割裂看待的方式最终都会失败。

任何技术的本质都是工具，电脑发展到今天也无法完全代替人脑。互联网、程序化投放等都是科技发展的产物，以创意、创造力为核心的广告行业当然应该积极拥抱新事物。不进则退，一味因循守旧、故步自封，只会遭到新技术行业的降维打击。广告行业在新技术的推动下反而衍生出了新的业务模式，迎来了操作方式的转型。广告公司目前的困境并不是技术发展带来的，如果广告公司在早期也率先搭上互联网的顺风车，加上原本以创意为核心的竞争力，或许目前境遇大不相同。那么，广告行业的从业者身处其中，更不能只用创意去挑战技术，而应学会用两条腿走路，用数据技术作依托，以创意为驱动力。即使做创意人，也要借助数据技术为创意赋能，做数据人也要有品牌思维让数据更有价值。

Mad man or math man？是从业者在互联网时代冲击下不可避免的选择，但并不是一对相互矛盾的概念，这两者都在广告行业扮演非常重要的角色。我们需要始终记住，成功的广告一定是艺术和科学、理性和感性、创意和技术的结合。就让我们拥抱科技，接受创意的洗礼吧！

后 记

本书于 2015 年动笔，见证了中国程序化广告市场从井喷般的火爆到大浪淘沙后的理性回归。5 年间，如果说有什么不变的，那应该就是变化本身。在即将付梓的此时，著名广告代理商奥美（Ogilvy）宣布任命来自德勤数字的 Andy Main 担任公司新一任全球首席执行官，这一举措不仅是表明奥美和 WPP 已把数字化作为自身在行业巨变下生存重中之重的一个积极信号，也让我们看到咨询公司对传统广告行业的"入侵"已经到达新的阶段。咨询业和广告业的相互渗透已经变成一种趋势，面对数字经济的迅速发展，创意、技术和咨询将密不可分地结合在一起。正如"转型"与"变革"已成为中国商业大环境下的常态，无论技术、服务、渠道还是场景都在迭代更新，产业链不断丰富完善，这在激发人们更多思考的同时，也令人力不从心。

笔者长期讲授"广告媒介研究"这一课程，从 2012 年开始，RTB 元年、DSP 元年、DMP 元年、Martech 元年、CDP 元年……一系列的新概念令人目不暇接。在这个变革的新时代，程序化购买、5G、区块链、人工智能……都在颠覆着营销传播领域。如何在课程内容中对最新的行业动态进行及时的普及、探讨，以确保广告系的同学个个成为左手技术右手创意的"达芬奇"，成为笔者进行课程改革和创新的出发点，由是开始了"走出去"和"引进来"的尝试。

走出去——2015 年夏天开始，笔者与天津师范大学的胡振宇老师先后采访了互动通总裁邓广梼先生，品友互动创始人黄晓南女士、谢鹏先生，悠易互通创始人周文彪先生，力美科技总经理别星先生等程序化广告代表企业的创始人。感谢他们的真知灼见，给了本书以无限的灵感和启发。

引进来——随着技术在数字营销传播中所占的比重越来越大，学生需要大数据、Martech 等技术，这就为教学提出了更高的要求。暨南大学广告学系加大了与广告技术公司的合作，先从课程讲座的形式开始，邀请易传媒、悠易互通、AdMaster 等公司的专家为同学们讲授最新的行业动态，引进 Ad-

Master 精硕学院的相关培训课程。继而在"广告媒介研究"课程中开设程序化广告专题，由舜飞科技副总裁、《程序化广告个性化精准投放实用手册》一书的作者梁丽丽女士主讲，面向本科生和研究生，进行为期 4 周的程序化广告实战，并与舜飞科技共同设立营销大数据实验室和实习基地，开展数字营销传播实践教学和理论研究。2018 年修订本科生培养方案时加入了"计算广告学"的内容，由梁丽丽女士和广告学系万木春老师以及笔者共同组成教学团队，于 2019 年秋季面向 2018 级本科生正式开设该课程。2020 年该教学团队打造的慕课"智能营销与计算广告"即将上线。此外，新闻传播专业硕士数字营销传播方向的必修课也纳入了"计算广告学"这一课程。

正是在这"走出去"又"引进来"的同时，课程内容和体系在更新迭代，本书也对此进行了总结与反思，希望能够反哺今后的教学和研究。感谢袁欣怡、关芷蕙、王天玥、周承远、卫梦瑶、姚慧婕、姜晗晗、施若凡、冯淑贞等同学参与了撰写和编校工作，本书也是你们智慧的结晶。

凯文·凯利曾预言：未来，一切生意都是数据生意。成为数据的驱动者已是品牌营销的大趋势。对数据的深度运用及技术的创新能力不仅是检验企业的重要标准，也应该是一个合格的广告学子的标配。这是我对学生的期待，也希望此书能在他们的求知路上尽绵薄之力。

最后，诚挚地感谢本书责任编辑张建中老师，他的严谨、细致、专业让笔者受益良多，亦使本书增色不少。囿于笔者水平，错漏及不足望读者指正。

图书在版编目（CIP）数据

程序化广告的道与术：数据技术时代的营销变革／
陈韵博著. --北京：社会科学文献出版社，2020.11
ISBN 978 - 7 - 5201 - 7408 - 4

Ⅰ.①程…　Ⅱ.①陈…　Ⅲ.①广告学　Ⅳ.
①F713.80

中国版本图书馆 CIP 数据核字（2020）第 185977 号

程序化广告的道与术
　　——数据技术时代的营销变革

著　　者／陈韵博

出 版 人／王利民
责任编辑／张建中

出　　版／社会科学文献出版社·政法传媒分社（010）59367156
　　　　　地址：北京市北三环中路甲 29 号院华龙大厦　邮编：100029
　　　　　网址：www. ssap. com. cn
发　　行／市场营销中心（010）59367081　59367083
印　　装／三河市尚艺印装有限公司

规　　格／开本：787mm×1092mm　1/16
　　　　　印张：17　字数：278 千字
版　　次／2020 年 11 月第 1 版　2020 年 11 月第 1 次印刷
书　　号／ISBN 978 - 7 - 5201 - 7408 - 4
定　　价／85.00 元